NÃO BASTA DIZER NÃO

NAOMI KLEIN

NÃO BASTA DIZER NÃO

Tradução
Marina Vargas

1ª edição

Rio de Janeiro | 2017

Copyright © 2017 by Naomi Klein

Naomiklein.org

Publicado em 2017 nos Estados Unidos por Haymarket Books e no Canadá por Alfred A. Knopf, uma divisão da Penguin Random House Canada Limited, e na Grã-Bretanha por Allen Lane, uma divisão do Random House Group Limited.

Título original: *No Is Not Enough*

Texto revisado segundo o novo
Acordo Ortográfico da Língua Portuguesa

2017
Impresso no Brasil
Printed in Brazil

CIP-BRASIL. CATALOGAÇÃO NA PUBLICAÇÃO
SINDICATO NACIONAL DOS EDITORES DE LIVROS, RJ

Klein, Naomi, 1970-

K72n   Não basta dizer não: resistir à nova política de choque e conquistar o mundo do qual precisamos / Naomi Klein; tradução de Marina Vargas. – 1ª ed. – Rio de Janeiro: Bertrand Brasil, 2017.

Tradução de: No is not enough
ISBN 978-85-286-2273-7

1. Ciência política - Estados Unidos. I. Vargas, Marina. II. Título.

CDD: 320
CDU: 32

17-44986

Todos os direitos reservados pela:
EDITORA BERTRAND BRASIL LTDA.
Rua Argentina, 171 – 2º andar – São Cristóvão
20921-380 – Rio de Janeiro – RJ
Tel.: 021) 2585-2000 – Fax: (21) 2585-2084

Não é permitida a reprodução total ou parcial desta obra, por quaisquer meios, sem a prévia autorização por escrito da Editora.

Atendimento e venda direta ao leitor:
mdireto@record.com.br ou (21) 2585-2002

Para minha mãe, Bonnie Sherr Klein,
que todos os dias me ensina mais sobre resiliência diante dos choques.

*Meu objetivo não é derrubar o governo americano;
o Estado corporativo já se encarregou disso.*
— John Trudell
ativista, artista e poeta Santee Dakota (1946-2015)

SUMÁRIO

INTRODUÇÃO | 11

PARTE I | COMO CHEGAMOS ATÉ AQUI: A ascensão das supermarcas | 23

1. Como Trump venceu ao se tornar a marca por excelência | 25
2. A primeira família de marcas | 47
3. Os Jogos Vorazes de Mar-a-Lago | 59

PARTE II | ONDE ESTAMOS AGORA: Clima de desigualdade | 75

4. O relógio do clima marca meia-noite | 77
5. O usurpador supremo | 99
6. A política odeia o vácuo | 117
7. Aprender a amar o populismo econômico | 137

PARTE III | **COMO AS COISAS PODEM PIORAR: Os choques ainda por vir** | 145

8. Mestres do desastre: *Ludibriando a democracia* | 147
9. A nociva lista de coisas a fazer: *O que esperar quando você está esperando uma crise* | 177

PARTE IV | **COMO AS COISAS PODEM MELHORAR** | 203

10. Quando a doutrina do choque dá errado | 205
11. Quando não bastou dizer não | 225
12. Lições de Standing Rock: *Ousar sonhar* | 239
13. A hora de dar um salto: *Porque pequenos passos não serão suficientes* | 249

CONCLUSÃO: **A MAIORIA PREOCUPADA AO ALCANCE** | 275

POSFÁCIO: O Leap Manifesto | 285
Agradecimentos | 291

INTRODUÇÃO

Choque.

É uma palavra que surge repetidamente desde que Donald Trump foi eleito, em novembro de 2016, para descrever o resultado da eleição, que desafiou a contagem dos votos, para descrever o estado emocional de muitas das pessoas que assistiram à sua ascensão ao poder e para descrever sua abordagem no estilo *blitzkrieg* de tomada de decisões políticas. Um "choque no sistema", na verdade, é precisamente como sua assessora Kellyanne Conway descreveu repetidas vezes a nova era.

Há quase duas décadas venho estudando choques em larga escala sofridos por sociedades — como eles acontecem, como são explorados pelos políticos e pelas corporações e até mesmo como são deliberadamente aprofundados de forma a obter vantagens sobre uma população desorientada. Também apresentei conclusões sobre o outro lado desse processo: como sociedades que se unem em torno da compreensão de uma crise partilhada podem mudar o mundo para melhor.

Ao observar a ascensão de Donald Trump, tive uma sensação estranha. Não se trata apenas do fato de que ele está aplicando a política do choque na mais poderosa e fortemente armada nação do planeta. É mais do que isso. Em livros, documentários e reportagens investigativas, eu documentei uma série de tendências: a ascensão das Supermarcas; o poder cada vez maior da riqueza privada sobre o sistema político; a imposição global do

12 | INTRODUCÃO

neoliberalismo, com frequência lançando mão do racismo e do medo do "outro" como uma potente ferramenta; os impactos nocivos do livre-comércio corporativo e o profundo domínio que a negação das mudanças climáticas tomou sobre o lado direito do espectro político. E, quanto mais eu pesquisava sobre Trump, mais ele começou a me parecer o monstro de Frankenstein, costurado a partir de partes do corpo de todas essas e de muitas outras tendências perigosas.

Dez anos atrás, publiquei *A doutrina do choque: A ascensão do capitalismo de desastre*, uma pesquisa que abrangeu quatro décadas de história, do Chile depois do golpe de Augusto Pinochet à Rússia após o colapso da antiga União Soviética, de Bagdá sob o ataque de "Choque e Pavor" dos Estados Unidos a Nova Orleans depois do furacão Katrina. A expressão "doutrina do choque" descreve a tática especialmente cruel de usar, de forma sistemática, a desorientação pública que se segue a um choque coletivo — guerras, golpes, ataques terroristas, colapsos de mercado ou desastres naturais — para aprovar medidas radicais a favor das corporações, com frequência chamadas de "terapia de choque".

Embora Trump rompa com as tradições de algumas formas, suas táticas de choque seguem, sim, um roteiro, um roteiro familiar, vindo de outros países que vivenciaram mudanças rápidas impostas sob o véu da crise. Durante a primeira semana de Trump no governo, quando ele estava assinando o tsunâmi de decretos e as pessoas estavam desnorteadas, tentando desesperadamente acompanhar seu ritmo, me peguei pensando no relato da defensora dos direitos humanos Halina Bortnowska sobre a experiência da Polônia quando os Estados Unidos impuseram a terapia de choque econômico a seu país em meio ao colapso do comunismo. Ela descreveu a velocidade das mudanças pelas quais o seu país estava passando como "a diferença entre os anos para os cachorros e os anos para os humanos", e observou que "você começa a testemunhar reações semipsicóticas. Não dá mais para esperar que as pessoas ajam em defesa de seus interesses quando estão tão desorientadas que não sabem — ou não lhes importa mais — quais são esses interesses".

INTRODUÇÃO | 13

Ao se considerarem as evidências até agora, fica claro que Trump e seus principais assessores estão esperando o tipo de reação que Bortnowska descreveu, que estão tentando implantar uma doutrina de choque doméstica. O objetivo é uma guerra total contra a esfera e os interesses públicos, seja na forma de regulamentações contra a poluição ambiental, seja na forma de programas para combater a fome. Em seu lugar desejam colocar poder e liberdade irrestritos para as corporações. É um programa tão ostensivamente injusto e tão abertamente corrupto que só pode ser colocado em prática com a ajuda de políticas raciais e sexuais no estilo dividir para conquistar, além de um espetáculo ininterrupto de distrações midiáticas. E é claro que isso está sendo apoiado por um aumento maciço nos gastos com guerras, com uma escalada dramática de conflitos militares em múltiplos *fronts*, da Síria à Coreia do Norte, além de devaneios presidenciais sobre como "a tortura funciona".

O gabinete de bilionários e multimilionários de Trump nos diz muito sobre os objetivos subjacentes de sua administração. ExxonMobil para o Departamento de Estado. General Dynamics e Boeing para a chefia do Departamento de Defesa. E os caras da Goldman Sachs para praticamente todo o resto. Os poucos políticos de carreira que ficaram encarregados de agências parecem ter sido selecionados ou por não acreditarem na principal missão da agência ou por acharem que ela não deveria existir de todo. Steve Bannon, o principal estrategista de Trump, aparentemente afastado, foi muito franco a esse respeito quando falou para uma plateia conservadora em fevereiro de 2017. O objetivo, disse ele, era a "desconstrução do Estado administrativo" (com o que ele queria dizer as regulamentações e agências governamentais encarregadas de proteger as pessoas e seus direitos). E "se vocês observarem as pessoas nomeadas para o gabinete vão ver que foram selecionadas por uma razão, e essa razão é a desconstrução".

Muito se falou do conflito entre o nacionalismo cristão de Bannon e o transnacionalismo dos assessores mais pró-*establishment* de Trump, em especial seu genro, Jared Kushner. E é possível que Bannon seja expulso desse *reality show* sórdido em breve (talvez antes mesmo de você ler estas

14 | INTRODUÇÃO

palavras),[1] motivo pelo qual é importante salientar que, no que diz respeito ao desmonte do Estado e ao se terceirizar tudo quanto possível para corporações que visam o lucro, Bannon e Kushner não estão em conflito, mas sim em um alinhamento perfeito.

Enquanto isso se desenrolava, dei-me conta de que o que está acontecendo em Washington não é a habitual passagem do bastão entre partidos. É um golpe corporativo sem disfarces que vem sendo elaborado há décadas. Ao que parece, os interesses econômicos que há muito financiavam os dois principais partidos para servirem a seus interesses decidiram que estão cansados do jogo. Aparentemente, todos aqueles banquetes com representantes eleitos, toda a bajulação e o suborno legalizado insultavam seu senso de direito divino. Então agora estão dispensando os intermediários — aqueles políticos carentes que deveriam proteger os interesses públicos — e adotando a postura de todos os grandes líderes quando querem algo bem-feito: fazendo eles mesmos.

E é por isso que sérias questões a respeito de conflitos de interesse e transgressões éticas quase sempre ficam sem resposta. Da mesma maneira que se recusou terminantemente a divulgar sua declaração de imposto de renda, Trump não aceitou de maneira nenhuma vender ou deixar de se beneficiar de seu império de negócios. Essa decisão, considerando a dependência das Organizações Trump de governos estrangeiros para lhes concederem valiosas permissões e licenças de marcas registradas, pode, na verdade, violar o artigo da Constituição dos Estados Unidos que proíbe que presidentes recebam presentes ou qualquer "emolumento" de governos estrangeiros. De fato, um processo legal com essa alegação já foi instaurado.

Mas os Trump parecem despreocupados. Um senso quase impenetrável de impunidade — de estar acima das leis e das regras comuns — é uma das características definidoras dessa administração. Qualquer um que

---

1. Em 5 de abril de 2017, o presidente Donald Trump afastou Steve Bannon do Conselho de Segurança Nacional. Bannon deixou o cargo de estrategista-chefe do governo Trump em 18 de agosto de 2017. (*N. da T.*)

represente uma ameaça a essa impunidade é sumariamente demitido — basta perguntar a James Comey, ex-diretor do FBI. Até agora na política dos Estados Unidos, os representantes do Estado corporativo na Casa Branca usavam uma máscara: o rosto sorridente do ator Ronald Reagan ou a falsa imagem de caubói de George W. Bush (com Dick Cheney/Halliburton de semblante carregado no segundo plano). Agora a máscara caiu. E ninguém nem ao menos se dá ao trabalho de fingir que é diferente.

A situação fica ainda mais sórdida diante do fato de que Trump nunca esteve no comando de uma empresa tradicional, mas, na realidade, é, há muito, o representante de um império construído em torno de sua marca pessoal — marca que, junto com a marca de sua filha, Ivanka, já se beneficiou de incontáveis maneiras da fusão com a presidência dos Estados Unidos. O modelo de negócios da família Trump é parte de uma mudança mais ampla na estrutura corporativa que ocorreu em muitas multinacionais baseadas em marca, uma mudança com impactos transformadores na cultura e no mercado de trabalho, tendências sobre as quais escrevi em meu primeiro livro, *Sem logo: A tirania das marcas em um planeta vendido*. O que esse modelo nos diz é que a própria ideia de que pode haver — ou de que deveria haver — qualquer distinção entre a marca Trump e a presidência de Trump é um conceito que o atual ocupante da Casa Branca não é capaz nem ao menos de começar a compreender. A presidência é, na verdade, um prolongamento que coroa a marca Trump.

Enquanto explorava a indissociável relação de Trump com sua marca comercial e suas implicações para o futuro da política, comecei a perceber por que muitos dos ataques a ele não foram bem-sucedidos — e como podemos identificar formas mais efetivas de resistir a ele.

O fato de que níveis tão desafiadores de enriquecimento ilícito por meio de um cargo público podem se desdobrar bem diante de nossos olhos já é perturbador o suficiente. Assim como muitas das ações de Trump em seus primeiros meses no governo. Mas a história nos mostra que, por mais desestabilizadas que as coisas estejam agora, a doutrina do choque significa que elas podem ficar muito piores.

16 | INTRODUÇÃO

Os principais pilares do projeto político e econômico de Trump são: o desmonte do Estado regulatório; um ataque brutal ao estado de bem-estar e aos serviços sociais (racionalizado em parte por meio de uma belicosa cultura de medo racial e ataques às mulheres por exercerem seus direitos); o desencadeamento de um furor nacional por combustíveis fósseis (que requer o silenciamento de grande parte da burocracia governamental e que seja deixada de lado a ciência climática) e uma guerra civilizatória contra imigrantes e o "terrorismo islâmico radical" (com palcos internos e externos em constante expansão).

Além das ameaças óbvias que esse projeto representa para aqueles que já compõem o grupo mais vulnerável, também é uma visão que certamente vai gerar onda após onda de crises e choques. Choques econômicos, quando as bolhas especulativas — infladas graças à desregulamentação — estouram; choques de segurança, quando as retaliações a políticas anti-islâmicas e a agressões estrangeiras são sentidas em casa; choques climáticos, à medida que nosso clima é cada vez mais desestabilizado; e choques industriais, quando há vazamentos em oleodutos e plataformas de petróleo desabam, o que costuma acontecer quando são reduzidas as regulamentações ambientais e de segurança que evitam o caos.

Tudo isso é perigoso. E ainda mais perigoso é como podemos confiar na administração Trump para explorar esses choques a fim de fazer avançar as plataformas mais radicais de seu programa de governo.

Uma crise em larga escala — seja um ataque terrorista ou um colapso financeiro — provavelmente forneceria o pretexto para declarar uma espécie de estado de exceção ou emergência, quando as regras habituais não mais se aplicam. Isso, por sua vez, daria a cobertura necessária para aprovar aspectos do programa de governo de Trump que demandam uma suspensão mais ampla de normas democráticas fundamentais, como sua promessa de proibir a entrada de todos os muçulmanos (não apenas aqueles de alguns países selecionados), a ameaça que ele fez no Twitter de enviar "os federais" para reprimir a violência nas ruas de Chicago ou seu desejo óbvio de impor restrições à imprensa. Uma crise econômica grande o bastante serviria de justificativa para desmontar programas como o Seguro Social, que Trump prometeu proteger, mas que muitos à volta dele querem eliminar há décadas.

Trump também pode ter outras razões para elevar o nível da crise. Como o romancista argentino César Aira escreveu em 2001, "qualquer mudança é uma mudança de assunto". Trump já se provou um adepto ferrenho da mudança de assunto, recorrendo a tudo, desde *tweets* insanos até mísseis Tomahawk. De fato, seu ataque aéreo à Síria, em resposta a um horrendo ataque com armas químicas, lhe garantiu a cobertura de imprensa mais elogiosa de sua presidência (em algumas áreas, deu início a uma mudança em curso para um tom mais respeitoso). Seja em resposta a mais revelações sobre conexões com a Rússia, seja em escândalos relacionados aos seus labirínticos negócios internacionais, podemos esperar muito mais dessas mudanças de assunto — e nada tem mais capacidade de mudar o assunto que um choque em grande escala.

Não ficamos em estado de choque quando algo grande e ruim acontece; tem que ser algo grande e ruim *que ainda não compreendemos*. O estado de choque é o que acontece quando se abre um abismo entre os acontecimentos e nossa capacidade inicial de explicá-los. Quando se encontram nessa posição, sem uma história, sem suas amarras, muitas pessoas ficam vulneráveis diante de figuras de autoridade dizendo para termos medo uns dos outros e abrirmos mão de nossos direitos por um bem maior.

Trata-se, hoje, de um fenômeno global, e não algo restrito aos Estados Unidos. Depois dos ataques terroristas coordenados em Paris, em novembro de 2015, o governo francês declarou um estado de emergência que proibia reuniões políticas de mais de cinco pessoas — e em seguida estendeu esse estado e a capacidade de restringir manifestações públicas por meses. Na Inglaterra, depois do choque provocado pela votação do Brexit, muitos disseram que se sentiam como se tivessem acordado em um país novo e irreconhecível. Foi nesse contexto que o governo conservador do Reino Unido começou a negociar uma série de reformas retrógradas, incluindo a ideia de que a única maneira de a Inglaterra retomar sua competitividade era reduzindo regulamentações e impostos aos ricos a tal ponto que o país

18 | INTRODUÇÃO

acabaria se tornando um paraíso fiscal para toda a Europa. Foi também nesse contexto que a primeira-ministra Theresa May convocou uma eleição antecipada contra seu rival, que tinha baixas intenções de voto, claramente com esperanças de garantir outro mandato no governo antes que as pessoas tivessem a chance de se rebelar contra as novas medidas de austeridade que são a antítese de como o Brexit foi originalmente vendido para os eleitores.

Para cada um dos meus livros anteriores, passei cerca de cinco ou seis anos pesquisando em profundidade o tema, analisando-o de diversos ângulos e fazendo relatos diretamente das regiões mais impactadas, o que resultou em tomos volumosos com uma grande quantidade de notas. Em contraste, escrevi este livro em poucos meses. Eu o mantive breve e coloquial, sabendo que poucos de nós têm tempo hoje em dia para ler tomos e que outros já estão escrevendo a respeito de partes dessa intrincada história que conhecem muito melhor do que eu. Mas acabei percebendo que as pesquisas que realizei ao longo dos anos podem ajudar a lançar um pouco de luz sobre aspectos cruciais do trumpismo. Traçar as raízes de seu modelo de negócios e de sua política econômica, refletindo sobre momentos desestabilizantes similares na história e aprendendo com pessoas que encontraram maneiras efetivas de resistir às táticas de choque, tudo isso pode nos fazer avançar um pouco no sentido de explicar como viemos parar nesse perigoso caminho, qual é a melhor maneira de enfrentarmos os choques por vir e, acima de tudo, como podemos chegar rapidamente a um terreno mais seguro. Este, portanto, é o começo de um mapa das estradas para a resistência ao choque.

Eis algo que aprendi fazendo reportagens em uma dezena de locais em meio a crises, quer se tratasse de Atenas, abalada pelo desastre da dívida grega, de Nova Orleans depois do furacão Katrina ou de Bagdá durante a ocupação norte-americana: *é possível* resistir a essas táticas. Para isso, duas coisas cruciais precisam acontecer. Primeiro, precisamos ter uma sólida compreensão de como a política do choque funciona e aos interesses de quem ela serve. Essa compreensão é a maneira de sairmos rapidamente do estado de choque e começarmos a lutar. Segundo, e igualmente importante, temos que contar uma história *diferente* daquela que os mentores do choque estão promovendo, uma visão de mundo convincente o bastante para competir diretamente com a deles. Essa visão baseada em valores deve oferecer um caminho diferente, distante dos choques em série — um caminho baseado em uma união que vá além das fronteiras de raça, etnia, religião e gênero, em vez de uma que nos afaste ainda mais, um caminho que se baseie na cura do planeta em vez de provocar mais guerras desestabilizantes e mais poluição. Acima de tudo, essa visão precisa oferecer àqueles que estão sofrendo — com a falta de emprego, de assistência médica, de paz e de esperança — uma vida tangivelmente melhor.

Não afirmo saber exatamente como seria essa visão. Estou tentando compreendê-la como todos os demais, e estou convencida de que só pode ser gerada por meio de um processo genuinamente colaborativo, com a liderança vindo daqueles mais brutalizados pelo nosso atual sistema. Nos capítulos finais deste livro, vou explorar algumas das primeiras e muito promissoras colaborações de base entre dezenas de organizações e pensadores que se uniram para começar a elaborar esse tipo de projeto, um projeto que seja capaz de competir com o militarismo, o nacionalismo e o corporativismo em ascensão. Embora ainda esteja em seus estágios iniciais, já é possível vislumbrar os contornos de uma maioria progressista, comprometida com um plano audacioso para o mundo seguro e solidário que todos queremos e de que precisamos.

Todo esse trabalho nasce da consciência de que dizer não às más ideias e aos maus atores simplesmente não basta. O mais firme dos nãos tem que ser acompanhado de um sim ousado e progressista, um plano para o futuro que seja crível e atraente o suficiente para que um grande número de pessoas lute para vê-lo realizado, não importam as táticas de choque e de intimidação que tenham de enfrentar. O *Não* — a Trump, à francesa Marine Le Pen, a qualquer partido xenófobo e hipernacionalista em ascensão ao redor do mundo — pode ser o que vai inicialmente levar milhões às ruas. Mas é o *sim* que vai nos manter na luta.

O *sim* é o farol nas tempestades por vir que vai nos impedir de perder o rumo.

O argumento deste livro, em resumo, é que Trump, por mais extremo que seja, é menos uma aberração do que uma conclusão lógica — um pastiche de basicamente todas as piores tendências do último meio século. Trump é o produto de sistemas poderosos de pensamento que classificam a vida humana com base em raça, religião, gênero, orientação sexual, aparência e capacidades físicas, e que usaram sistematicamente a raça como uma arma para fazer avançar políticas econômicas desumanas desde os primeiros dias da colonização na América do Norte e do tráfico transatlântico de escravos. Ele também é a personificação da fusão entre humanos e corporações, uma supermarca de um homem só, cuja mulher e cujos filhos são marcas derivadas, com todas as patologias e conflitos de interesse inerentes a isso. Ele é a encarnação da crença de que dinheiro e poder nos autorizam a impor a nossa vontade aos outros, quer esse direito seja expressado ao se apossar de mulheres ou ao se apossar de recursos de um planeta à beira de um aquecimento catastrófico. Ele é produto de uma cultura empresarial que encara com fetiche "disruptores" que fazem fortuna ignorando flagrantemente tanto as leis quanto as normas regulatórias. Acima de tudo, ele é a encarnação de um ainda poderoso projeto ideológico de livre mercado — projeto abraçado por partidos de centro, assim como por partidos conservadores — que trava uma guerra contra tudo que é público e comunitário e imagina os diretores-executivos de empresas como super-heróis que vão salvar a humanidade. Em 2002, George W. Bush deu uma festa na Casa Branca para comemorar os 90 anos de um homem que foi o mentor intelectual dessa guerra contra a esfera pública, o economista Milton Friedman, do livre mercado radical. Durante a celebração, o então secretário de Defesa dos Estados Unidos, Donald Rumsfeld, declarou: "Milton é a personificação do fato de que as ideias têm consequências." Ele estava certo — e Donald Trump é uma consequência direta dessas ideias.

Nesse sentido há um aspecto importante de Trump que *não* choca. Ele é o resultado totalmente previsível, um verdadeiro clichê, de ideias e tendências onipresentes que deveriam ter sido impedidas muito tempo atrás, motivo pelo qual, mesmo que o pesadelo que é essa presidência terminasse amanhã, as condições políticas que a produziram e que estão produzindo réplicas dela ao redor do mundo ainda terão que ser confrontadas. Com o vice-presidente Mike Pence ou o presidente da Câmara dos Representantes

INTRODUÇÃO | 21

Paul Ryan prontos para assumir, e o *establishment* do Partido Democrata também enredado com a classe bilionária, o mundo do qual precisamos não vai ser conquistado se simplesmente substituirmos o atual ocupante do Salão Oval.

Sobre a palavra *nós*: enquanto lê, você vai notar que eu às vezes digo *nós* para me referir aos Estados Unidos e outras vezes para me referir ao Canadá. Uma das razões para isso é bem simples. Sou cidadã de ambos os países, com fortes laços e relações de ambos os lados da fronteira. Meus pais são americanos, e praticamente toda a minha família vive nos Estados Unidos. Mas fui criada no Canadá, e foi aqui que escolhi viver. (Na noite da eleição, recebi uma mensagem de texto do meu pai: "Você não fica feliz por já termos nos mudado para o Canadá?") A maior parte da minha carreira jornalística, no entanto, e grande parte do meu trabalho político se dão nos Estados Unidos, onde participei de incontáveis reuniões e debates sobre como podemos estar coletivamente à altura da responsabilidade deste momento.

Outra razão por que às vezes uso *nós* para me referir aos Estados Unidos nada tem a ver com passaportes. O fato é que a presidência dos Estados Unidos tem um impacto sobre todo o planeta. Ninguém está totalmente protegido das decisões da maior economia do mundo, o segundo maior emissor de gases do efeito estufa do planeta e a nação com o maior arsenal militar do mundo. Aqueles que são alvo dos mísseis e bombas monstruosas de Trump carregam o maior fardo e correm os maiores riscos, de longe. Com poderes tão vastos e políticas tão imprudentes, porém, todos no planeta estão potencialmente na área de bombardeio, na área de exposição a partículas radioativas e certamente na área de aquecimento.

Não há apenas uma história capaz de explicar tudo sobre como chegamos a esta conjuntura, nenhum plano único para consertar as coisas — nosso mundo é intrincado e complexo demais para isso. Este livro é apenas uma tentativa de analisar como chegamos a este momento político surreal; como, de maneiras concretas, poderia ficar muito pior; e como, se não nos desorientarmos, podemos mudar o roteiro e chegar a um futuro radicalmente melhor.

22 | INTRODUÇÃO

Para começar, primeiro precisamos compreender ao que estamos dizendo não — porque o *não* na capa não é apenas para um indivíduo ou mesmo um grupo de indivíduos (embora também seja). Também estamos dizendo não ao *sistema* que os colocou nas posições de poder em que estão. E então vamos mudar para um *sim* — um sim que promova mudanças tão fundamentais que o atual golpe corporativo seja relegado a uma nota de rodapé histórica, um alerta para nossos filhos. E Donald Trump e seus companheiros de viagem sejam vistos pelo que são: um sintoma de um mal profundo, um mal que decidimos, coletivamente, nos unir para curar.

Nota: Uma pequena parte do que está publicado aqui já apareceu em ensaios, livros e discursos; a vasta maioria, entretanto, está vindo a público pela primeira vez. Por favor, visite noisnotenough.org para uma lista de formas de se juntar aos movimentos descritos nestas páginas
e de se conectar com muitos outros teóricos e organizações.
Uma lista completa das fontes de todas as citações e estatísticas neste livro também pode ser encontrada lá.

PARTE I

COMO CHEGAMOS ATÉ AQUI: A ASCENSÃO DAS SUPERMARCAS

*Precisamos começar rapidamente a mudança de uma sociedade
voltada para as coisas para uma sociedade voltada para as pessoas.
Quando as máquinas e os computadores, fins lucrativos e direitos
de propriedade são considerados mais importantes do que as pessoas,
é impossível derrotar os trigêmeos gigantes do racismo,
do materialismo e do militarismo.*

MARTIN LUTHER KING JR.
"Beyond Vietnam", 1967

CAPÍTULO UM

COMO TRUMP VENCEU AO SE TORNAR A MARCA POR EXCELÊNCIA

A noite em que Donald Trump foi declarado vencedor da eleição de 2016 e quadragésimo-quinto presidente dos Estados Unidos foi particularmente desorientadora para mim porque não foi sequer uma noite. Eu estava em Sydney, na Austrália, para uma série de conferências, e, por causa da diferença de fuso horário, era o fim da manhã de quarta-feira, 9 de novembro, onde eu estava. Para quase todo mundo que faz parte da minha vida, era noite de terça-feira, e meus amigos mandavam mensagens de texto de festas regadas a bebida para acompanhar o resultado das eleições. Para os australianos, porém, era o começo de um dia normal de trabalho, o que para mim apenas contribuiu para a sensação geral de vertigem quando os resultados começaram a chegar.

Naquele momento, eu estava em uma reunião com cerca de quinze diretores de várias organizações ambientais, trabalhistas e de justiça social australianas. Estávamos no meio de uma discussão em torno de um ponto--chave. Até o momento, as lutas contra o aquecimento global, o racismo, a desigualdade, as violações dos direitos dos povos nativos, dos imigrantes e das mulheres, assim como muitas outras batalhas progressistas, com frequência ficavam dispersas em suas próprias esferas ou silos. Mas vínhamos nos perguntando, como muitos movimentos fazem hoje: como essas esferas se cruzam? Que causas fundamentais as conectam? Como essas questões podem ser enfrentadas em conjunto ao mesmo tempo? Que valores governariam um movimento assim? E como ele poderia se traduzir em poder político? Com um grupo de colegas, eu vinha trabalhando em como construir esse tipo de "plataforma popular" interseccional na América do Norte por meio de um projeto chamado Leap Manifesto — ao qual voltarei no capítulo final — e havia muitos grupos australianos interessados em explorar uma abordagem similar.

Durante a primeira hora, foi uma reunião bastante animada, com muito entusiasmo em relação ao que era possível. As pessoas estavam totalmente despreocupadas em relação à eleição nos Estados Unidos. Como muitos progressistas e liberais, e até mesmo muitos conservadores tradicionais, tínhamos certeza de que Trump ia perder.

Então os telefones de todos começaram a tocar. O ambiente foi ficando cada vez mais silencioso, e todos na sala de conferências iluminada começaram a parecer cada vez mais em pânico. De repente, o motivo para nos reunirmos — a ideia de que poderíamos ajudar a estimular um salto conjunto adiante no que diz respeito a ações climáticas, justiça racial, empregos dignos e muito mais — pareceu completamente absurdo. Era como se todos tivéssemos compreendido instantaneamente, sem nem mesmo termos que falar, que estávamos prestes a ser jogados para trás por uma forte ventania e tudo que podíamos fazer naquele momento era tentar não perder o terreno que havíamos conquistado. A ideia de um ímpeto adiante em relação a qualquer uma das crises urgentes em discussão pareceu evaporar diante de nossos olhos.

Então, sem que ninguém a encerrasse, a reunião se dispersou, as pessoas mal se despedindo umas das outras. A rede CNN estava nos chamando como uma espécie de transmissor de localização, e todos fomos silenciosamente em busca de telas maiores.

A maioria dos eleitores americanos não votou em Donald Trump; Hillary Clinton recebeu quase 2,9 milhões de votos a mais, fato que continua a atormentar o presidente em exercício. O que permitiu que ele vencesse foi um sistema de colégio eleitoral criado originalmente para proteger o poder dos proprietários de escravos. E, no resto do planeta, maiorias esmagadoras de

COMO TRUMP VENCEU AO SE TORNAR A MARCA POR EXCELÊNCIA | 27

pessoas disseram a pesquisadores que, se estivessem magicamente aptas a votar nessa eleição crucial, teriam votado em Clinton. (Uma exceção notável a essa tendência global foi a Rússia, onde Trump teve grande apoio.)

Nesse grande campo anti-Trump, todos temos diferentes histórias sobre como nos sentimos naquele dia/naquela noite. Para muitos, a emoção definidora foi o choque de que aquilo pudesse ter acontecido nos Estados Unidos. Para muitos outros, foi tristeza por ver um conhecimento antigo sobre a profundidade do racismo e da misoginia nos Estados Unidos tão vividamente confirmado. Para outros, o sentimento foi de perda por testemunhar a primeira candidata mulher à presidência dos Estados Unidos perder a chance de se tornar um modelo para seus filhos. Outros, ainda, foram inundados por um sentimento de inconformismo por uma candidata tão comprometida ter sido escolhida para enfrentar Trump em primeiro lugar. E para milhões nos Estados Unidos e fora dele, a emoção primária foi medo — uma consciência corporal vívida de que o governo de Trump ia agir como um catalisador para atos extremos de racismo, violência e opressão. Muitas pessoas experimentaram uma mistura dessas emoções, entre outras.

E muitos também compreenderam que o resultado dessa eleição não dizia respeito apenas a um homem em um país. Trump é apenas uma vertente de um contágio aparentemente global. Estamos testemunhando uma onda de políticos autoritários, xenófobos e de extrema-direita — de Marine Le Pen, na França, a Narendra Modi, na Índia, Rodrigo Duterte, nas Filipinas, o Partido de Independência do Reino Unido (Ukip), Recep Tayyip Erdoğan, na Turquia e todas as suas contrapartes (algumas explicitamente neofascistas) — ameaçando tomar o poder ao redor do mundo.

A razão por que estou compartilhando minha própria experiência do dia/da noite da eleição em Sydney é o fato de não conseguir afastar a sensação de que há algo importante a aprender com a forma como a vitória de Trump conseguiu encerrar nossa conversa, como minou planos de um projeto progressista sem que houvesse ao menos um debate. Era perfeitamente compreensível que todos nos sentíssemos daquela forma no dia da eleição. Mas, se aceitarmos a premissa de que, dali em diante, as batalhas serão todas no sentido de nos defender, de não perder o terreno conquistado para os ataques retrógrados no estilo Trump, então vamos acabar em uma posição muito perigosa. Porque o terreno onde estávamos antes de Trump ser eleito é o terreno que produziu Trump. Terreno que muitos de nós acreditávamos que constituía uma emergência social e ecológica, mesmo sem esta última rodada de retrocessos.

É claro que precisamos resistir ferozmente aos ataques vindos de Trump e de demagogos como ele ao redor do mundo. Mas não podemos passar os próximos quatro anos jogando na defensiva. As crises são todas tão urgentes que não podemos perder todo esse tempo. Em uma questão sobre a qual tenho conhecimento considerável, as mudanças climáticas, a humanidade tem um lapso de tempo finito para agir, depois do qual defender qualquer coisa que se assemelhe a um clima estável será impossível. E como veremos no Capítulo 4, esse tempo está se esgotando rapidamente.

Então precisamos, de alguma forma, lutar na defensiva e na ofensiva ao mesmo tempo — resistir aos ataques do presente e encontrar espaço para construir o futuro do qual precisamos. Dizer não e sim ao mesmo tempo.

Porém, antes de podermos chegar ao que queremos em vez de Trump e tudo o que ele e sua administração representam, precisamos encarar resolutamente o lugar onde estamos e como chegamos até aqui, assim como o fato de que as coisas provavelmente vão ficar muito piores em curto prazo. E, no que diz respeito a essa última parte, um alerta: a ruína é bastante persuasiva. Mas não podemos deixar que ela seja incapacitante. Mapear esse território é duro, mas é a única maneira de não repetirmos os erros do passado e chegarmos a soluções duradouras.

Não uma transição, mas um golpe corporativo

O que o gabinete de bilionários e multimilionários de Donald Trump representa é um fato simples: as pessoas que já possuem uma parcela absolutamente obscena da riqueza do planeta, e cuja riqueza aumenta ano após ano — o último relatório da Oxfam mostra que oito homens valem o mesmo que metade do mundo —, estão determinadas a ter ainda mais.

De acordo com a NBC News, em dezembro de 2016, os escolhidos por Trump para compor seu gabinete possuíam um avassalador patrimônio combinado de 14,5 bilhões de dólares (sem incluir o "conselheiro especial" Carl Icahn, que vale, sozinho, mais de 15 bilhões de dólares). Além disso, as principais figuras que povoam o gabinete de Trump são mais do que apenas uma amostra representativa dos ultrarricos. Em uma medida alarmante, ele reuniu um time de indivíduos que fizeram sua fortuna pessoal causando conscientemente danos a algumas das pessoas mais vulneráveis do planeta, e ao planeta em si, muitas vezes em meio a uma crise. Quase parece ser uma espécie de requisito para o cargo.

Há o danoso banqueiro Steve Mnuchin, secretário do Tesouro de Trump, ex-presidente e principal investidor da "máquina de executar hipotecas" OneWest, que despejou dezenas de milhares de pessoas de suas casas depois do colapso financeiro de 2008. Há o secretário de Estado de Trump, Rex Tillerson, ex-presidente da ExxonMobil, a maior empresa de petróleo privada do mundo. A empresa que ele comandou financiou e desenvolveu ciência climática de quinta categoria durante décadas e fez um lobby feroz, por trás dos panos, contra importantes ações climáticas internacionais, tudo enquanto planejava como a Exxon poderia lucrar com o aquecimento global. E também há empresários da área militar e de segurança, além de lobistas pagos, que compõem um número impressionante das nomeações de Trump para os departamentos de Defesa e de Segurança Nacional.

Estávamos em uma maré de sorte

Pode ser fácil esquecer, mas, antes do resultado inesperado da eleição de Trump, as pessoas comuns estavam se unindo para lutar contra injustiças representadas por muitas dessas mesmas indústrias e forças políticas, e estavam começando a vencer. A campanha presidencial surpreendentemente vigorosa de Bernie Sanders, embora no fim das contas não tenha obtido sucesso, fez com que Wall Street temesse por seus bônus e promoveu mudanças significativas na plataforma oficial do Partido Democrata. Os movimentos Black Lives Matter e Say Her Name estavam forçando um debate nacional sobre o racismo sistêmico contra os negros e a polícia militarizada e ajudaram a promover uma eliminação progressiva das prisões privadas, além de redução no número de americanos encarcerados. Em 2016, nenhum dos principais eventos culturais e esportivos — do Oscar ao Super Bowl — era realizado sem que houvesse alguma menção a como as discussões sobre raça e violência estatal tinham mudado. Os movimentos femininos estavam transformando a violência sexual em um assunto de primeira página, lançando luz sobre a "cultura do estupro", mudando o discurso a respeito de homens ricos e poderosos acusados de crimes sexuais, como Bill Cosby, e ajudando a forçar a destituição de Roger Ailes do principal cargo na Fox News, onde ele foi acusado de assediar sexualmente mais de duas dúzias de mulheres (alegações que ele negou).

O movimento climático também estava em uma boa fase, obtendo vitória após vitória contra a construção de oleodutos, a extração de gás natural e as perfurações no Ártico, muitas vezes sob a liderança de comunidades nativas ressurgentes. E havia mais vitórias a caminho: o acordo climático negociado em Paris em 2015 continha comprometimentos a fim de refrear a elevação das temperaturas que iam demandar que trilhões de dólares em ativos de combustíveis fósseis extremamente valiosos permanecessem inexplorados. Para uma empresa como a ExxonMobil, o cumprimento desses objetivos era uma ameaça à sua própria existência.

E como a reunião da qual eu estava participando em Sydney sugeria, havia uma consciência cada vez maior, nos Estados Unidos e fora do país, de que a tarefa premente diante de nós era conectar os pontos entre esses movimentos a fim de elaborar um projeto comum, e com ele uma coalizão progressista vitoriosa — uma coalizão baseada em uma ética de profunda inclusão social e cuidado com o planeta.

A administração Trump, longe de ser a história de uma figura ultrajante e perigosa, deve ser entendida, em parte, nesse contexto: como uma reação feroz contra o crescente poder de movimentos políticos e sociais que se sobrepunham exigindo um mundo mais justo e mais seguro. Em vez de arriscar a possibilidade de mais progresso (e mais lucro perdido), essa gangue composta por indivíduos que concediam empréstimos predatórios, poluíam a ponto de desestabilizar o planeta e lucravam com a guerra e a "segurança" uniu forças para assumir o governo e proteger sua riqueza ilícita. Após décadas vendo a esfera pública ser privatizada aos poucos, Trump e seus nomeados assumiram o controle do próprio governo. O golpe está completo.

Atendendo à lista de desejos corporativa

Diante de sua total falta de experiência governamental, Trump vendeu a si mesmo aos eleitores com uma espécie um tanto inovadora de forcado de dois dentes. Primeiro: sou tão rico que não preciso ser subornado. E segundo: podem confiar em mim para consertar esse sistema corrupto porque eu o conheço por dentro — eu o manipulei como homem de negócios, comprei políticos, soneguei impostos, terceirizei a produção. Então quem melhor do que eu e meus amigos igualmente ricos para drenarem esse pântano?

Não surpreende que algo diferente tenha acontecido. Trump e seu gabinete de ex-executivos estão reformulando o governo a uma velocidade alarmante no sentido de servir aos interesses de seus próprios negócios, seus antigos negócios e sua faixa tributária como um todo. Horas depois de assumir o governo, Trump anunciou um maciço corte de impostos, que faria com que as corporações fossem taxadas em apenas 15% (em vez de 35%), e prometeu reduzir as regulamentações em 75%. Sua reforma tributária inclui uma série de outras isenções e brechas para as pessoas muito ricas como as que povoam seu gabinete (sem falar dele mesmo). Trump nomeou o genro, Jared Kushner, para chefiar uma "equipe especial" repleta de executivos cujo objetivo era encontrar novas regulamentações a eliminar, novos programas a privatizar e novas formas de fazer com que o governo dos Estados Unidos "funcione como uma grande empresa americana". (De acordo com uma análise feita pela Public Citizen, Trump se reuniu com pelo menos 190 executivos de empresas em menos de três meses no cargo — antes de anunciar que os registros de visitantes não seriam mais divulgados publicamente.) Pressionado sobre o que a administração havia conseguido de substancial em seus primeiros meses, o diretor de orçamento Mick Mulvaney citou a saraivada de decretos de Trump e frisou o seguinte: "A maioria são leis e regulamentações pondo fim a outras leis. Regulamentações pondo fim a outras regulamentações."

E é verdade. Trump e sua equipe estão determinados a detonar programas que protegem crianças de substâncias nocivas para o ambiente, disseram às companhias de gás que elas não são mais obrigadas a informar sobre todos os poderosos gases do efeito estufa que estão emitindo e estão levando adiante dezenas e dezenas de outras medidas nessa mesma linha. Trata-se, em resumo, de um grande desmonte, motivo pelo qual Trump e seus nomeados estão rindo das frágeis acusações de conflito de interesses: a coisa toda é um grande conflito de interesses. Essa é a ideia.

E para ninguém mais do que para Donald Trump, um homem que se fundiu tão completamente com sua marca corporativa que é claramente incapaz de dizer onde termina uma coisa e começa a outra. Um dos aspectos mais impressionantes do governo de Donald Trump até o momento é o surgimento de Mar-a-Lago, o resort pessoal de Trump em Palm Beach, como uma carnavalesca Casa Branca de Inverno — forma pela qual chegou a ser brevemente anunciado em sites do departamento de Estado — apenas para sócios e completamente voltada para o lucro. Um dos membros desse clube disse ao *New York Times* que ir para Mar-a-Lago era como "ir para a Disney e saber que o Mickey Mouse vai estar lá o dia todo", embora nesse exercício de contato ininterrupto com a marca não se trate da Disney, mas da América, e o presidente dos Estados Unidos é o Mickey Mouse.

O supremo tiranete das marcas

Quando li essa declaração, dei-me conta de que, se quisesse tentar compreender essa presidência, eu teria que fazer algo que tinha evitado durante muito tempo: voltar a mergulhar no mundo do marketing e da gestão de marcas corporativas que foi tema de meu primeiro livro, *Sem logo*.

O livro focava um momento determinante na história corporativa — quando gigantes como a Nike e a Apple pararam de pensar em si mesmas primeiramente como empresas que fazem produtos físicos e começaram a se conceber primeiro e acima de tudo como fabricantes de marcas. Era na gestão de marcas — que criavam um senso de identidade tribal — que elas acreditavam que estava sua fortuna. Esqueça as fábricas. Esqueça a necessidade de manter uma grande força de trabalho. Uma vez que se deram conta de que seus maiores lucros vinham da fabricação de uma imagem, essas "marcas vazias" chegaram à conclusão de que não importava quem fabricava seus produtos ou quão pouco essas pessoas ganhavam. Deixaram isso a cargo de seus fornecedores, um desdobramento com consequências devastadoras para trabalhadores no país e fora dele e um desdobramento que também alimentou uma nova onda de resistência anticorporativa.

As pesquisas para *Sem logo* exigiram quatro anos de total imersão na cultura de marcas — quatro anos assistindo e reassistindo a anúncios do Super Bowl, esquadrinhando a revista *Advertising Age* em busca das últimas inovações em sinergia corporativa, lendo livros de negócios degradantes sobre como entrar em contato com os valores de sua marca pessoal, fazendo excursões para Niketowns, visitando fábricas asiáticas onde os funcionários trabalham em condições desumanas, indo a shoppings gigantescos, a "cidades de marcas", fazendo incursões noturnas a outdoors com destruidores de propaganda e ativistas culturais.

Parte de tudo isso foi divertida — estou longe de ser imune ao fascínio do bom marketing. Mas, no fim, foi como se eu tivesse ultrapassado uma espécie de limite de tolerância e tivesse desenvolvido uma doença próxima de uma alergia a marcas. Se o Starbucks tinha bolado uma nova maneira de "desmarcar" suas lojas ou se a Victoria's Secret tinha se apropriado indevidamente dos cocares dos nativos americanos na passarela, eu não queria escrever a respeito — eu tinha seguido em frente e deixado esse mundo predatório para trás. O problema é que, para compreender Trump, é realmente preciso entender o mundo que fez dele o que ele é, e esse mundo, em grande medida, é o mundo das marcas. Ele reflete todas as piores tendências sobre as quais escrevi em *Sem logo*, de se isentar da responsabilidade pelos trabalhadores que fabricam seus produtos por meio de uma rede de fornecedores com frequência abusivos à insaciável necessidade colonial de marcar todos os espaços disponíveis com seu nome, razão pela qual decidi mergulhar de novo nesse mundo lustroso para ver o que ele poderia nos dizer sobre como Donald Trump chegou ao cargo mais poderoso do mundo, e talvez até mesmo o que tinha a dizer sobre o estado da política em termos mais amplos.

Transcendendo o mundo das coisas

A ascensão das Supermarcas, como a que Trump construiu em torno de sua prepotente persona, tem raízes em uma única e aparentemente inócua ideia, desenvolvida por teóricos da administração em meados dos anos 1980: a ideia de que para ter sucesso, as corporações precisam em primeiro lugar produzir marcas em vez de produtos.

Até então, embora houvesse um consenso no mundo corporativo de que reforçar o nome de uma marca por meio da propaganda era importante, a principal preocupação de todo fabricante sério era a produção de mercadorias. Como afirmou um editorial da revista *Fortune* em 1938, "a função básica e irreversível de uma economia industrial é a produção de coisas (...). É na fábrica, na terra e sob a terra que o poder de compra se origina."

Entretanto, na década de 1980, as vendas de produtos de marcas clássicas como Tide, Levi's e Marlboro tinham começado a cair. O problema parecia ser o fato de que o mercado estava inundado de produtos praticamente idênticos e, com a economia em recessão, muitas pessoas estavam tomando decisões com base no preço, e não na marca. Os velhos truques — outdoors, anúncios na televisão — não pareciam mais estar funcionando; era como se os consumidores tivessem desenvolvido uma espécie de resistência. (Ou, como afirmou de forma memorável o executivo da publicidade David Lubars, os consumidores "são como baratas: você os pulveriza repetidas vezes com inseticida e, depois de algum tempo, eles acabam ficando imunes".)

Por volta dessa mesma época, um novo tipo de corporação começou a rivalizar com os fabricantes americanos tradicionais por participação no mercado. Foram marcas como Nike e Apple e, mais tarde, Tommy Hilfiger e Starbucks, e assim por diante. Essas marcas pioneiras seguiam um modelo diferente: criar uma ideia ou marca transcendente em torno de sua empresa e usar isso para se conectar com consumidores que partilhem os mesmos valores. Em seguida, cobrar um preço exorbitante por produtos que têm menos a ver com os objetos em si do que com o profundo desejo humano de ser parte de uma tribo, de um círculo de pertencimento.

Assim, quando jovens passavam a noite em filas para comprar um tênis Nike de 250 dólares, eles não estavam comprando exatamente um par de tênis; estavam comprando a ideia de "Just Do It" e o sonho de Michael Jordan, que tinha se tornado uma Supermarca de um homem só, termo usado pela primeira vez para descrever o império cada vez maior do atleta. Quando seus pais compravam computadores da Apple, estavam levando para casa um pedaço de uma visão profundamente otimista de futuro, representada no slogan "Think Different". (A aura de autenticidade aumentava com cada ícone revolucionário ou artístico, vivo ou morto, cujo rosto aparecia na campanha: Gandhi, Martin Luther King, Picasso, Mandela, o Dalai Lama.) E, quando as pessoas de repente passaram a pagar quatro vezes o que estavam acostumadas a pagar por um café, foi porque a Starbucks não estava realmente vendendo café; estava vendendo, de acordo com seu diretor-executivo, a ideia do "terceiro espaço", que não era a casa nem o trabalho. (O terceiro espaço costumava ser os espaços verdadeiramente comunitários onde as pessoas se reuniam sem a ajuda de corporações, mas esses lugares estavam desaparecendo rapidamente.)

36 | COMO CHEGAMOS ATÉ AQUI

Outro desenvolvimento crucial nesse período foi a ideia de que, como o verdadeiro produto era a marca, ela podia ser projetada em um grande número de mercadorias físicas aparentemente desconexas. A Ralph Lauren lançou uma linha de tintas, a Virgin investiu em vestidos de casamento e refrigerantes, a Starbucks lançou uma linha de CDs de jazz. As possibilidades pareciam infinitas.

Várias dessas empresas altamente focadas na marca faziam a (então) ousada declaração de que a produção de bens era apenas uma parte incidental de suas operações e que, graças a recentes vitórias na liberalização comercial e à reforma da legislação trabalhista, seus produtos podiam ser fabricados para eles a preço de saldo por empresas terceirizadas ou subcontratadas, muitas delas no exterior. Não importava de fato quem realizava o trabalho físico, porque o verdadeiro valor não estava na fabricação, mas no design, na inovação e, é claro, no marketing.

Logo surgiu um consenso no âmbito da gestão de que muitas das corporações que não adotaram esse modelo estavam inchadas, superdimensionadas, possuíam demais, empregavam pessoas demais e estavam sobrecarregadas com coisas demais. O processo tradicional de produção — administrar as próprias fábricas, ser responsável por dezenas de milhares de funcionários permanentes e em tempo integral — começou a se assemelhar menos com a rota para o sucesso e mais com uma pesada responsabilidade. O objetivo era se tornar uma marca oca — possuir pouco, estampar a marca em tudo.

Rapidamente, as multinacionais estavam competindo umas com as outras em uma corrida por leveza: ganhava quem possuísse menos, tivesse menos funcionários na folha de pagamento e produzisse as imagens mais impactantes em vez de coisas.

Nenhum espaço, poucos empregos

A ascensão meteórica desse modelo de negócios teve dois impactos imediatos. Nossa cultura foi cada vez mais inundada pelo marketing, conforme as marcas buscavam espaços inexplorados e novos "prolongamentos de marca" por meio dos quais projetar suas grandes ideias e atingir seus públicos-alvo. Trabalho e trabalhadores, por outro lado, experimentaram uma acentuada desvalorização e passaram a ser tratados cada vez mais como algo dispensável.

Marcas como a Nike e a Adidas competiam ferozmente na esfera do marketing, mas tinham seus produtos manufaturados nas mesmas fábricas com os mesmos trabalhadores costurando seus calçados. E por que não? Fabricar coisas não era mais considerado uma "competência fundamental". As matrizes (que cada vez mais eram chamadas de "campi") queriam ser tão livres quanto possível para se concentrar no que consideravam o verdadeiro negócio em questão: criar uma mitologia corporativa poderosa o suficiente para projetar significado em praticamente qualquer objeto, simplesmente estampando sua marca nele.

Na imprensa, esse fenômeno muitas vezes era noticiado como a empresa X ou Y decidindo transferir suas fábricas para uma parte do mundo onde a mão de obra era mais barata. Mas a verdade era bem diferente, conforme descobri ao visitar fábricas com condições de trabalho desumanas que produziam artigos de marca como as roupas da Gap e os computadores da IBM na Indonésia e nas Filipinas. Na maioria dos casos, as empresas não estavam transferindo suas fábricas da América do Norte e da Europa e reabrindo-as na Ásia, mas sim fechando-as sem nunca as reabrir em lugar nenhum. Esse período assistiu à proliferação de complexas cadeias de fornecedores, nas quais ficava cada vez mais difícil discernir onde um produto era fabricado e por quem. Também testemunhou uma onda de escândalos: repetidas vezes, intrépidos jornalistas investigativos e grupos de fiscalização do trabalho revelavam que, por exemplo, um tênis da Nike com a marca Michael Jordan ou uma camiseta com a marca da Disney eram manufaturados em fábricas de condições insalubres no Haiti ou na Indonésia. Mas, quando jornalistas ou consumidores tentavam fazer com que a marca assumisse a responsabilidade, a empresa quase sempre declarava: "Estamos tão horrorizados quanto vocês, e por isso vamos parar de trabalhar com esse fornecedor."

Não é segredo por que esse modelo deslanchou. Se fizesse as coisas corretamente — se produzisse belos comerciais, investisse pesado em design e

38 | COMO CHEGAMOS ATÉ AQUI

tentasse personificar a identidade de sua marca por meio de diversos acordos de patrocínio e promoções cruzadas —, muitas pessoas estariam dispostas a pagar praticamente qualquer valor por seus produtos, motivo pelo qual o sucesso do que veio a se chamar "marcas de estilo de vida" deu início a uma espécie de obsessão, com as marcas competindo umas com as outras para ver qual tinha a maior rede de prolongamentos de marca ou qual conseguia produzir as experiências 3-D mais envolventes — oportunidades de os consumidores entrarem e se fundirem a suas marcas favoritas.

Mas o que toda essa história da década de 1990 tem a ver com Donald Trump? Tudo. Trump construiu um império ao seguir essa fórmula à risca. E então, como candidato, descobriu como tirar vantagem da revolta e do desespero que isso deixou em comunidades que costumavam realizar o trabalho bem remunerado de manufatura que empresas como a dele haviam há muito abandonado. Um belo golpe.

O show de Trump

Nos anos 1980, quando se tornou uma figura de projeção nacional, Trump ainda era um magnata do ramo imobiliário bastante tradicional que por acaso tinha um desejo insaciável de ver seu nome na imprensa e em praticamente todos os outros lugares. Ele estampou seu nome em prédios por toda a cidade de Nova York e por Atlantic City; manipulava a imprensa incessantemente e transformou seu relacionamento com a esposa e a amante em uma novela da vida real. Como resultado, Trump se projetou além do esperado em termos de visibilidade: seu rosto era estampado em capas de revistas que iam desde a *Time* até a *GQ*. Fez participações como convidado em filmes de Hollywood e em programas de televisão. E desde o início compreendeu algo essencial sobre o gerenciamento de marca. Como disse à *Playboy*: "O show é Trump, e as performances estão com os ingressos esgotados em todos os lugares." Ainda assim, a essência de seus negócios

COMO TRUMP VENCEU AO SE TORNAR A MARCA POR EXCELÊNCIA | 39

permanecia convencional: adquirir imóveis e administrar suas propriedades, fossem elas hotéis, prédios de apartamentos ou cassinos.

Nos anos 1990, isso começou a mudar, em grande parte porque Trump administrou tão mal seus cassinos em Atlantic City que os banqueiros estavam se apropriando mais e mais de seus negócios, mesmo antes de ele ter suas primeiras falências no currículo. No entanto, Trump não perdeu o controle total sobre suas propriedades. Os investidores pareciam convencidos de que precisavam do nome Trump — sua marca pessoal — para impedir que o castelo de cartas desmoronasse. E isso provou ser uma importante lição sobre o valor, no mundo real, de um nome minuciosamente promovido.

Embora ainda fosse essencialmente um empreiteiro, Trump vira a forma pela qual empresas como a Nike estavam fazendo rios de dinheiro com o modelo de marca oca. E gradualmente seguiu pelo mesmo caminho. No começo, sua inovação foi o fato de ele colocar marca em uma parte da economia que nunca recebera marca antes: imóveis de luxo. Obviamente, já havia marcas de cadeias mundiais de hotéis e resorts. Mas Trump foi pioneiro na ideia de que o lugar onde uma pessoa trabalha (um prédio de escritórios), o lugar onde mora (um condomínio) e o lugar onde tem seus momentos de lazer (seu clube de golfe ou o destino de suas férias) seriam todos franquias de uma única marca de luxo global. Assim como Celebration, na Flórida — a cidade marca da Disney —, Trump estava vendendo a oportunidade de as pessoas viverem dentro de sua marca, 24 horas por dia, sete dias por semana.

A grande inovação, no entanto, veio quando Mark Burnett, que comandava um império de *reality shows* para TV, convenceu Trump a fazer *O Aprendiz*. Até então, Trump estava ocupado lidando com as consequências de suas falências e a impaciência dos banqueiros. Agora, do nada, tinha a chance de ser alçado à estratosfera das Supermarcas, aquelas empresas exclusivas que obtinham seus enormes lucros principalmente ao construir o significado de suas marcas e em seguida projetá-las por toda parte, livres do fardo de terem que fabricar seus próprios produtos — ou, no caso de Trump, construir seus próprios prédios.

40 | COMO CHEGAMOS ATÉ AQUI

Ele enxergou o potencial imediatamente. Como colocou sob o maior holofote possível seu estilo de vida dourado, com longas e arrastadas tomadas de suas residências palacianas e seus jatinhos de luxo, o programa fez maravilhas para solidificar sua missão de décadas de igualar o nome Trump a sucesso material. Antes mesmo de o primeiro episódio ir ao ar, ele já negociava contratos para licenciar seu nome para uma linha de roupas masculinas. Ele disse ao responsável pela publicidade na rede de televisão que mesmo que *O Aprendiz* "não tenha boa audiência, ainda assim vai ser ótimo para minha marca".

Mas o programa teve boa audiência — números impressionantes. E em pouco tempo ele já tinha lançado um cardápio completo de marcas derivadas — da colônia Trump, passando por água, óculos e colchões Trump, até a Trump University. No que diz respeito ao atual presidente dos Estados Unidos, não havia categoria de produto que não pudesse ser absorvida pela bolha da marca Trump.

O mais importante de tudo era que, com *O Aprendiz*, Trump não estava pagando, como fazem outras marcas, para que sua marca aparecesse em um programa de TV de sucesso; ele estava ganhando uma fortuna por uma publicidade grátis de valor inestimável.

Mais do que isso, seus programas arrecadaram milhões ao promover outras marcas. Em abril de 2011, por exemplo, o *Aprendiz Celebridades* foi pago para promover mais produtos no ar do que qualquer outro programa, 120 propagandas de produtos no total. Essa é a característica de uma verdadeira Supermarca: Trump construiu uma marca que contém multidões de marcas. (E, ao levar seus filhos para o programa, começou até mesmo a *reproduzir* marcas.)

Depois de um feito como esse, qual é o próximo passo? Fundir sua marca com o símbolo supremo de poder e autoridade: a Casa Branca.

Oligarca chique

No entanto, antes que isso pudesse acontecer, Trump precisava de mais uma coisa para completar sua transformação. Ele mudou radicalmente a essência de seus negócios imobiliários. Em vez de construir e ser ele mesmo proprietário das estruturas, como fazia no início da carreira, Trump se deu conta de que podia fazer dinheiro muito mais facilmente apenas vendendo seu nome para construtores ao redor do mundo, que usariam o fato de ele ser uma celebridade para atrair compradores e clientes para seus prédios de escritórios, condomínios e hotéis. Os construtores de fora se encarregavam da construção e assumiam todas as responsabilidades. Se os projetos fracassavam (como com frequência acontecia), Trump ainda assim recebia o pagamento pelo licenciamento de sua imagem. E os valores eram enormes. De acordo com o *Washington Post*, em um único projeto de prédio de apartamentos no Panamá, "Trump ganhou pelo menos 50 milhões de dólares com o projeto em troca de um investimento quase zero".

Ele ainda possui algumas propriedades emblemáticas, incluindo a Trump Tower, em Nova York, e Mar-a-Lago, na Flórida. Mas, quando se olha para a rede mais ampla das muitas propriedades que levam sua marca — do Trump International Golf Club, em Dubai, às muitas outras propriedades Trump na Índia, no Canadá, no Brasil, na Coreia do Sul e na cidade de Nova York —, o que se vê é que Trump ou não é o proprietário delas ou tem apenas uma parcela da propriedade. Sua receita vem de licenciar seu nome.

Uma grande parte do sucesso internacional de Trump se deveu ao senso de oportunidade. Ele entrou no mercado imobiliário de luxo global em uma época em que havia uma quantidade sem precedentes de riqueza privada não tributada disponível, em busca de lugares seguros onde ser aplicada, como ainda há. De acordo com James S. Henry, conselheiro sênior do Tax Justice Network, com sede no Reino Unido, em 2015 o patrimônio financeiro privado individual estimado que permanecia sem ser declarado para fins tributários ao redor do mundo estava entre 24 trilhões e 36 trilhões de dólares. Condomínios de luxo, com uma estética extravagante totalmente adequada aos novos oligarcas de Moscou à Colômbia, se encaixavam perfeitamente nesse orçamento.

O mercado de Trump, porém, não eram apenas os ricos. Seu império de marcas da era de *O Aprendiz* permitiu que ele atraísse consumidores ricos e de classe média ao mesmo tempo. Os endinheirados e ostentadores podiam se tornar sócios de seus clubes de praia e de golfe ou comprar uma unidade em um dos prédios com a marca Trump, mobiliado com uma coleção de itens da marca. Para as massas que não têm todo esse dinheiro, Trump leiloava pequenos pedaços do sonho: uma reluzente gravata vermelha Trump, um bife Trump, um livro Trump.

Estão todos demitidos!

Trump chegou à Casa Branca com uma campanha que protestava sem cessar contra a perda de postos de trabalho nas fábricas — o mesmo tipo de trabalho que ele terceirizou em praticamente todas as oportunidades que teve. Como homem de negócios, ele se aproveitou o máximo que pôde da economia da terceirização, assim como a empresa de Ivanka. E não surpreende que diversas reportagens investigativas importantes tenham detalhado as terríveis condições nas quais as gravatas de Trump são fabricadas em Shengzhou, na China, por exemplo, e as condições ainda piores nas fábricas chinesas que produzem a linha de calçados de Ivanka. Em abril de 2017, a Fair Labor Association, um observador oficial que surgiu a partir dos escândalos envolvendo fábricas com condições de trabalho desumanas nos anos 1990, publicou um relatório divulgando que trabalhadores de uma fábrica na China que produzia itens para um dos grandes fornecedores dos vestidos e blusas de Ivanka cumpriam uma carga de quase 60 horas semanais e ganhavam pouco mais do que o equivalente a um dólar por hora (bem abaixo da média salarial para os trabalhadores urbanos da indústria na China). A maioria dos empregados também não tinha benefícios de saúde e de licença-maternidade — o que não ficava nada bem para uma defensora das mulheres na força de trabalho.

COMO TRUMP VENCEU AO SE TORNAR A MARCA POR EXCELÊNCIA | 43

A construção de muitos hotéis e torres de escritórios da marca Trump foi marcada por controvérsias similares, nos Estados Unidos e no restante do mundo. Uma investigação feita pela *Vice*, por exemplo, revelou que o tratamento dispensado a trabalhadores temporários na construção de um campo de golfe da marca Trump em Dubai se destacou mesmo em uma cidade notória pelas condições de trabalho análogas à escravidão. Ben Anderson, que produziu a reportagem, descreve alojamentos de trabalhadores nos quais "21 homens vivem em um quarto com ratos andando por cima deles" e banheiros que "não pareciam adequados para seres humanos".

As Organizações Trump emitiram um comunicado sobre sua "política de tolerância zero com práticas de trabalho ilegais em qualquer projeto que tenha o nome 'Trump'". Não preciso dizer que esse projeto em particular estava sendo construído por uma empresa externa; Trump tinha apenas licenciado seu nome.

Algumas marcas teriam sofrido um duro golpe com esse tipo de revelação. As Organizações Trump apenas dão de ombros. E isso tem tudo a ver com a grande ideia de marca em torno da qual Donald Trump decidiu construir seu império.

Imune a escândalos

Trump define a identidade de sua marca publicamente como qualidade e luxo. Mas isso não passa de uma manipulação: os hotéis e resorts de Trump não estão nem mesmo entre os dez primeiros lugares da lista de marcas de acomodações de luxo do mundo, lista que inclui, de forma confiável, nomes como Four Seasons e Oberoi (como se para reforçar esse argumento, Mar-a-Lago foi citada por quase uma dezena de infrações relativas à segurança alimentar em janeiro de 2017). A verdade, que não soa nem de perto tão glamourosa, é que a marca de Trump representa a própria riqueza — ou, para colocar as coisas de forma mais grosseira, dinheiro. É por isso que sua estética é uma mistura de *Dynasty* e Luís XIV. É por isso que a relação de

44 | COMO CHEGAMOS ATÉ AQUI

Trump com o ouro é o inverso da relação do Super-Homem com a kriptonita: Trump cambaleia quando está a mais de um metro de distância de algo grande e reluzente.

A marca pessoal de Donald Trump é ligeiramente diferente, mas intimamente relacionada. Sua marca é ser o chefe supremo, o homem que é tão rico que pode fazer o que quiser, quando quiser e com quem quiser (inclusive agarrar qualquer mulher que deseje, por qualquer parte do corpo que queira).

Isso ajuda a explicar por que os indicadores da riqueza de Trump são tão importantes para ele. Cortinas douradas e fotografias de seus jatinhos particulares são a maneira pela qual Trump constantemente reforça sua marca como a história de sucesso capitalista por excelência — poder e riqueza encarnados. É a razão por que ele colocou sua riqueza pessoal (ainda que exagerada) no centro de sua campanha para presidente.

É também por essa razão que nenhum escândalo trabalhista vai prejudicar sua imagem. No mundo que criou, ele está apenas agindo como um "vencedor"; se alguém é atropelado, essa pessoa obviamente é uma perdedora. E isso não se aplica apenas aos escândalos trabalhistas — praticamente todo escândalo político tradicional parece ricochetear em Trump. Isso acontece porque Trump não apenas entrou na política como um pretenso intruso, alguém que não joga conforme as regras. Ele entrou na política jogando de acordo com um conjunto de regras completamente diferente: as regras do gerenciamento de marca.

De acordo com essas regras, uma pessoa não precisa ser objetivamente boa ou decente; basta ser fiel e consistente com a marca que você criou. É por isso que os gerentes de marca são tão obcecados com disciplina e repetição: depois que você identifica qual é a sua marca essencial, seu único trabalho é encarnar essa marca, projetá-la e repetir sua mensagem. Se mantiver o foco, pouquíssimas coisas vão atingi-lo.

Isso é um problema quando aplicado a um presidente dos Estados Unidos em exercício, especialmente porque durante muitos e muitos anos, e com um nível impressionante de consistência, Donald Trump criou uma marca inteiramente amoral. Durante a campanha, ele conseguiu menosprezar quase todos os "peguei você" convencionais. Pego sonegando impostos federais? Estava apenas sendo "inteligente". Recusa-se a divulgar sua declaração de imposto de renda? Quem vai obrigá-lo? Ele não estava exatamente brincando durante a campanha presidencial quando disse: "Eu podia parar no meio da Quinta Avenida e dar um tiro em alguém e mesmo assim não perderia votos." No mundo de Trump, a impunidade, ainda mais do que grandes quantidades de ouro, é a representação máxima de sucesso.

Isso tem sérias implicações para qualquer esperança de impedir que essa administração haja como uma cleptocracia declarada. Mas, como veremos no próximo capítulo, *há* maneiras de furar a bolha da marca Trump. Só precisamos saber onde enfiar a agulha.

CAPÍTULO DOIS

A PRIMEIRA FAMÍLIA DE MARCAS

Donald Trump pode nunca ter acreditado que tinha chances de chegar à Casa Branca; pouquíssimas pessoas acreditavam. Mas, depois que venceu a nomeação para candidato pelo Partido Republicano, ele claramente se deu conta de que tinha a seu alcance a maior de todas as ferramentas de gerenciamento de marca: a presidência dos Estados Unidos. A cada minuto como presidente, o valor de sua marca e o valor de seus atuais negócios aumentam, de forma que ele está lucrando diretamente e de maneira significativa de um cargo público — justamente aquilo que as regras a respeito de conflito de interesses deveriam evitar.

Então agora estamos em um território completamente desconhecido, porque vamos encarar a realidade: supermarcas humanas são um fenômeno relativamente novo. Nada disso estava previsto em nenhum manual. As pessoas continuam a perguntar: Ele vai abrir mão? Vai vender seus negócios? E Ivanka vai vender os dela? Mas não fica claro nem o que essas questões querem dizer, porque o principal negócio deles são seus nomes. Não é possível dissociar o homem Trump da marca Trump; essas duas entidades se fundiram há muito tempo. Toda vez que coloca os pés em uma de suas propriedades — um campo de golfe, um hotel, um clube de praia — com a equipe de imprensa da Casa Branca atrás, ele está aumentando o valor de sua marca como um todo, o que permite que sua empresa venda mais títulos de associado, alugue mais quartos e aumente as tarifas.

48 | COMO CHEGAMOS ATÉ AQUI

A lógica por meio da qual a família Trump encara a relação entre o gerenciamento de marca e o cargo público ficou clara no processo judicial que Melania Trump moveu pouco antes de se tornar primeira-dama. Ela exigiu 150 milhões de dólares de indenização por danos morais da empresa proprietária do website *Daily Mail* por insinuar, sem provas, que no passado ela trabalhou como garota de programa. E Melania tinha todo o direito de exigir o pagamento de uma indenização por isso. Mas quais eram as bases para alegar que ela tivesse perdido a exorbitante quantia de 150 milhões de dólares, considerando que praticamente não tem nenhum negócio próprio? A essência de seu caso jurídico era que, como primeira-dama, ela construiria — no futuro — uma valiosa marca "em diversas categorias de produtos, cada um dos quais poderia ter gerado relações de negócios multimilionárias por um período de muitos anos durante o qual a Requerente será uma das mulheres mais fotografadas do mundo". (O *Daily Mail* fez um acordo, pedindo desculpas a Trump e pagando uma soma não divulgada.)

Não é a primeira vez que uma primeira-dama faz uso de seu perfil político em uma marca de estilo de vida. Samantha Cameron, mulher de David, esperou apenas cinco meses depois que seu marido deixou o cargo de primeiro-ministro britânico para anunciar sua própria linha de roupas para "mulheres que trabalham". Mas o que impressiona no agora finalizado processo judicial de Melania é que ela parecia estar tentando pular o processo de lançar de fato uma marca séria e, em vez disso, foi direto para a parte de ganhar dinheiro. Além disso, o processo jurídico original deixa claro como os Trump encaram cargos públicos: como um investimento de curto prazo para inflar enormemente o valor de sua marca comercial no longo prazo.

Podemos ver isso também com Ivanka, cujos produtos foram notoriamente propagandeados por funcionários públicos pagos com dinheiro dos contribuintes, incluindo seu pai por meio do Twitter, e sua assessora Kellyanne Conway, que fez em rede nacional o que ela descreveu como uma "propaganda", dizendo aos telespectadores: "Comprem os produtos da Ivanka!" Os conflitos beiraram a autoparódia em 6 de abril de 2017, quando, segundo a *Associated Press*, "a empresa de Ivanka Trump recebeu aprovação

A PRIMEIRA FAMÍLIA DE MARCAS | 49

provisória do governo chinês para três novas marcas registradas, obtendo os direitos de monopólio para vender as marcas de joias, bolsas e serviços de spa de Ivanka na segunda maior economia do mundo". Mas isso não foi tudo que aconteceu naquele dia. "Naquela noite, a filha do presidente e seu marido, Jared Kushner, se sentaram ao lado do presidente da China e de sua mulher durante um jantar em Mar-a-Lago." Uma conferência política cujos detalhes tinham sido planejados por ninguém menos que Jared Kushner. Questionada sobre esse tipo de conflito, Ivanka invariavelmente salienta que, assim como seu pai supostamente se distanciou das Organizações Trump ao deixá-las nas mãos dos filhos (enquanto continua ficando com os lucros), ela deixou sua empresa nas mãos de "administradores independentes" — o irmão e a irmã de seu marido (enquanto ela continua a receber os lucros). Isso vai muito além do nepotismo; é o governo dos Estados Unidos como um negócio familiar com fins lucrativos.

Sabemos que a presidência de Trump tornou a família de marcas mais valiosa porque os negócios de Ivanka registraram um recorde de vendas depois que Kellyanne Conway fez sua propaganda na televisão. As quotas para os membros de Mar-a-Lago já aumentaram, de 100 mil para 200 mil dólares ao ano. E por que não? Agora, pagando esse valor, você pode acabar testemunhando uma importante conversa sobre segurança nacional durante o jantar. Pode tomar um drinque na companhia de um chefe de Estado hospedado lá. Pode até mesmo ser testemunha do momento em que Trump anuncia que acaba de ordenar um ataque aéreo a um país estrangeiro. E, é claro, pode até se encontrar com o próprio presidente e ter a chance de influenciá-lo discretamente. (Não há registros públicos de quem entra e sai do clube; então, quem sabe?) Durante décadas, Trump vendeu o atrativo da proximidade com a riqueza e o poder — é o significado de sua marca. Mas agora ele pode oferecer a seus clientes pagantes o que há de melhor.

O fato de Trump ser proprietário de Mar-a-Lago já é por si só digno de nota. Uma década antes de Trump comprar a propriedade, em 1985, a proprietária, a socialite Marjorie Merriweather Post, a deixara para o governo dos Estados Unidos na esperança de que pudesse ser usada como um refúgio presidencial ou uma "Casa Branca de Inverno". Mas nenhum presidente usou a propriedade, que acabou sendo devolvida. Muito antes da eleição de 2016, Trump já gostava de se gabar de viver em uma casa destinada a presidentes. De fato, em retrospecto, é como se ele tivesse passado três décadas brincando de ser presidente. E agora, com a eleição de 2016, essa fantasia se tornou realidade — ou será que na verdade a realidade é que foi engolida pela fantasia de Trump? Como com tudo mais relacionado a Trump é genuinamente difícil de dizer. Ele pode chamar sua propriedade em Palm Beach de "Casa Branca de Inverno" ou de "Casa Branca do Sul", mas é claro que não se trata de nada disso. A Casa Branca é uma instituição pública; Mar-a-Lago continua a ser um clube privado, com fins lucrativos e restrito a membros, cujos lucros vão diretamente para Trump e sua família.

Qualquer presidente que se recusasse a vender seus negócios estaria diante de potenciais conflitos de interesse, uma vez que as medidas do governo americano podem ter impacto sobre tudo, desde o preço das ações, como veremos em alguns capítulos, até o preço do petróleo. Empresas baseadas em uma marca, como as empresas de Trump, porém, são monstros completamente diferentes. Os conflitos de interesse não estão ligados apenas a políticas e ações específicas. Em vez disso, são onipresentes e contínuos, incorporados no simples fato de Trump ser presidente. Isso porque o valor das marcas de estilo de vida flutua muito, dependendo do espaço que elas ocupam na cultura. Então tudo que aumente a visibilidade de Donald Trump e a percepção dele como todo-poderoso aumenta ativamente o valor da marca Trump, elevando assim o valor que os clientes estão dispostos a pagar para estar associados a ela — para ostentá-la em seu novo empreendimento imobiliário, por exemplo, ou, em menor escala, para jogar em seus campos de golfe ou comprar uma de suas gravatas.

E não há sinais de que Trump vá deixar de explorar ao máximo esse fato. De acordo com uma reportagem do *New York Times* de abril de 2017, "as empresas do sr. Trump, agora administradas por seus dois filhos adultos, têm 157 pedidos de uso de marca pendentes em 36 países".

O que exatamente os meninos Trump estão vendendo?

Em janeiro de 2017, um dos filhos de Donald Trump, Eric, fez uma viagem ao Uruguai para se reunir com um empresário interessado em comprar os direitos para usar o nome de Trump em seu novo prédio de escritórios. Na época, o escândalo público foi quanto do dinheiro dos contribuintes americanos foi usado para pagar pelos funcionários do Serviço Secreto e de outras áreas do governo que acompanharam Eric na viagem: algo em torno de 100 mil dólares em custos com hotel, um subsídio público usado diretamente nos negócios privados de Trump. Mas o escândalo maior foi o que eles foram promover no Uruguai: a marca Trump, que acabara de se tornar muito mais valiosa devido ao fato de que seu proprietário estava prestes a fazer o juramento como presidente dos Estados Unidos.

E isso não diz nada sobre o potencial para corrupção, que é enorme. Considerando que o que os filhos de Trump — Eric e Donald Jr. — estão vendendo é efêmero (um nome), um comprador pode pagar 6 milhões ou 60 milhões de dólares por ele. Quem vai determinar o que constitui um valor de mercado justo? Ainda mais preocupante: quem garante quais serviços estão sendo adquiridos quando uma empresa privada paga milhões para usar a marca de Trump? Eles realmente a consideram tão valiosa para seu prédio de apartamentos ou acreditam que, ao pagar mais, podem ser vistos de forma mais favorável em outros negócios que requeiram uma relação amigável com a Casa Branca? É muito difícil ver como essas coisas podem ser desenredadas. Uma marca vale tanto quanto os consumidores estiverem dispostos a pagar por ela. Esse sempre foi o atrativo de construir um negócio baseado nesse modelo: que algo tão efêmero quanto um nome possa ser investido de tal valor monetário real.

As Organizações Trump declararam que não vão fazer nenhum negócio novo envolvendo propriedades estrangeiras para evitar a aparência de improbidade. Mas não é apenas uma questão internacional. Se uma cidade ou o governo de um dos estados americanos der a um dos empreendimentos de Trump alguma isenção no que diz respeito a impostos e regulamentações, estarão fazendo isso porque realmente consideram que esse negócio em particular vai beneficiar sua comunidade ou porque querem alguma coisa da Casa Branca? O mesmo vale para qualquer governo ou empresa — estrangeiro ou doméstico — que escolha uma das propriedades de Trump para um evento ou como o lugar onde hospedar seus funcionários. Eles realmente acham que é a melhor opção ou estão apenas tentando cair nas graças do governo?

O fascinante a respeito dessas questões éticas é o fato de serem muito similares aos escândalos em torno da Fundação Clinton, que podem muito bem ter contribuído para a derrota eleitoral de Hillary. Havia muitas questões espinhosas no que dizia respeito ao que uma empresa privada ou um governo estrangeiro achavam que estavam obtendo quando fizeram generosas doações para a Fundação Clinton. Estariam sendo puramente filantrópicos, motivados pelos flagelos das doenças infecciosas e da obesidade infantil? Ou estariam também esperando que sua doação gerasse dividendos porque Hillary Clinton era secretária de Estado e parecia provável que se tornasse a próxima presidenta dos Estados Unidos?

Eram preocupações válidas, e Trump não hesitou em levantá-las em relação a sua rival. Mas, com o dinheiro que os filhos de Trump estão obtendo com o licenciamento do nome do pai e os favores que estão negociando, o potencial de tráfico de influência é de outra ordem: agora temos dinheiro sendo destinado à família de um presidente em exercício, não um presidente em potencial, sem que haja nem mesmo o pretexto de filantropia que a Fundação Clinton pelo menos tinha. Isso não exonera os Clinton — longe disso. As décadas que Bill e Hillary passaram turvando as linhas éticas na Fundação são parte do que preparou o terreno para que Trump as eliminasse por completo (mais sobre isso no Capítulo 6).

A profecia de Reagan realizada

Alguns meses depois do início da nova administração, a capa da revista *New Yorker* exibiu uma ilustração de Trump dando tacadas em bolas de golfe na direção da Casa Branca, estilhaçando janela após janela. É uma imagem

A PRIMEIRA FAMÍLIA DE MARCAS | 53

impactante, em grande parte porque aos poucos nos damos conta de que as janelas estilhaçadas não ficam em Mar-a-Lago ou na Trump Tower, mas no edifício público onde a própria família de Trump evitou diligentemente morar.

E isso evidencia uma verdade difícil. Com cada suspeita de violação ética, com cada mentira descarada, com cada *tweet* insano, essa administração deixa a esfera pública mais fraturada e mais degradada. Mesmo que a corrupção (ou a traição) acabem custando a Trump a Casa Branca, ele vai deixar para trás apenas destroços, prova da premissa fundamental do projeto político de Trump: que o governo não é apenas um pântano, é um fardo. Que não há nada que valha a pena proteger. Que o privado é melhor que o público. E, se tudo isso é verdade, por que não destruir o lugar antes de partir? Figurativamente quando não literalmente.

É uma lembrança de que a carreira política de Trump teria sido impossível sem a degradação da ideia da esfera pública como um todo que tem se desenrolado há décadas. Isso nunca poderia ter acontecido sem a ideia de que "o governo não é a solução, é o problema", nas famosas palavras de Ronald Reagan. E nunca teria acontecido se a essa mensagem não tivessem se seguido décadas de desregulamentação que essencialmente legalizaram o suborno, com somas escandalosas de dinheiro corporativo fluindo para a política.

É absolutamente verdadeiro que o sistema é corrupto. Ele *é* um pântano. E as pessoas sabem disso. Elas sabem que reescrever as regras a favor de um pequeno grupo de interesses corporativos e do um por cento mais rico foi um processo bipartidário: que foi Bill Clinton quem desregulamentou os bancos, preparando o cenário para o colapso de 2008, que foi Obama quem escolheu não responsabilizar os banqueiros judicialmente, e que qualquer candidato democrata que concorresse com Trump muito provavelmente faria igual.

De fato, é absurdo que um autoproclamado bilionário sentado em um trono de ouro se faça passar por salvador da classe trabalhadora. Mas um discurso tão manifestamente irracional quanto "Confie em mim *porque* eu enganei o sistema" só pôde ser vendido a uma parcela significativa do público americano porque o que passava por "negócios costumeiros" em

Washington muito antes de Trump se parecia muito com corrupção para todas as outras pessoas.

É por isso que muitas pessoas têm ficado satisfeitas em encarar a política eleitoral como um entretenimento macabro. E, quando a política chega a um estado tão deplorável, por que se preocupar em protegê-la de um boçal como Trump? É uma imundície de qualquer forma; então que comecem os jogos. Como residente de Toronto, trata-se de uma patologia que já vivenciei antes. Nosso ex-prefeito, Rob Ford, foi uma espécie de ensaio municipal de Trump. Ford, que morreu em 2016, criou uma imagem baseada na performance impossível de constranger — porque sua marca era ser livre de constrangimentos. Mesmo quando foi filmado fumando crack, isso não o arruinou, porque ainda se tratava do show maluco de Rob Ford, e seus apoiadores eram sua leal audiência semi-irônica, que encarava tudo como um esquete do *Saturday Night Live*. Mas, da mesma maneira que Trump, a performance exagerada e os escândalos pessoais funcionavam como uma distração para desviar o foco de um projeto de governo obscuro, um pseudopopulismo que se especializou em ajudar as corporações, dar carta branca à polícia e erodir os serviços para os mais vulneráveis.

Eu não previ que a cultura de marcas fosse tão longe quando comecei a escrever sobre ela, vinte anos atrás. Mas tampouco estou surpresa. Naquela época, eu via o gerenciamento de marcas como um processo colonizador: seu objetivo é absorver cada vez mais espaços e bens imóveis e criar uma bolha fechada em si mesma. O extraordinário a respeito da presidência de Donald Trump é que agora estamos todos dentro do mundo de marcas de Trump, quer queiramos estar, quer não. Todos nos tornamos figurantes em seu lucrativo *reality show*, que se expandiu até engolir o governo mais poderoso do mundo.

Há alguma saída? A imoralidade intrínseca da marca Trump de fato impõe barreiras únicas a nossas tentativas de responsabilizar essa administração. Mas ainda assim há esperança. Na verdade, a força vital que move Trump — a busca por dinheiro — pode na realidade deixá-lo mais vulnerável do que qualquer outro presidente antes dele.

Declarar guerra contra a marca Trump

Na época em que publiquei *Sem logo*, costumávamos chamar isso de "culture jamming", e o processo era sempre o mesmo: identificar a grande e ousada ideia que uma empresa está vendendo e em seguida expor a sórdida realidade por trás da superfície reluzente. A capacidade de consumidores e ativistas de impactar o comportamento de uma marca comercial foi demonstrada muitas vezes, mais recentemente na bem-sucedida campanha para tirar Bill O'Reilly do ar na Fox News, consequência das revelações de que ele e seu empregador tinham pago 13 milhões de dólares em um acordo para pôr fim a alegações de assédio sexual (sem admissão de culpa).

Ao se dar conta de que não havia maneira de constranger a marca O'Reilly, a Color of Change, uma organização que luta pela justiça racial, junto com vários grupos de defesa dos direitos das mulheres, adotou uma abordagem indireta: foram atrás dos anunciantes do programa, informando que eles agora eram considerados cúmplices no que parecia ser uma estratégia de longo prazo para comprar o silêncio das mulheres. Os anunciantes ouviram o mesmo de milhares de clientes, on-line e fora da rede, e começaram a deixar o programa em debandada. Menos de três semanas depois de revelações sobre o acordo terem sido publicadas no *New York Times* e apesar de ter o programa de maior audiência dos canais de notícias a cabo dos Estados Unidos, O'Reilly estava fora do ar (ainda que tenha recebido da Fox uma bolada que, segundo os rumores, chegou a 25 milhões de dólares).

A campanha mostrou que é possível deter qualquer marca, mesmo uma tão desafiadoramente amoral como a de Trump — você só precisa conhecer seus pontos fracos.

Como a marca pessoal de Trump é ser "o chefe" que faz o que quer, uma maneira de comprometer sua reputação é fazer com que ele pareça uma marionete. Não importa realmente quem esteja manipulando os fios. Basta que eles sejam expostos para a imagem cuidadosamente cultivada de Trump começar a ruir. E essa tática nitidamente funciona: Trump ficou tão furioso com as constantes piadas sobre #PresidentBannon que foi para o Twitter

56 | COMO CHEGAMOS ATÉ AQUI

proclamar a si mesmo como governante supremo, e o status de seu antes todo-poderoso estrategista chefe pareceu entrar rapidamente em declínio.

Como a marca Trump gira em torno de ter montes e montes de dinheiro, outra maneira de interferir é deixá-lo menos rico. Assim como a estratégia usada contra O'Reilly, a melhor maneira de fazer isso é levar seu império de marcas a uma crise. #GrabYourWallet, o repositório para boicotes à rede de marcas de Trump, tem se dedicado a isso desde antes de Trump ser eleito, e conseguiu ajudar a pressionar diversas cadeias a deixar de vender diversas das marcas de Trump.

No grande esquema do império de marcas de Trump, essas são as brechas. A principal fonte de lucro das Organizações Trump é a venda e aluguel de escritórios e apartamentos, além do licenciamento do nome de Trump para empresas do ramo imobiliário em todo o mundo. Trump estava claramente apostando que ser presidente ia aumentar seus lucros. Mas e se acontecer o contrário? E se ele começar a perder inquilinos comerciais porque eles vão começar a ser pressionados por sua associação com a marca dele (diversas campanhas de boicote como essa já estão em curso)? E se os empreendedores se virem sob tamanha pressão pública que vão decidir que ter o nome de Trump em sua fachada na verdade vai diminuir sua receita? Na cidade de Nova York, moradores do Trump Place exigiram que o administrador do edifício retirasse o nome Trump de sua residência. Segundo uma das moradoras, ela estava cansada de sentir "aversão" toda vez que entrava no prédio. O administrador concordou, e o nome de Trump foi retirado.

Quando os filhos de Trump foram a Vancouver para comemorar a inauguração do mais novo templo Trump, foram recebidos com protestos e boicotes de políticos locais. Se esse tipo de protesto se espalhar, mais empreendedores podem decidir "destrumpizar" seus negócios. E é uma aposta lógica que, se seu nome dourado começar a desaparecer de símbolos fálicos gigantes de Vancouver a Manila, Trump não reagirá nada bem, tampouco seus filhos, que, segundo os rumores, já estão preocupados com os prejuízos que assessores como Steve Bannon podem ter causado ao nome da família.

Em uma tática paralela, quando a Casa Branca suspendeu suas linhas telefônicas destinadas a receber comentários, em janeiro de 2017, um grupo — whitehouseinc.org — sugeriu que os eleitores telefonassem para os hotéis e resorts de Trump e dissessem a quem quer que atendesse que estavam descontentes com os planos do presidente de acabar com seu plano de saúde ou quaisquer outras insatisfações que tivessem em relação a suas políticas. Foi uma tática inteligente. Segundo consta, dezenas de milhares fizeram ligações, e um mês depois a Casa Branca voltou a abrir as linhas telefônicas.

Se qualquer uma dessas coisas parecer injusta, consideremos isto: a razão por que esperamos que os políticos se desliguem de seus negócios financeiros ou os coloquem nas mãos de um fundo verdadeiramente cego é o fato de que ter negócios ativos enquanto se está em um cargo público cria todo tipo de oportunidade para conflitos de interesse e influência indireta. Trump escolheu não se desligar de seus negócios. Sua filha-assessora fez o mesmo. Motivo pelo qual é perfeitamente legítimo usar essas escolhas para tentar influenciá-los intensamente.

Se seu império de marcas perder receita suficiente e se sua imagem pessoal de chefe for suficientemente desgastada, Trump pode corrigir o rumo de algumas de suas políticas mais revoltantes. No mínimo, interferir em seu principal discurso para os eleitores — "confiem em mim, sou um bilionário bem-sucedido" — vai diminuir suas chances em 2020.

Mas, antes de chegarmos lá, todos seremos obrigados a aguentar muito mais do show de Trump.

CAPÍTULO TRÊS

OS JOGOS VORAZES DE MAR-A-LAGO

Certa vez, perguntaram a Ronald Reagan como era ser presidente depois de ter sido ator, e ele supostamente respondeu: "Como pode um presidente não ser um ator?" Dá para imaginar Trump pensando a mesma coisa sobre ser estrela de um *reality show*.

O domínio de Trump sobre esse gênero de entretenimento foi crucial na construção de seu império de marcas e essencial para que ele tivesse sucesso na disputa pela presidência. E agora Trump está usando as mesmas habilidades que adquiriu em *O Aprendiz* — a convicção de que ele pode cortar, editar e remodelar a realidade para se adequar a um desfecho em grande parte pré-roteirizado e autoengrandecedor — para transformar não apenas a Casa Branca, mas grande parte do mundo.

O rei do efeito cascata com pessoas reais

A colonização da televisão pelos *reality shows* na virada do milênio aconteceu a uma velocidade que poucos poderiam ter previsto. Em pouco tempo, os norte-americanos foram dos programas roteirizados com os mesmos personagens e dramas recorrentes semana após semana, temporada após temporada, para programas aparentemente sem roteiro, cujo drama vinha da determinação de as pessoas expulsarem umas às outras de qualquer simulação da realidade que estivesse sendo exibida. Dezenas de milhões ficavam grudadas na televisão enquanto participantes eram escolhidos para deixar a ilha em *Survivor*, expulsos da mansão em *The Bachelor* e, por fim, demitidos por Donald Trump.

A sequência dos acontecimentos faz sentido. A primeira temporada de *Survivor* — tão bem-sucedida que deu origem a um exército de imitações — foi ao ar em 2000. Isso aconteceu duas décadas depois que a "revolução do livre mercado" foi impulsionada por Ronald Reagan e Margaret Thatcher, com sua veneração da ganância, do individualismo e da competição como os princípios reguladores da sociedade. Agora era possível vender como entretenimento de massa o ato de assistir às pessoas se voltando umas contra as outras por um pote de ouro.

Todo o gênero — as alianças, as traições, a última pessoa a resistir — sempre foi uma espécie de paródia capitalista. Antes de *O Aprendiz*, no entanto, havia pelo menos o pretexto de que se tratava de outra coisa: como sobreviver na natureza selvagem, como conseguir um marido, como dividir a casa com alguém. Com a chegada de Donald Trump, as aparências foram abandonadas. *O Aprendiz* era explicitamente sobre a corrida para sobreviver na "selva" violenta do capitalismo moderno.

O primeiro episódio começava com a cena de um sem-teto dormindo na rua — em outras palavras, um fracassado. Então a câmera cortava para Trump em sua limusine, vivendo o sonho — o grande vencedor. A mensagem era inequívoca: você pode ser o morador de rua ou pode ser Trump. Esse era o grande enredo sádico do programa: faça as jogadas certas e seja o único e sortudo vencedor ou sofra a humilhação abjeta de ser criticado e em seguida demitido pelo chefe. Era um grande feito cultural: depois de décadas de demissões em massa, queda do padrão de vida e normalização de empregos extremamente precários, Mark Burnett e Donald Trump deram o golpe de misericórdia: transformaram o ato de demitir pessoas em entretenimento de massa.

A vida é dura

Todas as semanas, para milhões de espectadores, *O Aprendiz* transmitia o argumento de venda central da teoria do livre mercado, dizendo aos espectadores que, ao dar vazão a seu lado mais egoísta e implacável, você está, na verdade, agindo como um herói — criando empregos e estimulando o crescimento econômico. Não seja legal, seja um predador. É assim que você ajuda a economia e, mais importante, você mesmo.

Nas temporadas posteriores, a crueldade subjacente do programa ficou ainda mais sádica. O time vencedor vivia em uma luxuosa mansão, bebendo champanhe em espreguiçadeiras infláveis na piscina, indo e vindo de limusine para encontrar celebridades. O time perdedor era deportado para barracas no quintal, apelidadas de "estacionamento de trailers de Trump".

Os moradores das barracas, a quem Trump se referia alegremente como os "desafortunados", não tinham eletricidade, comiam em pratos de papel e dormiam ao som de cachorros uivando. Eles espiavam por uma fresta na cerca viva para ver de quais maravilhas extravagantes os "afortunados" estavam desfrutando. Em outras palavras, Trump e Burnett criaram deliberadamente um microcosmo das desigualdades muito reais e cada vez mais acentuadas fora do programa, as mesmas injustiças que enfureceram muitos dos eleitores de Trump — mas tinham prazer em jogar com essas desigualdades, transformando-as em um esporte televisionado. (Havia uma espécie de atmosfera de *Jogos Vorazes*, embora limitada pelas restrições das redes de televisão no que diz respeito à violência não simulada.) Em um dos episódios, Trump disse ao time das barracas que "a vida é dura". Então era melhor que eles fizessem todo o possível para passar por cima dos perdedores e se tornarem vencedores como ele.

O interessante a respeito desse tipo particular de luta de classes televisionada, que foi ao ar em 2007, é que a farsa vendida para a geração anterior — de que o capitalismo ia criar o melhor dos mundos possíveis — estava completamente ausente. Não: trata-se de um sistema que dá origem a alguns poucos grandes vencedores e hordas de perdedores. Então era melhor se certificar de estar no time vencedor.

Isso reflete o fato de que, por bem mais de uma década agora, o lado ideológico e intelectual do projeto neoliberal está passando por uma severa crise. Em 2016, o Credit Suisse estimou que o total de riqueza global é de cerca de 256 trilhões de dólares — com uma distribuição assombrosamente desigual: "Enquanto a metade mais pobre possui coletivamente menos de um por cento dessa riqueza total, os dez por cento mais ricos detêm 89 por cento de todos os ativos globais", razão pela qual simplesmente não há muitas pessoas sérias ainda dispostas a argumentar, com seriedade, que dar mais para os ricos é a melhor maneira de ajudar os pobres. O discurso de Trump sempre foi diferente. Desde o início era: vou transformá-lo em um vencedor — e juntos podemos esmagar os perdedores.

Quando o pesadelo é real, é fácil vender sonhos

É importante lembrar que a ascensão de Trump a celebridade nacional ocorreu não por meio de um negócio do ramo imobiliário, mas por meio de um livro sobre como fechar negócios imobiliários. *A arte da negociação*, vendido como se contivesse os segredos para obter um fabuloso patrimônio financeiro, foi publicado em 1987 — no auge da era Reagan. Ao longo dos anos, seguiram-se versões mais grosseiras sobre o mesmo tema: *Como chegar lá, Pense grande nos negócios e na vida, Trump 101* e *Como ficar rico*.

Trump começou a vender a ideia de que detinha o ingresso para se juntar ao um por cento mais rico do mundo no exato momento em que muitas das escadas que possibilitavam a mobilidade social entre classes — como a educação pública de qualidade — estavam sendo derrubadas e no momento em que a rede de segurança social estava sendo desfeita. Tudo isso significou que a urgência de ficar magicamente rico, ter grande sucesso e chegar à camada economicamente segura ficou cada vez mais desenfreada.

Trump, que nasceu rico, foi perito em lucrar em cima desse desespero em múltiplas plataformas, mas de modo mais infame por meio da Trump University. Em uma das propagandas da "universidade" (na verdade uma série de seminários duvidosos em salas de conferências de hotéis), agora extinta e marcada por escândalos, Trump declarava: "Posso transformar qualquer um em um investidor imobiliário de sucesso, inclusive você."

E, além disso, havia os cassinos, uma grande parcela do portfólio imobiliário de Trump nos Estados Unidos. O sonho no centro da economia dos cassinos não é muito diferente do sonho vendido pela Trump University ou pelo livro *Como ficar rico*: você pode estar à beira da falência pessoal hoje, mas se (literalmente) fizer as jogadas certas pode estar rico amanhã.

Isso está na essência de como Trump construiu sua marca e acumulou sua riqueza — vendendo a promessa de que "você também pode ser Donald Trump" — em uma época em que a vida estava se tornando muito mais precária se você não fizesse parte do um por cento mais rico. Ele então se virou e usou o mesmo discurso com os eleitores — de que ele faria dos Estados Unidos um país de vencedores novamente —, explorando suas profundas angústias econômicas e usando todas as habilidades de simulação de realidade que ele aprendeu durante os anos no comando de um programa de televisão de grande audiência. Depois de décadas vendendo manuais sobre como ficar rico, Donald Trump sabe exatamente quão pouco precisa haver por trás da promessa — seja de renegociar acordos comerciais, seja de retomar a produção industrial — se o desespero for suficientemente grande.

Divertindo-se com a falsidade no caminho para a Casa Branca

Muito antes da ascensão de Trump, as eleições já tinham se tornado infoentretenimento voltado para a audiência nos canais de notícias da TV a cabo. O que Trump fez foi aumentar exponencialmente o fator entretenimento e, portanto, a audiência. Como um veterano no formato, ele compreendeu que, se as eleições tinham se tornado uma espécie de *reality show*, então o melhor competidor (que não é a mesma coisa que o melhor candidato) ia ganhar. Talvez não ganhasse na votação final, mas pelo menos ganharia uma ampla cobertura, o que, do ponto de vista do gerenciamento de marca, ainda é vencer. Como Trump disse quando estava considerando concorrer à presidência em 2000 (ele acabou desistindo): "É bem possível que eu me tornasse o primeiro a se candidatar à presidência e ganhar dinheiro com isso."

Desde a eleição, ouvimos alguns *mea culpas* de executivos da mídia, reconhecendo que tinham ajudado na ascensão eleitoral de Trump ao conceder a ele uma porção tão descomunal de sua cobertura. E isso é verdade, eles ajudaram muito, mas esse desconforto não é nem de longe suficiente. Eles também são responsáveis porque o maior presente que deram a Trump não foi apenas tempo no ar, mas todo o modelo de infoentretenimento na cobertura de eleições, que explora sem cessar os dramas interpessoais entre os candidatos, abandonando em grande parte a tarefa jornalística tradicional de analisar os pormenores políticos e explicar como os diferentes posicionamentos dos candidatos em relação a questões como assistência médica e reformas regulamentares vão afetar a vida dos eleitores.

De acordo com o Tyndall Report, ao longo de toda a eleição, os três principais noticiários televisivos noturnos gastaram juntos um total de apenas 32 minutos em "cobertura de temas" — em comparação com os já irrisórios 220 minutos na eleição de 2008. O resto foi o *reality show* sobre quem disse o que a respeito de quem e quem estava liderando quais pesquisas e onde. Para milhões de telespectadores, o resultado foi muito divertido. (E foi provavelmente pelo mesmo motivo que a mídia francesa adotou uma fórmula nitidamente similar para cobrir sua eleição de alto risco em 2017.)

É importante sublinhar: Trump não criou o problema, ele o explorou. E, como conhecia as convenções da falsa realidade melhor do que qualquer outra pessoa, ele elevou o jogo a um nível completamente novo.

Lutas falsas, riscos reais

Trump não se limitou a levar seus conhecimentos sobre *reality shows* para a política eleitoral, ele os misturou a outro gênero de entretenimento de sucesso também baseado em uma representação caricaturalmente falsa da realidade:

as lutas livres profissionais. É difícil superestimar a fascinação de Trump pela luta livre. Ele já atuou como ele mesmo (o chefe ultrarrico) na World Wrestling Entertainment (WWE) em pelo menos oito ocasiões, o suficiente para lhe garantir um lugar no Hall da Fama da WWE. Em uma "Batalha dos Bilionários" ele fingiu acertar socos no rei da luta livre Vince McMahon e, em seguida, celebrou sua vitória raspando publicamente a cabeça de McMahon diante dos aplausos da multidão. Ele também arremessou milhares de dólares em dinheiro vivo para fãs que berravam na plateia. Agora, nomeou a ex-diretora executiva da WWE, Linda McMahon (mulher de Vince), para seu gabinete, como chefe da Administração de Pequenas Empresas, detalhe que ficou em grande parte perdido em meio à avalanche diária.

Assim como com *O Aprendiz*, a carreira paralela de Trump na luta livre profissional o expôs e o tornou estimado por uma grande audiência — em estádios, na televisão e on-line. A luta livre profissional pode ser praticamente invisível como força cultural para a maioria dos eleitores liberais, mas a WWE gera quase 1 bilhão de dólares em receita anual. E Trump fez mais do que apenas angariar votos com essa experiência — ele também reuniu informação.

Como Matt Taibbi mostrou na *Rolling Stone*, toda a campanha de Trump tinha uma distinta atmosfera de WWE. Suas rixas cuidadosamente cultivadas com outros candidatos eram pura luta livre profissional, especialmente a forma como ele distribuía apelidos ofensivos ("Pequeno Marco", "Ted Mentiroso"). E o aspecto mais característico da luta livre profissional de todos era a forma como Trump posava de mestre de cerimônias em seus comícios, completada pelos insultos exagerados ("Prendam-na!", "Matahillary") e pelo direcionamento da fúria da multidão para os vilões da arena: jornalistas e manifestantes. As pessoas que não faziam parte desse mundo saíam desses eventos abaladas e sem saberem ao certo o que tinha acabado de acontecer. O que tinha acontecido era que tinham acabado de testemunhar um cruzamento bizarro entre um evento de luta livre profissional e uma reunião de suprematistas brancos.

O que os *reality shows* e os eventos de luta livre profissional têm em comum é o fato de serem formas de entretenimento de massa relativamente novas na cultura americana, e ambas estabelecem uma curiosa relação com a realidade, uma relação falsa e ainda assim, ao mesmo tempo, de alguma forma genuína.

Com a WWE, cada luta é encenada, todos sabem que são combates ensaiados. Mas isso não diminui de maneira nenhuma o divertimento. O fato de todos saberem da brincadeira, que os gritos de incentivo e as vaias são parte do show, só aumenta a diversão. O artifício não é uma desvantagem — é o objetivo.

A luta livre profissional e os *reality shows* se valem do espetáculo da emoção, do conflito e do sofrimento extremos. Ambos envolvem pessoas gritando umas com as outras, arrancando os cabelos umas das outras e, no caso da luta livre, dando uma bela surra umas nas outras. Mas, enquanto estamos assistindo, sabemos que não é real; então não precisamos nos preocupar, podemos participar da dramatização sem ter que sentir nenhuma empatia. Ninguém chora quando os lutadores são golpeados e humilhados, assim como não era esperado que chorássemos pelos participantes de *O Aprendiz* quando Trump os demitia ou os humilhava. É uma maneira segura de rir do sofrimento. E foi tudo parte da preparação do terreno para Donald Trump, o mestre de todas as coisas falsas. Partes do corpo falsas, lutas livres falsas, *reality shows* falsos, notícias falsas e todo o seu falso modelo de negócios.

E agora Trump introduziu essa mesma relação distorcida com a realidade em seu governo. Ele anuncia que Obama usou escutas para espioná-lo da mesma maneira que um lutador profissional declara que vai aniquilar e humilhar seu oponente. Se é ou não verdade, não importa. Faz parte da incitação da plateia, parte do teatro. *O Aprendiz* pode não estar mais sendo exibido, e Trump pode ter se aposentado de sua carreira na WWE, mas o show continua. Na verdade, ele nunca para.

Newt Gingrich, que tem sido um leal incentivador de Donald Trump, foi questionado pouco antes da posse sobre o que achava da decisão do presidente eleito de manter seu cargo como produtor-executivo de *O Aprendiz Celebridades*. Sua resposta foi bastante reveladora. Ele disse que Trump estava cometendo um erro porque "vai ser produtor-executivo de uma coisa chamada governo americano. Ele vai ter um grande programa de televisão chamado *Governando o Mundo*".

E é exatamente isso que está acontecendo. O Show de Trump agora é transmitido ao vivo do Salão Oval. E de Mar-a-Lago, que se parece ainda mais com um programa de televisão, pois seus prósperos membros funcionam como uma plateia em tempo real. E está claro que é exatamente assim que Trump também vê seu cargo de presidente, como se fosse o produtor-executivo de um país, sempre de olho na audiência. Respondendo à sugestão de que ele poderia demitir a máquina de gafes que nomeou como porta-voz da Casa Branca, Trump, segundo consta, respondeu: "Não vou demitir Sean Spicer. Esse cara dá ótimos índices de audiência. Todo mundo sintoniza nele."

É com a mesma teatralidade insolente que Trump está conduzindo — ou deixando de conduzir — as promessas que fez de trazer de volta os velhos tempos de fábricas em expansão e operários que ganhavam salários de classe média, promessas de que ia implementar uma política de "comprar produtos americanos, empregar americanos" (não importa que seu próprio império tenha sido construído com base na terceirização e na exploração da mão de obra).

Essa postura é tão autêntica quanto a violência que ele encenava quando aparecia para enfrentar um lutador da WWE no ringue ou quando estava escolhendo entre participantes no *Aprendiz Celebridades*. Trump sabe tão bem quanto qualquer pessoa que a ideia de empresas americanas voltando ao estilo de produção da década de 1970 é uma piada cruel. Ele sabe disso porque, como suas próprias práticas empresariais atestam, um grande número de companhias americanas não possui mais fábricas, são apenas cascas vazias que compram seus produtos de uma rede de prestadores de serviço de baixo custo. Ele pode até trazer de volta algumas fábricas ou alegar que o fez, mas os números serão insignificantes se comparados com a necessidade. (Há uma forma real de criar um grande número de empregos bem remunerados, mas ela não se parece em nada com a abordagem de Trump. Requer que nos voltemos para o futuro, não para o passado, como veremos no capítulo final.)

A estratégia de Trump, que já está em curso, é encarar a crise do desemprego e do subemprego da mesma maneira que encara tudo: como um espetáculo. Ele vai assumir o crédito por um número relativamente pequeno de empregos — a maioria dos quais teria sido criada de qualquer forma — e em seguida divulgar exaustivamente essas supostas histórias de sucesso. Não vai importar nem um pouco se o número de empregos corrobora ou não suas alegações. Ele vai editar a realidade para se encaixar em sua narrativa, assim como aprendeu a fazer em *O Aprendiz*, e assim como fez em seu primeiro dia como presidente, insistindo, contra todas as provas objetivas, que a multidão que compareceu a sua posse tinha sido histórica.

É isso que Trump faz, e sempre fez. Em 1992, quando seu império estava à beira da bancarrota em decorrência de uma série de péssimas decisões de investimento, ele não lidou com a situação colocando suas finanças em ordem. Em vez disso, deu uma elaborada "festa de regresso" para seus investidores e financistas no Trump Taj Mahal em Atlantic City que culminou com Trump — vestindo shorts de boxeador de seda e luvas de boxe vermelhas — atravessando aos socos uma parede de papel ao som da música-tema de *Rocky*. Trata-se de um homem que acha que pode resolver qualquer coisa com a performance certa no palco, e muitas vezes no passado ele provou que estava certo. Então, da mesma maneira que deu a volta e saiu da falência com uma performance, ele está convencido de que pode fazer o mesmo com a economia do país.

Notícias falsas, fatos alternativos e a Grande Mentira[2]

Se há algo que sabemos com certeza é que os fatos difíceis não têm importância no mundo de Donald Trump. Com Trump, não é tanto a Grande Mentira, mas sim Constantes Mentiras. Sim, ele diz grandes mentiras, como na ocasião em que insinuou que o pai de Ted Cruz teve participação no

---

2. A Grande Mentira é uma técnica de propaganda baseada na distorção intencional da verdade e na difusão deliberada de informações falsas, usada especialmente para fins políticos. (*N. da T.*)

assassinato de JFK, e seus anos de mentiras a respeito do local de nascimento de Obama. Mas é a contínua torrente de mentiras — notoriamente oferecidas a nós como "fatos alternativos" — que é mais desnorteante. De acordo com uma investigação da revista *Politico*, isso é deliberado: "Os funcionários da Casa Branca dizem grande parte de suas mentiras por diversão, em vez de para apoiar qualquer plano maior", até mesmo competindo para ver quem consegue "fazer com que as maiores mentiras sejam publicadas". Embora essas alegações sejam baseadas em fontes anônimas e, portanto, possam elas mesmas ser mentiras, a histórias condiz com o que sabemos a respeito de Trump: qual é a vantagem de chegar ao pináculo do poder se você não pode distorcer a realidade como lhe convém? No mundo de Trump, e de acordo com a lógica interna de sua marca, mentir impunemente faz parte de ser o grande chefe. Ater-se a fatos estabelecidos e entediantes é para perdedores.

E até o momento essa estratégia parece estar funcionando, pelo menos com sua base eleitoral. Alguns liberais usaram essa aparente tolerância em relação a "fatos alternativos" para menosprezar seus eleitores da classe trabalhadora como "trouxas". Mas é importante lembrar que uma grande parcela da base eleitoral de Barack Obama ficou muito feliz em abraçar os símbolos cuidadosamente fabricados por sua administração: a Casa Branca iluminada com as cores do arco-íris para celebrar o casamento gay; a mudança para um tom civil e erudito; o espetáculo de uma primeira-família incrivelmente cativante e livre de grandes escândalos durante oito anos. E essas eram todas coisas boas. Mas, com muita frequência, esses mesmos apoiadores faziam vista grossa quando se tratava da guerra de drones que matou um número incontável de civis, da deportação de cerca de 2,5 milhões de imigrantes ilegais durante o mandato de Obama ou de suas promessas não cumpridas de fechar Guantánamo e de desativar a estrutura de vigilância de massa de George W. Bush. Obama posava como um herói climático, mas a certa altura se gabou de que seu governo tinha "construído oleodutos e gasodutos novos suficientes para dar a volta na Terra e mais um pouco".

No Canadá, muitos liberais estão demonstrando o mesmo tipo de cegueira seletiva. Deslumbrados com as mensagens progressistas de nosso belo primeiro-ministro, estão permitindo que ele mantenha muitas das políticas desastrosas de seus antecessores, da detenção por tempo indeterminado de muitos imigrantes à exploração de areias betuminosas (sobre o que falarei mais adiante). Politicamente, Justin Trudeau é muito diferente de Donald Trump, mas, para seus apoiadores mais ferrenhos — que com frequência se comportam como verdadeiros fãs —, seu status de celebridade tem um efeito de distorção semelhante. Essa nova "trudeaumania" nos lembra que os conservadores não são os únicos capazes de confundir cidadania engajada com fidelidade a uma marca.

É claro que a tentativa bem-sucedida de Trump de fazer seus eleitores brancos da classe trabalhadora acreditarem no sonho de uma retomada da produção industrial em algum momento vai cair por terra. Mas o mais preocupante é o que Trump vai fazer quando isso acontecer, quando não for mais possível esconder o fato de que os postos de trabalho na indústria de carvão não vão ser recuperados, assim como os postos de trabalho nas fábricas que pagavam a seus funcionários um salário alto suficiente para que sua família tivesse um padrão de vida de classe média. O mais provável é que Trump vá então recorrer às únicas outras ferramentas que possui: vai intensificar a tática de colocar os trabalhadores brancos contra os imigrantes, vai se esmerar em fomentar o medo dos crimes cometidos por negros, vai fazer ainda mais para estimular um absurdo alvoroço em relação às pessoas transgêneros e banheiros, e desferir ataques mais contundentes aos direitos reprodutivos e à imprensa.

E então, é claro, sempre há a guerra.

O show do Apocalipse

Reconhecer que o governo de Trump está sendo conduzido como um *reality show* de maneira nenhuma diminui o perigo que ele representa — ao contrário. Pessoas já morreram nesse show — no Iêmen, no Afeganistão, na Síria, nos Estados Unidos — e muitos mais terão o mesmo destino antes que ele saia do ar. Apenas no mês de março de 2017, um grupo de observação com sede no Reino Unido registrou alegações de mais de 1.500 mortes de civis em ataques aéreos de coalizões lideradas pelos Estados Unidos no Iraque e na Síria, número mais alto do que qualquer um registrado durante o mandato de Obama.

Mas isso não significa que não seja um show. *Reality shows* de esportes sangrentos são, afinal, um clichê de ficção científica. Pensemos em *Jogos Vorazes*, com seu *reality show* no qual todos os participantes morriam, com exceção do vencedor. Ou em *O sobrevivente*, outro filme sobre um evento televisionado no qual a luta é entre viver e morrer. (Wilbur Ross, secretário de Comércio de Trump, supostamente descreveu o bombardeio da Síria como o "entretenimento de depois do jantar" em Mar-a-Lago.)

A parte mais assustadora é que, enquanto escrevo, Trump acabou de dar início a sua versão de *Jogos Vorazes de Mar-a-Lago* com todo o arsenal do poderio militar dos Estados Unidos como objetos de cena — e está recebendo bastante encorajamento para continuar subindo a aposta. Quando Trump lançou mísseis Tomahawk sobre a Síria, Brian Williams, o apresentador da MSNBC, declarou que as imagens eram "lindas". Apenas uma semana depois, Trump continuou com o espetáculo, lançando a maior bomba não nuclear do arsenal dos Estados Unidos sobre um complexo de cavernas no Afeganistão, um ato de violência tão indiscriminado e desproporcional que os analistas tiveram dificuldade de encontrar qualquer justificativa lógica que se assemelhasse a uma estratégia militar coerente. Porque não havia estratégia: os megatons eram a mensagem. Comunicação de massa por meio de bombas.

Considerando que Trump ordenou o uso de uma arma que nunca tinha sido utilizada em combate antes e considerando que fez isso depois de apenas doze semanas no cargo e diante de nenhuma provocação óbvia, há poucas razões para esperar que ele vá ser capaz de resistir ao maior espetáculo de todos: a violência apocalíptica televisionada de uma guerra declarada, com seus altos índices de audiência garantidos. Muito antes de Trump, guerras já tinham sido travadas como entretenimento televisionado. A Guerra do

Golfo de 1990 foi apelidada de primeira guerra de videogame, com sua própria logomarca e música-tema na rede CNN. Mas isso não foi nada se comparado ao espetáculo durante a invasão do Iraque em 2003, baseada em uma estratégia militar chamada "Choque e Pavor". Os ataques eram orquestrados como um espetáculo para os novos consumidores de TV a cabo, mas também para os iraquianos, a fim de maximizar sua sensação de desamparo e "lhes dar uma lição". Agora, essa terrível tecnologia está nas mãos do primeiro presidente de *reality show*. Precisamos nos preparar, assunto ao qual voltarei no Capítulo 9.

Homem vazio

Se é que existe um aspecto real no festival de fraudes que é a presidência de Donald Trump, é a voracidade em sua essência. A pura insaciabilidade. Trump gosta de falar sobre como não precisa de mais dinheiro — ele tem mais que o suficiente. No entanto, não consegue conter o ímpeto de vender seus produtos em todas as oportunidades, não consegue parar de explorar todos os ângulos. É como se ele sofresse de alguma obscura doença moderna — vamos chamá-la de um distúrbio de personalidade de marca — que faz com que ele promova sua marca quase que involuntariamente. Está fazendo um discurso político e então, de repente, começa a falar sobre como os mármores dos hotéis Trump são bonitos e refinados ou diz gratuitamente a seu entrevistador ao discutir como ordenou um bombardeio letal na Síria, que o bolo de chocolate em Mar-a-Lago é "o mais bonito (...) que você já viu".

Essa fome insaciável, esse oco no centro, de fato reflete algo real — um profundo vazio no coração da cultura que gerou Donald Trump. E esse vazio está intimamente ligado à ascensão das marcas de estilo de vida, a mudança que deu a Trump uma plataforma sempre em expansão. A ascensão das marcas vazias — que vendem de tudo e não possuem quase nada — aconteceu ao longo de décadas durante as quais as principais instituições que costumavam dar aos indivíduos um senso de comunidade e identidade partilhada estavam em forte declínio: vizinhanças unidas onde as pessoas cuidavam umas das outras; grandes locais de trabalho que ofereciam a promessa de um emprego para toda a vida; espaço e tempo para que pessoas comuns fizessem sua própria arte, e não apenas a consumissem; religiões organizadas; movimentos políticos e sindicais fundamentados em relações presenciais; uma mídia de interesse público empenhada em aproximar as nações em um diálogo comum.

Todas essas instituições e tradições eram e são imperfeitas, muitas vezes profundamente imperfeitas. Deixavam muitas pessoas de fora, e muitas vezes reforçavam um conformismo prejudicial. Mas ofereciam algo de que nós, humanos, precisamos para o nosso bem-estar, algo pelo que nunca deixamos de ansiar: comunidade, conexão, um sentido de missão que vai além dos nossos desejos atomizados imediatos. Essas duas tendências — o declínio das instituições comunitárias e a expansão das marcas corporativas em nossa cultura — tiveram uma relação de proporcionalidade inversa uma com a outra ao longo das décadas: conforme a influência das instituições que nos davam essa sensação essencial de pertencimento diminuiu, o poder das marcas comerciais aumentou.

Eu sempre encontrei consolo nessa dinâmica. Ela significa que, ainda que nosso mundo dominado pelas marcas possa explorar a necessidade não atendida de ser parte de algo maior do que nós mesmos, não consegue satisfazê-la de maneira sustentável: você compra algo para fazer parte de uma tribo, uma grande ideia, uma revolução, e por um momento a sensação é boa, mas se dissipa quase antes de você jogar fora a embalagem do novo par de tênis, do último modelo de iPhone ou qualquer que seja seu substituto. Então você tem que encontrar uma maneira de preencher o vazio novamente. É a fórmula perfeita para um consumo infindável e uma perpétua automercantilização por meio das mídias sociais, e um desastre para o planeta, que não consegue sustentar esses níveis de consumo.

Mas é sempre importante lembrar: no cerne desse ciclo está uma poderosa força: o desejo humano de comunidade e conexão, que simplesmente se recusa a morrer. E isso significa que ainda há esperança: se reconstruirmos nossas comunidades e começarmos a extrair delas mais significado e uma sensação de vida boa, muitos de nós ficarão menos suscetíveis ao canto da sereia do consumismo irracional (e, nesse processo, podemos até passar menos tempo produzindo e editando nossa marca pessoal nas mídias sociais).

Como veremos na Parte IV, muitos movimentos e teóricos estão trabalhando no sentido justamente desse tipo de mudança na cultura e nos valores. Antes de chegarmos lá, porém, há alguns caminhos mais importantes que precisamos percorrer para nos ajudar a compreender como chegamos até aqui.

PARTE II

ONDE ESTAMOS AGORA: CLIMA DE DESIGUALDADE

Imagino que uma das razões para as pessoas se apegarem tão ferrenhamente a seus ódios é porque sentem que, se ele desaparecer, serão forçadas a lidar com a dor.

— JAMES BALDWIN
Notes of a Native Son, 1955

CAPÍTULO QUATRO

O RELÓGIO DO CLIMA MARCA MEIA-NOITE

Vamos voltar um pouco no tempo, para a semana em que Trump venceu a eleição. Naquele momento, eu estava sentindo vertigens por ter testemunhado não apenas uma, mas duas catástrofes. E acho que não seremos capazes de compreender o verdadeiro perigo do desastre chamado Trump até lidarmos com ambos.

Como mencionei, eu estava na Austrália a trabalho, mas também tinha consciência de que, por causa da emissão de gases envolvida naquele tipo de viagem, provavelmente não poderia voltar lá tão cedo. Então decidi visitar, pela primeira vez na vida, a Grande Barreira de Corais no litoral de Queensland, Patrimônio da Humanidade e a maior estrutura natural do planeta composta de criaturas vivas. Foi ao mesmo tempo a coisa mais bonita e mais assustadora que já vi.

Eu passava bastante tempo embaixo d'água quando era criança. Meu pai me ensinou a mergulhar com *snorkel* quando eu tinha 6 ou 7 anos, e essas são algumas das minhas lembranças mais felizes. Sempre achei que havia algo incrível na intimidade das interações com a vida marinha. Quando você nada até um recife, a maioria dos peixes foge. Mas, se você permanecer por lá durante alguns minutos, eles deixam de vê-lo como um intruso e você se torna parte da paisagem marinha — eles nadam até sua máscara ou mordiscam seus braços. Como era uma criança inquieta, sempre achei essas experiências maravilhosamente oníricas e tranquilas.

78 | ONDE ESTAMOS AGORA

Com a aproximação da viagem para a Austrália, eu me dei conta de que meus sentimentos em relação a ver o recife estavam atados ao fato de eu ser mãe de um menino de 4 anos, Toma. Como pais, às vezes cometemos o erro de expor nossos filhos cedo demais a todas as ameaças e perigos que o mundo natural enfrenta. O primeiro livro sobre a natureza que muitas crianças leem é o clássico *O Lórax*, de Dr. Seuss, que fala sobre poluição e lugares bonitos sendo transformados em lixo e todos os animais morrendo, desaparecendo e sendo sufocados. É realmente assustador. Eu li esse livro para Toma quando ele tinha 2 anos e vi o terror em seu rosto. Então pensei: "Não, isso está totalmente errado." Agora lemos histórias sobre esquilos que falam rápido e livros que celebram a beleza e as maravilhas da natureza. Mesmo que eu saiba que esses livros são sobre espécies que estão à beira da extinção, Toma não precisa se preocupar com isso ainda. Acho que minha função é tentar criar tantas experiências positivas quanto possível a fim de conectá-lo com o mundo natural. É preciso amar uma coisa primeiro, antes de poder protegê-la e defendê-la.

Eu também queria ir à Barreira de Corais no meu papel de jornalista. Nos dois anos anteriores, algo sem precedentes na história registrada tinha acontecido. Por causa de temperaturas recordes, mais de 90 por cento da Grande Barreira de Corais tinha sido afetada pelo que ficou conhecido como um "evento de branqueamento em massa". É difícil enfatizar exatamente quão catastrófico foi esse branqueamento. Quando sofrem branqueamento, os corais, criaturas belas e de cores intensas — um ecossistema tão rico e abundante quanto a Floresta Amazônica — se tornam fantasmagóricos e brancos como osso. O coral que sofre branqueamento pode se recuperar, se as temperaturas voltam rapidamente aos níveis normais. Dessa vez, as temperaturas não voltaram ao normal; então, quase um quarto da Barreira de Corais morreu.

É importante ressaltar quão pequena foi a elevação da temperatura necessária para provocar uma mudança tão radical. As temperaturas dos oceanos ficaram apenas um grau Celsius mais altas do que os níveis aos quais esses incríveis animais estão adaptados, e isso foi o suficiente para um verdadeiro morticínio. Ao contrário de muitos outros acontecimentos relacionados com as mudanças climáticas, não foi algo dramático como uma tempestade ou um incêndio, foi apenas uma morte líquida e silenciosa.

Quando chegamos à Barreira, ainda havia um ar de irrealidade a respeito de tudo aquilo: os barcos que saem de Port Douglas repletos de turistas ainda estavam partindo, a superfície da água era azul e bonita, com trechos de um turquesa espetacular. Mas o oceano é especialista em esconder os piores segredos da humanidade, lição que aprendi ao cobrir o desastre da plataforma Deepwater Horizon, da BP, e ver com que rapidez o derramamento desapareceu das manchetes depois que o petróleo começou a afundar, embora os estragos embaixo d'água continuassem sem trégua.

Fomos até a Barreira acompanhados de um time de biólogos marinhos extremamente dedicados (todos emocionalmente devastados com o que vinham documentando) e uma equipe de filmagem do *Guardian*. Começamos filmando as partes do recife que ainda estão vivas e conseguimos fazer com que Toma colocasse um *snorkel*. Para ser sincera, eu não tinha certeza de que ele ia ser capaz de se concentrar nos corais; ele havia acabado de aprender a nadar e estava usando boias. Mas os cientistas foram incrivelmente pacientes com ele, e durante cerca de cinco minutos inteiros ele realmente conseguiu observar os corais e admirar um pouco aquela verdadeira maravilha — ele "viu o Nemo" e viu também um pepino-do-mar. Acho que ele viu até mesmo uma tartaruga marinha. Essas partes da Barreira de Corais que ainda não sofreram branqueamento nem estão mortas são apenas uma fração do todo, mas ainda assim são magníficas — uma explosão de vida, de corais e peixes de cores vibrantes, tartarugas marinhas e tubarões nadando por perto.

Não levamos Toma no barco conosco quando filmamos as partes branqueadas e mortas da Barreira de Corais. Era um cemitério. Era como se um interruptor cósmico tivesse sido desligado e de repente um dos lugares mais bonitos do planeta tivesse se tornado um dos lugares mais feios. A ossada de corais estava coberta por uma gosma de vida em decomposição — uma gosma marrom. A única vontade era de sair dali. Nossos trajes de mergulho fediam a morte.

Decidimos filmar a Barreira nesse estado porque, para muitas pessoas, as mudanças climáticas são percebidas como uma crise distante, como se ainda houvesse algum tempo para procrastinar antes de começarmos a levar as coisas a sério. Queríamos mostrar que mudanças radicais em nosso planeta, até mesmo nas regiões que achamos que transbordam de vida, não estão em um futuro muito distante — estão acontecendo agora. E os impactos são enormes, incluindo o fato de que cerca de 1 bilhão de pessoas no planeta dependem dos peixes sustentados pelos recifes de corais como fonte de alimento e renda.

E eu queria tentar mostrar o desastre pelos olhos de Toma também. Porque um dos aspectos mais injustos das alterações climáticas (e há muitos) é que os impactos mais severos de nossas ações como adultos hoje serão sentidos nas vidas de gerações ainda por vir, assim como de crianças já nascidas que ainda são muito novas para ter impacto na política — crianças como Toma e seus amigos, e sua geração ao redor do mundo. Essas crianças não fizeram nada para provocar esta crise, mas terão que lidar com o clima mais extremo — as tempestades, as secas, os incêndios e a elevação do nível do mar — e todas as dificuldades sociais e econômicas que resultarão disso. São eles que vão crescer em meio a uma extinção em massa, privados de tanta beleza e de grande parte da parceria que vem de estar cercada de outras formas de vida.

É uma forma de roubo, de violência, o que o escritor e teórico Rob Nixon chama de "violência lenta". Um planeta limpo e vibrante é direito inato de todos os seres vivos. É por isso que a Grande Barreira de Corais foi classificada como Patrimônio da Humanidade. Ela pertence ao mundo, e está morrendo bem diante de nossos olhos. Eu me dei conta de que a história que queria contar era sobre roubo e justiça entre gerações. Foi por isso que decidi colocar Toma diante das câmeras pela primeira vez; estava relutante, mas simplesmente não podia contar aquela história sem ele.

No fim do dia, estávamos todos completamente arrasados. Tínhamos visto tanta morte, tantas perdas, mas meu filho também teve uma experiência especial. Naquela noite, quando o colocava para dormir em nosso quarto de

O RELÓGIO DO CLIMA MARCA MEIA-NOITE | 81

hotel em Port Douglas, eu disse: "Toma, hoje foi o dia em que você descobriu que há um mundo secreto no fundo do mar." Ele apenas olhou para mim com uma expressão de pura felicidade e disse: "Eu vi." Comecei a chorar, uma mistura de alegria e tristeza por saber que, justo no momento em que ele está começando a descobrir toda a beleza e toda a mágica que existem no mundo, elas estão sendo destruídas.

Tenho que admitir, eu também estava revoltada. Durante todo aquele dia não consegui parar de pensar sobre a ExxonMobil, sobre como essa empresa, agora está documentado, sabia sobre as mudanças climáticas desde os anos 1970. De acordo com uma investigação inovadora da InsideClimate News (indicada para o prêmio Pulitzer), a Exxon fez sua própria pesquisa empírica de ponta, recolhendo amostras de CO_2 de seus petroleiros e construindo modelos climáticos de última geração que previram as mudanças que se avizinhavam, como a elevação do nível dos mares. Também recebeu alertas de seus próprios cientistas seniores, incluindo James Black, que foi categórico nos relatórios para seu empregador sobre o "consenso científico geral de que a maneira mais provável de a humanidade estar influenciando o clima global é por meio das emissões de dióxido de carbono resultantes da queima de combustíveis fósseis". Ele também escreveu que "o homem tem uma janela de tempo de cinco a dez anos antes que a necessidade de tomar decisões difíceis a respeito de mudanças nas estratégias energéticas se torne crítica". Isso foi em 1978.

Quando Rex Tillerson assumiu o cargo de diretor-geral da divisão de produção central da Exxon nos Estados Unidos, havia muito tempo que esses fatos já eram de conhecimento da empresa, incluindo a informação desconfortável sobre quão pouco tempo restava. Apesar disso, desde então a ExxonMobil gastou mais de 30 milhões de dólares com equipes de especialistas que espalharam sistematicamente dúvidas na imprensa sobre a realidade da climatologia. A Mobil (antes de sua fusão com a Exxon) até mesmo publicou seus próprios anúncios de página inteira no *New York Times* questionando a ciência. A ExxonMobil está atualmente sendo investigada pelos procuradores-gerais de Nova York, da Califórnia e de Massachusetts por essas supostas fraudes. Por causa dessa campanha de informações enganosas, promovida por todo o setor de combustíveis fósseis, a humanidade perdeu décadas cruciais durante as quais poderíamos ter tomado as providências necessárias para fazer a transição para uma economia limpa, as mesmas décadas durante as quais a ExxonMobil e outras empresas abriram vastas regiões inexploradas para o petróleo e o gás. Se não tivéssemos perdido esse tempo, a Grande Barreira de Corais talvez ainda estivesse saudável hoje.

Mas o tempo que passei na Barreira não me deixou com uma sensação de impotência completa. Porque há comunidades engajadas e movimentos crescentes ao redor do mundo determinados a fazer com que seus governos tomem consciência e parem de explorar novos campos de petróleo e gás e novas minas de carvão. Nós nos apressamos como loucos para finalizar o filme em quatro dias, de forma que pudesse ser lançado na véspera da eleição americana, acreditando que ele pudesse ter um papel, ainda que ínfimo, em motivar as pessoas a votar e depois aumentar a pressão sobre Hillary Clinton para que fizesse mais pelo clima. E conseguimos: postamos o vídeo no dia 7 de novembro.

No dia seguinte, Trump venceu. E em seguida o presidente da ExxonMobil foi nomeado secretário de Estado.

Hora da verdade

Os riscos na eleição de 2016 eram muito altos por diversas razões: dos milhões que podiam perder seu plano de saúde às pessoas alvo de ataques racistas conforme Trump atiçava as chamas de um nacionalismo branco crescente; das famílias que estavam sujeitas a serem despedaçadas por políticas imigratórias cruéis à perspectiva de que as mulheres perdessem o direito de decidir se queriam ou não ser mães e à realidade de o assédio sexual ser normalizado e trivializado nas esferas mais altas do poder. Com tantas vidas em jogo, não há nada a ganhar em classificar os temas por urgência e jogar o jogo da "minha crise é maior do que a sua". Se está acontecendo

O RELÓGIO DO CLIMA MARCA MEIA-NOITE | 83

com você, se sua família está sendo destruída, se você está sendo vítima de abuso policial, se sua avó não consegue pagar por um tratamento que pode salvar a vida dela ou se a água que você bebe está contaminada com chumbo — tudo isso é parte de um incêndio de grandes proporções.

A mudança climática não é mais importante do que nenhuma dessas outras questões, mas tem uma relação diferente com o tempo. Quando as políticas relativas às mudanças climáticas dão errado — e elas estão muito, muito erradas atualmente —, não temos a oportunidade de tentar de novo em quatro anos. Porque em quatro anos o planeta vai ter mudado radicalmente por causa de todos os gases emitidos nesse ínterim, e nossas chances de evitar uma catástrofe irreversível terão diminuído.

Isso pode soar alarmista, mas entrevistei os principais cientistas do mundo no estudo dessa questão, e suas pesquisas mostram que se trata simplesmente de uma descrição neutra da realidade. A janela durante a qual ainda há tempo para diminuir as emissões o suficiente a fim de evitar um aquecimento verdadeiramente catastrófico está se fechando rapidamente. Muitos movimentos sociais adotaram a famosa frase de Samuel Beckett "Tente de novo. Falhe novamente. Falhe melhor" como um lema otimista. Sempre gostei dessa atitude; não podemos ser perfeitos, nem sempre vamos ganhar, mas devemos nos esforçar para melhorar. O problema é que essa máxima de Beckett não funciona no que diz respeito ao clima, não a essa altura do campeonato. Se continuarmos a falhar em reduzir as emissões; se continuarmos falhando em impulsionar a transição de fato dos combustíveis fósseis para uma economia baseada em fontes de energia renováveis; se continuarmos a nos esquivar da questão do consumo excessivo e da busca por mais e mais coisas cada vez maiores, não haverá mais oportunidades de falhar melhor.

Praticamente tudo está se movendo mais rápido do que o modelo de mudanças climáticas previu, incluindo a perda do gelo marinho no Ártico, o colapso de camadas de gelo, o aquecimento dos oceanos, a elevação do nível dos mares e o branqueamento dos corais. Da próxima vez que eleitores de países em todo o mundo forem às urnas, mais gelo marinho vai ter derretido, mais terras costeiras terão sido perdidas, mais espécies terão desaparecido para sempre. As chances de mantermos as temperaturas abaixo do necessário para impedir que nações insulares, como, por exemplo, Tuvalu ou as Maldivas, sejam submersas se tornam consideravelmente mais reduzidas. São mudanças irreversíveis; não há outra oportunidade quando se trata de um país engolido pelo mar.

As últimas pesquisas científicas reconhecidas e publicadas nos informam que se queremos ter uma boa chance de proteger as cidades costeiras no tempo de vida do meu filho — incluindo metrópoles como Nova York e Mumbai —, então precisamos abandonar os combustíveis fósseis com uma velocidade sobre-humana. Um artigo da Universidade de Oxford divulgado durante a campanha, publicado no periódico *Applied Energy*, concluiu que, para que a humanidade tenha cinquenta por cento de chance de atingir as metas de temperatura definidas no acordo climático negociado em Paris no fim de 2015, todas as novas usinas elétricas teriam que operar sem emissões de carbono a partir de 2018. Esse será o segundo ano do governo Trump.

Para a maioria de nós — incluindo eu mesma — são informações muito difíceis de assimilar, porque estamos acostumados a narrativas que nos asseguram da inevitabilidade do progresso. Martin Luther King Jr. disse: "O arco do universo moral é longo, mas ele se curva na direção da justiça." É uma ideia poderosa que infelizmente não funciona no que diz respeito à crise climática. Os governos ricos do mundo procrastinaram por tanto tempo e tornaram o problema tão pior nesse ínterim que o arco tem que se curvar muito, muito rápido agora — ou a chance de fazer justiça se perderá para sempre. Já é quase meia-noite no relógio do clima.

Não apenas mais um ciclo eleitoral, e sim um mau momento épico

Durante as primárias do Partido Democrata fiquei realmente impactada pelo momento em que uma jovem mulher confrontou Hillary Clinton durante a campanha e perguntou a ela se, considerando a escalada da crise do aquecimento global, ela se comprometeria a não receber mais dinheiro vindo dos que se beneficiam dos combustíveis fósseis que o estão sobrecarregando. Até aquele ponto, a campanha de Clinton tinha recebido uma grande quantia de dinheiro de funcionários e lobistas registrados das empresas de combustíveis fósseis: cerca de 1,7 milhão de dólares, de acordo com uma pesquisa do Greenpeace. Clinton pareceu aborrecida e respondeu à jovem com rispidez, dizendo que estava "cansada" de falar desse assunto. Alguns dias depois, em uma entrevista, Clinton disse que os jovens deveriam "fazer sua própria pesquisa". A mulher que tinha feito a pergunta, Eva Resnick-Day, trabalhava como ativista do Greenpeace. Ela havia feito sua pesquisa, insistiu, "e é por isso que estamos com tanto medo do futuro. (...) O que acontecer nos próximos quatro ou oito anos pode determinar o futuro do nosso planeta e da espécie humana".

Para mim, suas palavras tocam no cerne das razões por que aquele não foi apenas mais um ciclo eleitoral. Por que não era apenas legítimo, mas necessário questionar a teia de ligações corporativas de Hillary. Os comentários de Resnick-Day também evidenciam uma das maiores razões por que a presidência de Trump é temerária: o homem mais poderoso do mundo é uma pessoa que diz que o aquecimento global é um embuste inventado pelos chineses e que está acabando fervorosamente com as (já inadequadas) restrições aos combustíveis fósseis que seu país havia implementado, encorajando outros governos a fazer o mesmo. E tudo isso está acontecendo no pior momento possível da história da humanidade.

Até agora, aumentamos a temperatura de nosso planeta em apenas um grau Celsius, e com isso já estamos testemunhando consequências dramáticas: o morticínio de corais, o clima ameno no Ártico levando a um severo degelo, a desintegração do manto de gelo na Antártica. Se continuarmos em nossa atual trajetória de poluição, vamos acabar aumentando a temperatura do planeta em quatro ou seis graus Celsius. O climatologista e especialista em emissões Kevin Anderson afirma que um aquecimento de quatro graus é "incompatível com qualquer caracterização razoável de uma comunidade global organizada, igualitária e civilizada". Foi por isso que governantes se reuniram em Paris e elaboraram um acordo por meio do qual se comprometem a se esforçar para sair desse curso perigoso e tentar limitar o aquecimento a "bem abaixo de" dois graus, empenhando-se para mantê-lo abaixo de 1,5 grau. O limite máximo dessa meta de temperatura representa o dobro do aquecimento que já vivenciamos; então não é de maneira alguma seguro.

É a razão pela qual temos que tentar com afinco nos manter no limite mínimo dessa meta. E isso vai ser difícil. De acordo com um estudo de setembro de 2016 realizado pela organização Oil Change International com sede em Washington, se os governos querem ter uma chance concreta de manter o aumento das temperaturas abaixo dos dois graus Celsius, então todas as reservas de combustíveis fósseis novas e ainda não exploradas precisam permanecer no solo. O problema é que, mesmo antes de Trump, nenhuma das maiores economias estava fazendo o que era preciso. Ainda estão tentando ter tudo — introduzindo políticas ambientais sólidas, mas em seguida aprovando a ampliação da extração de combustíveis fósseis e a construção de novos oleodutos. É como comer um monte de salada e uma grande quantidade de porcarias ao mesmo tempo e esperar perder peso.

Nos Estados Unidos, Obama introduziu o Plano de Energia Limpa, cujo objetivo era acelerar a desativação das velhas usinas de carvão do país e exigir que as novas captassem parte de suas emissões de carbono, mas ao mesmo tempo estava presidindo uma explosão na extração de gás natural e na perfuração em busca de petróleo na formação de Bakken. No Canadá, o governo introduziu uma taxação nacional sobre as emissões de carbono e uma eliminação progressiva do carvão, mas também está permitindo que a exploração das areias betuminosas se expanda e aprovou a construção de um novo e gigantesco terminal de exportação de gás líquido — basicamente garantindo que não vai atingir as metas estabelecidas em Paris.

Ainda assim, o fato de tantos governos terem assinado o Acordo de Paris com grande alarde e pelo menos tenham concordado, mesmo que da boca para fora, em atingir suas ambiciosas metas de temperatura, deu ao movimento pelo clima uma grande força para pressionar por políticas que estejam em sintonia com sua meta estabelecida. Estávamos tentando fazer com que eles mantivessem a palavra que deram em Paris e estávamos fazendo progresso.

Mas agora Trump está dizendo: deixar todo aquele dinheiro debaixo da terra? Ficaram malucos?!

Uma administração muito escorregadia

Durante a campanha, o discurso político padrão de Trump sempre abordava todos os pontos que costumam agradar as multidões: construir o muro, trazer os empregos de volta, lei e ordem, Hillary Corrupta. A negação das mudanças climáticas não costumava fazer parte da lista (embora Trump não se furtasse de falar longamente a respeito quando perguntado). Mas, se o assunto pareceu periférico durante a campanha, isso mudou assim que Trump começou a fazer nomeações. E, desde a posse, ter na mira toda e qualquer proteção climática tem sido uma característica definidora da administração Trump. Como se estivessem em uma corrida contra o tempo, ele e sua equipe estão determinados a atender sistematicamente cada um dos itens da lista de desejos da indústria de combustíveis fósseis. Suas principais nomeações, seus planos de fazer cortes orçamentários drásticos e de esvaziar as regulamentações ambientais, suas negações conspiratórias das mudanças climáticas e até seu envolvimento com a Rússia, tudo aponta na mesma direção: uma profunda e inabalável determinação de dar início a um furor sem limites por combustíveis fósseis. Há muitas conspirações e intrigas circulando por Washington, as mais notórias delas são as alegações de que a equipe de Trump conspirou com a Rússia para influenciar o resultado da eleição de 2016 — alegações que estão sendo investigadas, como deveriam ser. Mas não nos enganemos: o conluio de Trump com o setor de combustíveis fósseis é a conspiração bem diante de nosso nariz.

Dias depois de assumir o cargo, ele deu o aval final para a construção do oleoduto Dakota Access, ignorando uma análise ambiental e indo contra a poderosa oposição dos Sioux de Standing Rock. Ele abriu caminho para a aprovação do oleoduto Keystone XL, que tem início em Alberta e que Obama rejeitou em parte por causa dos impactos climáticos. Publicou um decreto para revogar a moratória de Obama para novas licenças de exploração de carvão em terras federais e já anunciou planos de expandir a exploração de petróleo e gás na Costa do Golfo. Também está aniquilando o Plano de Energia Limpa de Obama. E, ao mesmo tempo que autoriza novos projetos de exploração de combustíveis fósseis, sua administração está se livrando de todos os tipos de regulamentação que tornaram a extração e o processamento desse carbono menos lucrativos para empresas como a ExxonMobil. Como resultado, esses projetos, já desastrosos do ponto de vista climático, têm mais chances de levar a acidentes industriais como o desastre da Deepwater Horizon, porque é isso que acontece quando as entidades reguladoras deixam de atuar.

Enquanto escrevo, ainda não está claro se os Estados Unidos vão se retirar oficialmente do Acordo de Paris; há discordâncias a esse respeito dentro do governo. Mas quer o país permaneça, quer deixe o acordo, é inegável que a administração de Trump vai ignorar os compromissos firmados.[3]

Além de Rex Tillerson, Trump encheu seu governo de executivos da área de combustíveis fósseis e figuras políticas com vastas ligações com a indústria, muitos dos quais se opõem ou na melhor das hipóteses são indiferentes às atribuições das agências que agora estão encarregados de dirigir. Scott Pruitt foi o escolhido por Trump para comandar a Agência de Proteção Ambiental, mas, como procurador-geral de Oklahoma, processou a agência diversas vezes e, talvez não coincidentemente, recebeu dezenas de milhares de dólares de empresas de combustíveis fósseis. A escolha de Trump para o cargo de secretário de Energia, Rick Perry, tinha uma miríade de ligações com a indústria de petróleo, incluindo a participação no conselho de duas

---

3. No dia 1º de junho de 2017, Trump anunciou oficialmente a saída dos Estados Unidos do Acordo de Paris. Os procedimentos oficiais de retirada, porém, são longos, e o processo só deve ser concluído em 2020. (*N. da T.*)

das empresas por trás do oleoduto Dakota Access. Em 2011, enquanto concorria à nomeação a candidato pelo Partido Republicano, a campanha de Perry incluía eliminar por completo o Departamento de Energia.

Não pergunte, não conte

Juntos, esse grupo de homens está fazendo favores a empresas de petróleo, gás e carvão em diversas frentes. Por exemplo, Trump extinguiu um novo programa que exigia que empresas de petróleo e gás informassem a quantidade de metano — um poderoso gás do efeito estufa — que suas operações estavam liberando na atmosfera, incluindo os vazamentos. A indústria detestava o programa, que só foi finalizado nas últimas semanas do governo Obama, em parte porque estava prestes a desmascarar a alegação de que o gás natural seria de alguma forma uma solução para as mudanças climáticas. Trump está dando à indústria um grande presente ao dizer efetivamente: não nos contem nada, não queremos saber. Daqui em diante, o restante do mundo vai ter que adivinhar em que medida os Estados Unidos são algozes do clima, porque uma parte fundamental dos dados não vai mais existir.

De longe, a maior ameaça que essa indústria enfrenta é a exigência de uma ação real em relação às mudanças climáticas sendo manifestada por pessoas em todo o mundo e o consenso crescente de que para levar a crise a sério é preciso suspender os novos projetos envolvendo combustíveis fósseis. Essa perspectiva instila terror no coração dos executivos da indústria de combustíveis fósseis e dos governantes de nações petrolíferas (como a Rússia), porque significa que trilhões de dólares em reservas comprovadas — que atualmente sustentam o preço das ações — podem se tornar sem valor da noite para o dia. Isso é por vezes chamado de "bolha de carbono", e em 2016 ela já estava começando a desinflar. Pensemos em Trump como o homem que veio em seu socorro com uma bomba de bicicleta, sinalizando para a indústria que vai encher sua bolha com mais alguns anos de ar tóxico. Como? Fácil. Fazendo a mudança climática desaparecer.

Podemos ver tudo isso se desenrolando com uma espécie de clareza absurda. No primeiro dia de governo, muitas das referências à mudança climática foram retiradas do site da Casa Branca. Há planos de cortar o programa da NASA que utiliza satélites para acumular dados básicos sobre como a Terra está mudando, incluindo o desaparecimento de glaciares e a elevação dos mares. Mick Mulvaney, o diretor de orçamento da Casa Branca, foi bem direto a esse respeito: "Em relação à questão da mudança climática, acho que o Presidente foi bastante claro: não vamos mais gastar recursos com isso. Consideramos um desperdício do nosso dinheiro fazer isso."

Eles estão tão determinados a apagar a realidade das mudanças climáticas que estão até mesmo planejando acabar com programas que ajudam as comunidades a lidar com seus impactos. Trump propôs cortar um programa da Administração Oceânica e Atmosférica Nacional que ajuda comunidades a proteger seu litoral. Ele também queria reduzir a atuação da Agência Federal de Gestão de Emergências (na sigla em inglês, FEMA), responsável por lidar com desastres naturais de grande escala, e cortar por completo seu principal programa destinado a ajudar comunidades a se preparar para crises futuras. Seu plano de reduzir o orçamento da Agência de Proteção Ambiental (na sigla em inglês, EPA) em 30 por cento representaria a demissão de milhares de pessoas e a eliminação de todo o programa de justiça ambiental, que ajuda comunidades de baixa renda — em sua grande maioria compostas por afro-americanos, latinos e indígenas — a lidar com alguns dos impactos de ter as indústrias mais tóxicas em seu quintal. E é bom registrar que muitas dessas medidas — incluindo cortes em programas que lidam com o envenenamento por chumbo proveniente de tubulações — iriam prejudicar de maneira desproporcional as crianças que vivem em comunidades marginalizadas. Um acordo orçamentário no Congresso adiou os cortes mais drásticos da Agência de Proteção Ambiental para 2018.

O plano de resgate de Trump para o setor de combustíveis fósseis, portanto, atua em múltiplas frentes: esconder as evidências de que as mudanças climáticas estão acontecendo ao interromper pesquisas e silenciar agências; cortar os programas cujo objetivo é lidar com os impactos das alterações no clima no mundo real e remover todas as barreiras para uma aceleração justamente das atividades que estão contribuindo para essa crise — fazer perfurações em busca de mais petróleo e gás, extrair e queimar mais carvão.

Parte desse retrocesso pode ser compensada por ações corajosas em grandes estados como Califórnia e Nova York, que estão comprometidos em implantar rapidamente fontes de energia renovável apesar das políticas pró-combustíveis fósseis de Trump. Mas há outro fator crucial que pode determinar se a subsidiária da ExxonMobil conhecida como governo Trump vai ser capaz de desencadear uma catástrofe irreversível.

Preço é tudo

Há uma coisa, acima de todas as outras, que está impedindo as empresas de combustíveis fósseis de darem início a novos grandes projetos de extração, e não é um artigo da legislação que Obama introduziu e Trump pode revogar. O que as detém é o preço do petróleo e do gás. Enquanto escrevo isto, em 2017, o preço está muito abaixo do que estava quando Obama assumiu a presidência, porque há uma superoferta — há mais petróleo e gás disponíveis do que os consumidores desejam.

A razão por que o preço é tão crucial para os novos projetos é que as reservas de combustíveis de exploração barata e de fácil acesso vêm se esgotando de forma contínua, particularmente nos Estados Unidos. Então o que sobra? Matérias-primas de extração cara e difícil. Custa muito dinheiro perfurar para extrair petróleo no Ártico, em águas muito profundas ou escavar e refinar o petróleo semissólido encontrado nas areias betuminosas de Alberta, no Canadá. Quando o preço do petróleo estava subindo, como estava em 2014, as empresas de combustíveis fósseis estavam fazendo investimentos multibilionários a fim de explorar essas rentáveis fontes de combustível. Com o petróleo a 100 dólares o barril, elas ainda conseguiam obter um lucro considerável, mesmo com custos de extração elevados. E o desenvolvimento desse setor de fato impulsionou o crescimento econômico e criou muitos empregos. Mas os custos ambientais foram enormes: o desastre da Deepwater Horizon no Golfo do México estava intimamente ligado ao fato de que essas empresas estão perfurando mais fundo do que jamais fizeram. O motivo pelo qual as areias betuminosas de Alberta são tão controversas é o fato de os cursos de água e as terras indígenas terem sido severamente contaminados pelo processo invasivo e gerador de grandes emissões de carbono necessário para explorar essa matéria-prima bruta.

A ExxonMobil de Rex Tillerson saiu comprando reservas de petróleo bruto de custo elevado, chegando a um ponto em que um terço das reservas da empresa estava localizado nas areias betuminosas de Alberta. Quando o preço do petróleo caiu, foi um grande choque. O preço do barril começou a baixar em 2014, com o petróleo classificado como Brent Crude — a referência global para essa matéria-prima — despencando de 100 dólares o barril para 50 dólares o barril em apenas seis meses, e o preço tem girado em torno de 55 dólares o barril desde então. Como resultado, vimos muitas empresas recuando em seus projetos energéticos extremos. A extração de petróleo e gás nos Estados Unidos arrefeceu, com custos humanos devastadores: estima-se que 170 mil trabalhadores do setor de petróleo e gás tenham perdido o emprego depois do colapso dos preços em 2014. Os investimentos nas areias betuminosas de Alberta caíram cerca de 37 por cento no ano seguinte e continuam a cair. A Shell se retirou do Ártico e vendeu a maior parte de suas reservas de areias betuminosas. A empresa petroleira francesa Total também recuou na exploração das areias betuminosas. Até mesmo a ExxonMobil foi forçada a descartar cerca de 3,5 milhões de barris de areia betuminosa porque o mercado considerava que não valia a pena extrair petróleo dessas reservas diante dos atuais preços. A extração de petróleo em águas profundas também está em suspenso.

Para as grandes empresas de petróleo — particularmente aquelas que apostaram que o preço do barril continuaria alto —, tudo isso foi um desastre. E nenhuma das principais petroleiras sofreu mais do que a ExxonMobil. Quando os preços estavam altos, com Tillerson no comando, a empresa bateu o recorde de lucro já registrado por uma empresa nos Estados Unidos:

45 bilhões de dólares em 2012. Comparemos isso a 2016, quando o lucro da Exxon ficou bem abaixo de 8 bilhões. É uma queda de mais de 80 por cento em apenas quatro anos.

O que isso significa? Significa que gigantes do petróleo como a ExxonMobil e os bancos que garantiram suas más apostas querem desesperadamente que os preços do petróleo subam para voltar a obter superlucros e reativar o furor por combustíveis fósseis. Então uma grande pergunta que precisa de resposta é: O que o governo de Trump — também conhecido como Time ExxonMobil — vai fazer para conseguir isso?

Já estamos vendo algumas políticas que parecem destinadas a elevar os preços do petróleo. Por exemplo, Trump tratou de eliminar a exigência da Era Obama de que os veículos se tornem mais eficientes em termos de combustível, o que vai significar idas mais frequentes aos postos de gasolina para os consumidores. O planejamento orçamentário de Trump, enquanto isso, tinha o objetivo de eliminar por completo o financiamento de novos projetos de transporte público e acabar com o financiamento de serviços de trem de longa distância.

Até o momento, no entanto, o mercado não está respondendo, pelo menos não muito. O preço do petróleo teve um pequeno aumento depois que Trump foi eleito, mas tem se mantido bem estável desde então. De uma perspectiva climática são boas notícias: a gasolina barata pode encorajar o consumo de curto prazo, mas desencoraja muitos dos investimentos de longo prazo que nos condenam a um futuro desastroso. A preocupação — e é uma preocupação real — é que Trump e Companhia podem muito bem ter outros trunfos na manga para tentar fazer com que os preços do petróleo subam e atingir seu objetivo de desencadear uma corrida por combustíveis fósseis.

A razão por que precisamos manter nossos olhos firmemente fixos nessa dinâmica é que nada faz o preço do petróleo subir tanto quanto a guerra e outros grandes choques ao mercado mundial, cenário que vamos explorar no Capítulo 9.

O que os conservadores sabem sobre o
aquecimento global — e os liberais não

Durante muitos anos, eu me perguntei por que algumas pessoas estavam tão determinadas em negar o aquecimento global. A princípio é estranho. Por que uma pessoa se esforçaria tanto para negar fatos científicos que foram afirmados por 97 por cento dos climatologistas, fatos cujos efeitos vemos em toda a nossa volta, com mais confirmação nas notícias que consumimos todos os dias? Essa pergunta me levou em uma jornada que deu origem ao meu livro *This Changes Everything* [*Isso muda tudo*], e acho que parte do que descobri enquanto o escrevia pode nos ajudar a entender a centralidade do vandalismo climático no governo de Trump.

O que descobri foi que, quando conservadores ferrenhos negam as mudanças climáticas, não estão apenas protegendo os trilhões em riqueza ameaçados pelas ações climáticas. Também estão defendendo algo ainda mais valioso para eles: todo um projeto ideológico — o neoliberalismo — que defende que o mercado está sempre certo, que as regulações são sempre erradas, que o privado é bom e o público é ruim, e que os impostos que sustentam os serviços públicos são o pior de tudo.

Há muita confusão em torno da palavra *neoliberalismo* e em relação a quem é um neoliberal. E isso é compreensível. Então vamos por partes. O neoliberalismo é uma forma extrema de capitalismo que começou a se tornar dominante na década de 1980, durante os governos de Ronald Reagan e Margaret Thatcher, mas desde a década de 1990 tem sido a ideologia reinante entre as elites mundiais, independentemente da filiação partidária. Seus defensores mais rigorosos e dogmáticos, porém, permanecem onde o movimento começou: na direita americana.

Neoliberalismo é a designação de um projeto econômico que despreza a esfera pública e qualquer outra coisa que não seja o funcionamento do mercado ou as decisões dos consumidores individuais. É provavelmente mais bem sintetizado por outra das famosas frases de Reagan: "As nove palavras mais aterrorizantes da língua inglesa são: "*I'm from the government and I'm here to help*" [Eu sou do governo e estou aqui para ajudar]. Do ponto de vista neoliberal, os governos existem para criar as condições ideais a fim de que os interesses privados maximizem seus lucros e sua riqueza com base na teoria de que os lucros e o crescimento econômico que virão como consequência beneficiarão a todos, sendo distribuídos do topo para a base — um dia. Se isso não funcionar e desigualdades persistentes permanecerem ou se agravarem (como invariavelmente acontece), então, de acordo com essa visão de mundo, deve ser por causa do fracasso pessoal dos indivíduos e das comunidades que estão sofrendo. Eles devem ter "uma cultura de criminalidade", por exemplo, não ter "ética de trabalho" ou talvez sejam pais ausentes ou qualquer outra justificativa de viés racial para explicar por que as políticas governamentais e os recursos públicos nunca devem ser usados com o objetivo de reduzir a desigualdade, melhorar a vida das pessoas ou enfrentar crises estruturais.

As principais ferramentas desse projeto são bastante familiares: privatização da esfera pública, desregulamentação da esfera corporativa e impostos mais baixos em decorrência dos cortes de serviços públicos, tudo isso assegurado por acordos comerciais que beneficiem as empresas. A receita é a mesma em todos os lugares, não importam o contexto, a história ou as esperanças e sonhos das pessoas que vivam lá. Larry Summers, quando era economista-chefe do Banco Mundial, em 1991, resumiu o espírito da coisa: "Divulguem a verdade: as leis econômicas são como as leis da engenharia. Um mesmo conjunto de leis funciona em toda parte." (Motivo pelo qual eu por vezes me refiro ao neoliberalismo como "McGoverno".)

A queda do Muro de Berlim, em 1989, foi interpretada como o sinal para tornar a campanha global. Com o socialismo em declínio, não parecia haver mais necessidade de suavizar as arestas do capitalismo em lugar nenhum. Na famosa declaração de Margaret Thatcher: "Não há alternativa." (Outra maneira de encarar isso é pensar que o neoliberalismo é simplesmente o capitalismo sem competição ou o capitalismo deitado no sofá, de camiseta, dizendo: "O que vocês vão fazer, me abandonar?")

O neoliberalismo é um conjunto de ideias muito rentável, motivo pelo qual fico sempre um pouco hesitante em descrevê-lo como uma ideologia.

O que ele é de fato, em sua essência, é uma fundamentação lógica para a ganância. Foi isso que o bilionário americano Warren Buffett quis dizer quando ganhou as manchetes alguns anos atrás ao dizer à rede de notícias CNN que "havia uma luta de classes sendo travada há vinte anos, e a minha classe venceu (...) a classe dos ricos". Ele estava se referindo aos enormes cortes de impostos dos quais os ricos usufruíram nesse período, mas poderíamos estender essa afirmação a todo o pacote de políticas neoliberais.

Então o que isso tem a ver com a recusa generalizada da direita em acreditar que as mudanças climáticas estão acontecendo, uma recusa profundamente incrustada no governo Trump? Muito. Porque as mudanças climáticas, especialmente a essa altura, *só* podem ser enfrentadas por meio de ações coletivas que restrinjam drasticamente o comportamento de empresas como ExxonMobil e Goldman Sachs. Demanda investimentos na esfera pública — em novas redes de energia, em transporte público e veículos leves sobre trilhos, e em eficiência energética — em uma escala que não se vê desde a Segunda Guerra Mundial. E isso só pode acontecer por meio da elevação de impostos para os ricos e as empresas, justamente as pessoas que Trump está determinado a presentear com os mais generosos cortes de impostos, brechas legais e diminuição de regulamentações. Reagir às mudanças climáticas também significa dar às comunidades a liberdade de priorizar indústrias verdes locais, processo que muitas vezes entra em conflito direto com os acordos de livre mercado das empresas que têm sido uma parte tão importante do neoliberalismo e que põem objeções às regras de "compra local" por serem protecionistas. (Trump fez campanha contra essas partes dos acordos de livre comércio, mas, como veremos no Capítulo 6, não tem nenhuma intenção de revogar essas regras.)

Em resumo, as mudanças climáticas detonam o suporte ideológico sobre o qual se apoia o conservadorismo contemporâneo. Admitir que a crise climática é real é admitir o fim do projeto neoliberal. É por isso que a direita está se rebelando contra o mundo físico, contra a ciência (o que levou centenas de milhares de cientistas em todo o mundo a participar da Marcha pela Ciência em abril de 2017, a fim de defender coletivamente um princípio que na verdade não deveria precisar de defesa: que saber o máximo possível a respeito do nosso mundo é uma coisa boa). Mas há uma razão para a ciência ter se tornado um campo de batalha: porque vem revelando cada vez mais que a atividade neoliberal como de costume leva a uma catástrofe que ameaça nossa espécie.

O que a corrente dominante entre os liberais tem dito há décadas, em contraste, é que precisamos simplesmente fazer pequenas mudanças aqui e ali no sistema existente e tudo vai ficar bem. Podemos ter o capitalismo do Goldman Sachs e painéis solares. Mas o desafio é muito mais fundamental do que isso. Ele requer que joguemos fora a cartilha neoliberal e confrontemos a centralidade de um consumo que não para de crescer em nossa forma de medir o progresso econômico. Em certo sentido, portanto, os membros do gabinete de Trump — com sua necessidade desesperada de negar a realidade do aquecimento global ou minimizar suas implicações — compreendem algo que é fundamentalmente verdadeiro: para evitar o caos climático, precisamos questionar as ideologias capitalistas que dominam o mundo desde a década de 1980. Se você é beneficiário dessas ideologias, obviamente vai ficar muito insatisfeito com isso. É compreensível. O aquecimento global de fato tem implicações progressivas radicais. Se é real — e evidentemente é —, então a classe oligárquica não pode continuar a enriquecer descontroladamente e sem regras. Detê-los passou a ser uma questão de sobrevivência coletiva da humanidade.

Se falharmos, a devastação que vi na Grande Barreira de Corais vai se espalhar por todos os cantos de nosso lar coletivo de formas que nem sequer podemos imaginar.

CAPÍTULO CINCO

O USURPADOR SUPREMO

Desde que Trump assumiu a presidência, tem-se falado muito sobre como precisamos parar de "relitigar a eleição de 2016"; é hora de olhar para a frente, não para trás.

Para ser sincera, também estou cansada de olhar para trás, porque as tensões durante a eleição e, em particular, durante as primárias do Partido Democrata foram quase insuportáveis. Durante um bom tempo, eu não consegui acompanhar as mídias sociais, porque tudo que eu via eram pessoas que costumavam gostar umas das outras em guerra por causa de "Bernie Bros" e "Hillary Bots".[4] Perdi amigos por causa disso, assim como aconteceu a outros de ambos os lados — pessoas que culpam a mim e pessoas como eu pela derrota de Hillary porque não a apoiamos publicamente ou porque fomos demasiado duros em relação a seus envolvimentos corporativos durante as primárias. E eu tenho dificuldade de perdoar pessoas como o economista liberal Paul Krugman, que escreveu tantos textos de grande importância sobre desigualdade econômica e fraudes bancárias ao longo dos anos, mas ainda assim usou sua influente plataforma no *New York Times* para

---

4. "Bernie Bros" é um rótulo pejorativo aplicado a um grupo de apoiadores do candidato Bernie Sanders que atuavam predominantemente nas mídias sociais durante as primárias do Partido Democrata em 2016; "Hillary Bots" era como eles se referiam aos apoiadores de Hillary. (*N. da T.*)

atacar repetidamente o único candidato, Bernie Sanders, que se propunha seriamente a lutar contra a desigualdade de renda e enfrentar os bancos. É perfeitamente compreensível que as pessoas não queiram relembrar essas duras disputas — elas foram horríveis.

Cada um de nós lida com o medo e a incerteza de uma maneira. Muitos conservadores estão lidando com seu medo de um mundo que enfrenta mudanças e instabilidade tentando fazer o relógio andar para trás. Mas, se a direita é especialista em se voltar para o passado, a esquerda é especialista em se voltar para dentro de si e atacar uns aos outros em uma saraivada circular de culpas.

Ainda assim, desconfio da velocidade com que estamos sendo instados a seguir em frente. Porque de fato precisamos construir a coalização mais ampla possível contra Trump e forças como ele onde quer que vivamos, mas também precisamos evitar a repetição dos mesmos erros que criaram as condições para a ascensão do trumpismo e de suas contrapartes ao redor do mundo. E, infelizmente, há evidências de que a única lição que muitos no *establishment* democrata estão aprendendo é: não deixem que os russos invadam seu e-mail.

Então acho que deveríamos respirar fundo e ousar olhar para trás, ainda que rapidamente — não para reabrir velhas feridas, mas apenas para ver o que há para se aprender. Porque não podemos sair do caminho em que estamos se não formos honestos em relação aos fatores que nos trouxeram até aqui.

A ascensão da raiva

Se há uma única e abrangente lição a aprender com a raiva em ascensão no mundo inteiro, é o seguinte: não devemos nunca, em tempo algum, subestimar o poder do ódio. Nunca subestimar a atração de exercer poder sobre "o outro", seja ele imigrante, muçulmano, negro, mexicano, mulher, o outro em qualquer de suas formas. Especialmente em tempos de dificuldades econômicas, quando uma grande quantidade de pessoas tem boas razões para temer que os empregos capazes de proporcionar uma vida decente estejam desaparecendo para sempre.

Trump dialoga diretamente com esse pânico econômico e, ao mesmo tempo, com o ressentimento sentido por um grande segmento dos brancos nos Estados Unidos em relação à nova face de seu país, em relação a posições de poder e privilégio sendo cada vez mais ocupadas por pessoas que não se parecem com eles. A intensidade e irracionalidade da fúria de Trump e seus maiores apoiadores reservada a Barack Obama, os anos de desejo fervoroso de destituí-lo de sua americanidade "provando" que ele era queniano, e assim fazendo dele um "outro", não podem ser explicados por nada a não ser pelo ódio racial. Essa é a "whitelash" [reação branca] que o comentarista da CNN Van Jones citou na noite da eleição, e não há dúvidas de que, para um segmento considerável dos eleitores de Trump, trata-se de uma força violenta.

Grande parte do ódio dirigido a Hillary Clinton durante a campanha se originou de um lugar igualmente primitivo. Lá estava não apenas uma candidata do sexo feminino, mas uma mulher que se identificava e era um produto do movimento pela libertação das mulheres, e que não encobria sua busca pelo poder com uma aura de graça ou recato. Como os gritos maníacos de "Prendam-na!" deixaram claro, para muitos nos Estados Unidos isso era simplesmente intolerável.

Não sou entusiasta de muitas das políticas de Clinton. Mas não foram suas políticas que provocaram o ódio irracional que ela enfrentou, esse ódio vinha de um lugar mais profundo. Não é insignificante, acho, que uma das primeiras grandes controvérsias da campanha tenha sido o comentário de Trump de que a então âncora da Fox News Megyn Kelly, que tinha ousado fazer a ele uma pergunta sobre comentários sexistas anteriores, tinha "sangue saindo dela". Esse insulto dos mais vis — que invoca a antiga ideia de que a menstruação de uma mulher a torna inapta para a vida pública — foi um dos primeiros indícios de que o ódio cego a mulheres que ultrapassassem os limites que lhes tinham sido impostos ia se tornar uma força motriz da campanha. Era um indício também do que une um playboy orgulhoso como Donald Trump e um repressor sexual como Mike Pence (que aparentemente se recusa a fazer sozinho uma refeição com uma colega de trabalho do sexo feminino): a crença partilhada de que o corpo das mulheres existe para servir os homens, seja como objeto de satisfação sexual, seja como uma máquina de fazer bebês. E foi uma prévia das salas cheias de homens brancos que logo estariam fazendo escolhas decisivas sobre a saúde e a liberdade reprodutiva das mulheres.

O ranking da vida humana

Na eleição presidencial de 2016 nos Estados Unidos, ouvimos os rugidos de homens que acreditam que eles, e apenas eles, têm o direito de governar — na esfera pública e na esfera privada, entre quatro paredes. Um dos detalhes mais pavorosos a respeito dos homens que rodeiam Trump e que o apoiam mais publicamente na mídia é o número deles que foram acusados de bater, assediar ou abusar sexualmente de mulheres. Essa lista inclui Steve Bannon (cuja ex-mulher disse à polícia que ele a agrediu física e verbalmente; o caso foi arquivado quando ela não foi encontrada pelos promotores para testemunhar), a escolha original de Trump para secretário do trabalho, Andrew Puzder (cuja ex-mulher afirmou em documentos processuais que ele lhe causou danos permanentes depois de "golpeá-la violentamente no rosto, no peito, nas costas, nos ombros e no pescoço, sem que houvesse provocações ou motivo", embora mais tarde tenha voltado atrás nas alegações), Bill O'Reilly, é claro, um dos maiores defensores de Trump na mídia, e Roger Ailes (que atuou como conselheiro durante a campanha de Trump depois de ser forçado a deixar a Fox News em decorrência de acusações de assédio sexual feitas por mais de duas dúzias de mulheres, muitas em sua própria emissora, e que, como O'Reilly, negou as acusações). E a lista estaria incompleta sem o próprio Trump, que foi acusado por diversas mulheres, inclusive em processos judiciais, de assédio e abuso sexual (ele nega todas as acusações), e cuja primeira mulher, Ivana, supostamente afirmou em depoimento que seu marido a estuprou em 1989 (assim como a mulher de Andrew Puzder, ela retirou a acusação).

Não faltam predadores sexuais no lado liberal do espectro político, mas a litania de alegações, acusações e compra de silêncio que giram em torno do círculo mais próximo de Trump é diferente de tudo já visto. Não importa a alegação, ela é recebida sempre com uma parede de negações, com homens poderosos testemunhando em favor de outros homens poderosos, mandando uma mensagem para o mundo de que não se deve acreditar nas mulheres. Talvez isso não devesse surpreender, em se tratando da marca Trump: ele é o chefe que faz o que quer, toma o que ou quem quer; zomba, envergonha e humilha quem ele quer e quando ele quer. É isso que o Usurpador Supremo está vendendo. E claramente há um mercado bastante amplo para seu produto.

O problema com os "votos por emprego"

Muitos dos eleitores de Trump não eram movidos primariamente por sentimentos de "revolta branca" ou "revolta masculina". Muitos disseram que votaram em Trump porque gostaram do que ele disse a respeito do comércio e do emprego ou porque queriam lutar contra o "pântano" das elites de Washington.

Mas há um problema nessas histórias. Você não pode votar em alguém que incita abertamente o ódio baseado em raça, gênero ou capacidade física a não ser que, de alguma maneira, não considere essas questões importantes. A não ser que considere que as vidas das pessoas sendo expostas a um perigo palpável por causa dessa retórica (e das políticas que resultam dela) são menos importantes do que a sua vida e as vidas das pessoas que se parecem mais com você. Não é possível fazer isso a não ser que você esteja disposto a sacrificar essas outras categorias de pessoas para seu (esperado) ganho. Para ser mais direta, votar em Trump pode não refletir um ódio ativo, mas ainda há, na melhor das hipóteses, uma preocupante indiferença por trás do ato.

Os ressentimentos de raça e gênero que contribuíram tanto para levar Trump ao poder não são novos. Eles foram onipresentes ao longo da história, aumentando e diminuindo com desgastes e provocações adicionais. Há, no entanto, profundas razões estruturais para que a versão de Trump de uma velha tática esteja repercutindo com tanta força agora, neste momento em particular. Algumas têm a ver com a mudança no status do homem branco, mas isso é apenas parte da história. O que realmente fez com que Trump vencesse foi como essas perdas de status social foram se acumulando em cima de perdas em segurança econômica básica.

As pessoas que foram mais afetadas pelas políticas neoliberais como o corte de serviços sociais e a desregulamentação dos bancos não foram os eleitores brancos de Trump — nem de longe. Essas políticas comprometeram muito mais o status social de famílias negras e latinas, e foi nessas comunidades de pessoas não brancas que os cortes nos serviços foram sentidos de maneira mais profunda.

Além disso, o outro lado das políticas econômicas neoliberais que exilam da economia formal segmentos inteiros da população foi uma explosão do aparelho do Estado destinado a controlar e conter: polícia militarizada, fronteiras fortificadas, detenção de imigrantes e encarceramento em massa. Nos quarenta anos desde a revolução neoliberal, o número de pessoas atrás das grades nos Estados Unidos aumentou cerca de 500 por cento, fenômeno que, mais uma vez, afeta de maneira desproporcional as pessoas negras e de pele morena, embora os brancos certamente também tenham caído nas garras do sistema.

Também é importante observar que a base eleitoral de Trump não era em sua maioria pobre; era majoritariamente de classe média, com a maioria de seus eleitores ganhando entre 50 mil e 200 mil dólares por ano (como uma concentração no segmento inferior dessa faixa). Uma vez que tantos dos eleitores de Trump não são pessoas desamparadas, algumas pessoas argumentam que seu voto não foi motivado pela dificuldade econômica.

Isso, porém, deixa de levar em conta um importante fator. Uma análise da CNN das estimativas de votos revelou que Trump obteve 77 por cento dos votos entre aqueles que afirmavam que sua situação financeira era "pior hoje" do que quatro anos antes. Em outras palavras, essas pessoas podiam estar em boa situação em comparação com a média do país, mas muitas tinham perdido terreno. E, na verdade, as perdas começaram muito antes disso.

Inseguros em todas as frentes

Nas últimas três décadas, mas de maneira mais acelerada desde a crise financeira de 2008, praticamente todo mundo, a não ser o um por cento mais rico, vem perdendo estabilidade no emprego, assim como as redes de segurança que costumavam existir, por mais frágeis que fossem. Isso significa que a perda de um emprego agora tem um impacto maior sobre a capacidade de uma pessoa de pagar por assistência médica ou manter a casa própria. Essa situação prejudica os eleitores de Trump que são brancos, do sexo masculino e pertencentes à classe trabalhadora da mesma maneira que prejudica muitos outros. Por outro lado, como muitos dos eleitores de Trump provenientes da classe operária viviam em condições consideravelmente melhores até bem recentemente — conseguiam ter acesso a empregos bem pagos e sindicalizados na indústria, que proporcionavam uma vida de classe média —, essas perdas são percebidas mais como um choque.

Isso se reflete em um aumento acentuado nas mortes entre americanos brancos de meia-idade, sem diploma universitário, a maioria por suicídio, overdose de medicamentos e doenças relacionadas com o álcool. E isso é uma particularidade dos brancos: as taxas de mortalidade entre americanos negros e hispânicos em extratos demográficos similares estão caindo. Anne Case e Angus Deaton, economistas da Universidade de Princeton que identificaram essa tendência como algo que vem desde 1999 e escreveram um artigo de referência sobre o que chamam de "mortes por desespero", explicam essa discrepância como algo que decorre de expectativas e experiências diferentes ou "o fracasso da vida em ser o que se esperava". Outra maneira de pensar sobre isso é: quando um prédio começa a desabar, são as pessoas que estão nos andares mais altos que terão uma queda maior — é pura física.

Além dessas perdas, há também as incertezas associadas a viver em um país que passa por mudanças, uma nação que se torna rapidamente mais diversa em termos étnicos e onde as mulheres estão tendo mais acesso ao poder. Isso é parte do progresso em direção à igualdade, resultado de lutas renhidas, mas de fato significa que os homens brancos estão perdendo segurança econômica (algo a que todos têm direito) *e* a certeza de que têm um status superior (algo a que nunca tiveram direito) ao mesmo tempo. Na pressa por condenar essa última forma de prerrogativa não deveríamos perder de vista algo importante: nem todas as formas de prerrogativa são ilegítimas. Todas as pessoas têm direito a uma vida digna. Em países ricos, não é ganância nem uma expressão de privilégio imerecido esperar uma segurança básica no emprego quando você trabalha duro por décadas, a certeza de que vão cuidar de você quando ficar velho, de que não vai ser levado à falência por causa de uma doença e de que seus filhos terão acesso às ferramentas das quais precisam para se destacar. Em uma sociedade decente, as pessoas devem sentir que têm direito a todas essas coisas. É um privilégio humano. E ainda assim esses tipos de direito têm sofrido violentos ataques da direita há quatro décadas, a ponto de a palavra *direitos* — quando se refere a pensões e assistência médica — ser um insulto na capital, Washington.

Foi essa complexa mistura de fatores que permitiu que Trump chegasse e dissesse: eu vou defender os trabalhadores sob ataque. Vou lhes dar de volta seus empregos na indústria. Vou acabar com esses acordos de livre comércio. Vou lhes devolver o seu poder. Vou fazer de vocês homens de verdade outra vez. Livres para tomarem as mulheres sem que tenham de fazer todas aquelas perguntas chatas. Ah, e a parte mais potente da promessa de Trump a sua base eleitoral: vou acabar com a competição das pessoas pardas, que serão deportadas ou banidas, e dos negros, que vão ser presos se lutarem por seus direitos. Em outras palavras, ele ia colocar o homem branco de volta no topo em segurança.

O poder dessa promessa é parte do motivo por que a vitória de Trump na eleição foi como um bat-sinal para os fomentadores de ódio de todos os tipos. O Southern Poverty Law Center apurou que os grupos de ódio anti-muçulmanos quase triplicaram apenas em 2016. No mês após a eleição de Trump, foram registrados mais de mil incidentes de ódio contra pessoas de cor. Srinivas Kuchibhotla, um engenheiro de 32 anos que emigrou da Índia, foi morto com um tiro em um bar em Olathe, Kansas, por um homem branco que, segundo consta, gritou "Suma do meu país!" antes de abrir fogo. Nos dois primeiros meses de 2017, sete pessoas transgênero foram assassinadas, levando à solicitação de uma investigação federal de crimes de ódio.

Em um grau assustador, as conformidades de cor da pele e gênero estão determinando quem está fisicamente seguro nas mãos do Estado, quem está correndo risco de sofrer violência por parte de justiceiros, quem pode se expressar sem estar constantemente exposto a assédio, quem pode cruzar uma fronteira sem terror e quem pode praticar sua religião sem medo.

O jogo de culpar a identidade

Por isso é imediatista, além de perigoso, convocar os liberais e progressistas a abandonar seu foco na "política de identidade" e se concentrar, em vez disso, na economia e na classe — como se esses fatores pudessem ser de alguma maneira dissociados.

Criticar a assim chamada política de identidade e o politicamente correto é algo corriqueiro na Fox News e no Breitbart News, mas esses não são os únicos lugares de onde vêm esses protestos, e os críticos só se tornaram mais ruidosos desde a eleição. A lição que um grande número de democratas liberais parece ter tirado da derrota de Hillary Clinton é que seus apelos diretos a mulheres e minorias durante a campanha fizeram com que os homens da classe operária se sentissem ignorados, levando-os a se voltarem para Trump. Mark Lilla, professor da Universidade de Columbia, expressou isso de maneira mais proeminente em um ensaio pós-eleição publicado no *New York Times*. Ele censurou Clinton por "se dirigir explicitamente a eleitores afro-americanos, latinos, LGBTs e mulheres a cada comício. Foi um erro estratégico". Esse foco nos grupos tradicionalmente marginalizados e o "pânico moral em relação à identidade racial, sexual e de gênero (...) distorceu a mensagem do liberalismo e o impediu de se tornar uma força unificadora capaz de governar". A unidade, aparentemente, requer que todas aquelas minorias barulhentas (combinadas, uma maioria esmagadora, na verdade) silenciem sobre suas queixas individuais de forma que os democratas possam voltar ao "É a economia, seu estúpido", o mantra da campanha presidencial vencedora de Bill Clinton em 1992.

Exceto pelo fato de que essa é precisamente a conclusão equivocada a se tirar da eleição de 2016. O fracasso de Hillary Clinton não foi um fracasso de mensagem, mas sim de antecedentes. Especificamente, foi a economia estúpida do neoliberalismo, completamente abraçada por ela, por seu marido e pelo *establishment* de seu partido, que deixou Clinton sem uma oferta confiável para fazer aos trabalhadores brancos que tinham votado em Obama (duas vezes) e decidiram, dessa vez, votar em Trump. É verdade que os planos de Trump não eram confiáveis, mas pelo menos eram diferentes.

De maneira similar, se houve um problema em seu foco no gênero, na sexualidade e na identidade racial, foi o fato de que o tipo de política de identidade de Clinton não desafia o sistema que produziu e cimentou essas desigualdades, mas procura apenas torná-lo mais "inclusivo". Então, sim à igualdade matrimonial, ao acesso ao aborto e a banheiros para pessoas transgênero, mas esqueçam o direito a moradia, o direito a um salário que sustente uma família (Clinton resistiu aos apelos por um salário mínimo de 15 dólares a hora), o direito universal à assistência médica gratuita ou a qualquer outra coisa que exija uma séria redistribuição de riqueza de cima para baixo e que signifique desafiar a cartilha neoliberal. Durante a campanha, Clinton zombou da "economia em cascata no modelo Trump" de seu oponente, mas sua própria filosofia era o que podemos chamar de "política de identidade em cascata": ajustar o sistema apenas o suficiente para mudar o gênero, a cor e a orientação sexual de algumas das pessoas no topo e esperar que a justiça se distribua em cascata para todos os demais. E, ao que parece, esse modelo de distribuição em cascata funciona tão bem na esfera da identidade quanto na esfera econômica.

Sabemos disso porque é algo que já foi experimentado. Houve vitórias simbólicas históricas para a diversidade nos últimos anos — uma família presidencial afro-americana, dois procuradores-gerais negros, Hollywood sendo forçada a reconhecer diretores e atores negros, gays e lésbicas assumidos trabalhando como âncoras de telejornais e dirigindo empresas da

Fortune 500, programas de televisão de sucesso que giram em torno de personagens transgêneros, um aumento geral do número de mulheres em cargos de diretoria, para citar apenas algumas. Essas vitórias no sentido da diversidade e da inclusão importam, elas mudam vidas e trazem novos pontos de vista que de outra maneira seriam ignorados. Foi imensamente importante que uma geração de crianças tenha crescido vendo Obama ocupar o cargo mais importante do mundo. E, no entanto, essa abordagem da mudança de cima para baixo, se não for acompanhada por políticas de baixo para cima que enfrentem problemas sistêmicos como as escolas decadentes e a falta de acesso a moradias decentes, não vai levar a uma verdadeira igualdade. Nem perto disso.

Nos Estados Unidos, os ganhos significativos em termos de diversidade e inclusão no topo em anos recentes ocorreram em uma época de deportações em massa de imigrantes e de aumento do abismo de riqueza que separa americanos negros e brancos. De acordo com o Urban Institute, entre 2007 e 2010 a riqueza média das famílias brancas caiu cerca de 11 por cento (um montante enorme), mas as famílias negras viram sua riqueza cair 31 por cento. Em outras palavras, em um período em que houve avanços simbólicos significativos, a desigualdade entre negros e brancos *aumentou*, não diminuiu. Parte disso se deve ao fato de que famílias negras foram desproporcionalmente visadas para crédito hipotecário de risco, de forma que foram as mais atingidas com o colapso do mercado em 2008.

Durante esse mesmo período, jovens negros continuaram a ser alvejados e mortos pela polícia a uma taxa obscena (cinco vezes mais alta do que entre homens brancos da mesma fixa etária, de acordo com um estudo feito pelo *Guardian*), sua morte com frequência capturada em vídeo e gravada na imaginação de mentes jovens ainda em desenvolvimento. Foi nesse contexto que o Black Lives Matter se tornou o movimento por direitos civis desta geração. Como Keeanga-Yamahtta Taylor, autor de *From #BlackLivesMatter to Black Liberation*, escreve: "O *establishment* político negro, liderado pelo presidente Barack Obama, tinha mostrado repetidas vezes que não era capaz de executar a tarefa mais básica: manter as crianças negras vivas. Os jovens teriam de fazer isso por conta própria." De maneira similar, embora haja muitas mulheres em posições de poder — não o suficiente, mas substancialmente mais do que na geração passada —, as mulheres de baixa renda estão enfrentando jornadas mais longas, com frequência em mais de um emprego, sem segurança, apenas para pagar as contas. (Dois terços dos trabalhadores que recebem salário-mínimo nos Estados Unidos são mulheres.) Nos rankings globais anuais do Fórum Econômico Mundial sobre o abismo econômico entre os gêneros, os Estados Unidos caíram da 28ª posição em 2015 para a 45ª colocação em 2016.

Enquanto os eleitores brancos de Trump responderam a sua precariedade vociferando contra o mundo, muitos liberais tradicionais parecem ter respondido parando de ouvir. Quando Hillary Clinton se dirigia a grupos identificáveis a cada comício, declarando que ia "defender" cada um deles, era uma oferta sem o entusiasmo necessário para formar a onda de apoio da qual ela precisava. Então, enquanto a política de identidade branca fez aumentar o apoio a Trump, a política de identidade em cascata não funcionou para sua oponente. Em estados cruciais como Iowa, Ohio e Wisconsin, Clinton obteve 15 a 20 por cento menos votos democratas do que Barack Obama em 2012. E esse deprimente comparecimento dos progressistas às urnas explica em grande parte como Trump conseguiu garantir uma vitória eleitoral (apesar de ter perdido no voto popular).

Então talvez essa seja outra lição a tirar de 2016. O medo "do outro" pode ser uma força motriz para muitos dos apoiadores de partidos de extrema-direita, mas a "inclusão" do outro em um sistema inerentemente injusto não será poderosa suficiente para derrotar essas forças. Não foi inspiradora o bastante para entusiasmar a base democrata desmoralizada em 2016, nem para derrotar o Brexit, e não há motivos para acreditar que essa dinâmica vá mudar tão cedo.

Em vez disso, a grande tarefa diante de nós não é classificar nossas várias questões — identidade *versus* economia, raça *versus* gênero — nem que uma delas se sobreponha a todas as outras em uma espécie de luta de opressão dentro de uma jaula. É entender em nosso íntimo como essas formas de opressão se cruzam e apoiam umas às outras, criando o complexo suporte que permitiu que um bandido cleptocrata colocasse as mãos no cargo mais poderoso do mundo como se fosse a recepcionista de um clube de strip-tease.

"Capitalismo racial"

É um bom momento para lembrar que fabricar falsas hierarquias baseadas em raça e gênero a fim de impor um sistema de classes brutal é uma história muito longa. Nossa economia capitalista moderna nasceu graças a dois grandes subsídios: terras indígenas roubadas e pessoas africanas roubadas. Ambos exigiram a criação de teorias intelectuais que classificavam o valor relativo da vida e do trabalho humano, colocando os homens brancos no topo. Essas teorias de supremacia branca (e cristã) sancionadas pela Igreja e pelo Estado foram o que permitiu que as civilizações indígenas permanecessem ativamente "invisíveis" para os exploradores europeus — eram percebidas visualmente ao mesmo tempo que tinham seu direito preexistente à terra ignorado — e que continentes inteiros, amplamente habitados, fossem legalmente classificados como desocupados e, portanto, alvos legítimos de acordo com uma absurda fundamentação no estilo "achado não é roubado".

Esses mesmos sistemas de classificação humana foram empregados para justificar o sequestro, o aprisionamento e a tortura em massa de outros seres humanos para forçá-los a trabalhar naquelas terras roubadas, o que levou o teórico político Cedric Robinson a descrever a economia de mercado que deu origem aos Estados Unidos não como capitalismo simplesmente, mas como "capitalismo racial". O algodão e o açúcar colhidos pelos escravos africanos foram os combustíveis que impulsionaram a Revolução Industrial. A capacidade de descartar as pessoas de pele mais escura e as nações mais escuras a fim de justificar a apropriação de suas terras e de sua força de trabalho foi fundamental, e nada disso teria sido possível sem as teorias de supremacia racial que deram a todo o sistema moralmente corrupto uma cobertura de respeitabilidade legal. Em outras palavras, a economia nunca pôde ser dissociada da "política de identidade", certamente não em nações coloniais como os Estados Unidos — então por que subitamente o seria nos dias atuais?

Como a advogada dos direitos civis Michelle Alexander escreveu em seu livro *The New Jim Crow*, as políticas de hierarquia racial foram as cúmplices sempre presentes do sistema de mercado conforme ele evoluiu ao longo dos séculos. As elites nos Estados Unidos usaram a raça como uma ferramenta, escreve ela, "para destruir uma aliança multirracial de pessoas pobres", primeiro diante das rebeliões de escravos apoiadas por trabalhadores brancos, depois com as leis Jim Crow e mais tarde durante a assim chamada guerra contra as drogas. Toda vez que essas coalizões multiétnicas se tornaram poderosas o suficiente para ameaçar o poder corporativo, os trabalhadores brancos foram convencidos de que seus verdadeiros inimigos eram as pessoas de pele escura que estavam roubando seu emprego ou ameaçando sua vizinhança. E não houve maneira mais eficiente de convencer eleitores brancos a apoiar o corte de investimentos em escolas, sistemas de ônibus e bem-estar social do que dizer a eles (mesmo que não seja verdade) que a maior parte dos beneficiários desses serviços são as pessoas de pele mais escura, muitas delas imigrantes "ilegais", cujo objetivo é fraudar o sistema. Na Europa, fomentar o medo a respeito de como os imigrantes estão roubando empregos, explorando os serviços sociais e dilapidando a cultura desempenhou um papel catalisador similar.

Ronald Reagan desencadeou esse processo nos Estados Unidos com o mito de que "rainhas do bem-estar social" usando casacos de pele e dirigindo Cadillacs estavam colecionando cupons de comida e usando-os para patrocinar uma cultura do crime. E Trump não teve um papel pequeno nessa histeria. Em 1989, depois que cinco adolescentes negros e latinos foram acusados de estuprar uma mulher branca no Central Park, ele pagou anúncios de página inteira em diversos jornais diários de Nova York nos quais clamava pelo retorno da pena de morte. Mais tarde, os Cinco do Central Park foram inocentados por meio de testes de DNA e suas sentenças foram anuladas. Trump se recusou a se desculpar ou a se retratar por suas acusações. Não é de admirar, portanto, que seu Departamento de Justiça, sob a direção do procurador-geral Jeff Sessions, esteja alegando que os serviços sociais e a

O USURPADOR SUPREMO | 113

infraestrutura em cidades como Nova York e Chicago estão "desmoronando sob o peso da imigração ilegal e dos crimes violentos", desviando convenientemente o foco dos anos de negligência neoliberal e direcionando-o para a suposta necessidade de combater o crime e impedir essas cidades de se declararem "refúgios" para imigrantes.

Dividir e conquistar

Na verdade, nada contribuiu mais para ajudar a construir nossa atual distopia corporativa do que colocar, de maneira persistente e sistemática, a classe trabalhadora branca contra os negros, cidadãos contra imigrantes e homens contra mulheres. Supremacia branca, misoginia, homofobia e transfobia têm sido as defesas mais poderosas da elite contra a verdadeira democracia. Uma estratégia de dividir e aterrorizar, junto com regulamentações cada vez mais criativas com o objetivo de tornar o voto mais difícil para muitas minorias, é a única maneira de fazer avançar um plano político e econômico que beneficie uma parcela tão pequena da população.

Também sabemos pela história que os movimentos fascistas e de supremacia branca — embora possam estar sempre ardendo em segundo plano — têm muito mais chance de se tornarem incêndios incontroláveis durante períodos de contínuas dificuldades econômicas e declínio nacional. Essa é a lição da Alemanha de Weimar, que — devastada pela guerra e humilhada por sanções econômicas punitivas — se tornou presa fácil para o nazismo. Esse alerta deveria ter ecoado através dos tempos.

Depois do Holocausto, o mundo se uniu para tentar criar condições que impedissem que a lógica genocida se impusesse outra vez. Foi isso, combinado a uma significativa pressão vinda de baixo, que fundamentou a criação de generosos programas sociais por toda a Europa. As potências ocidentais adotaram o princípio de que as economias de mercado precisavam garantir dignidade básica suficiente para que cidadãos desiludidos não começassem a recorrer a bodes expiatórios ou ideologias extremistas.

Mas tudo isso foi descartado, e estamos permitindo que condições sinistras similares àquelas da década de 1930 sejam recriadas hoje. Desde a crise financeira de 2008, o Fundo Monetário Internacional (FMI), a Comissão Europeia e o Banco Central Europeu (conhecido como "troika") forçaram país após país a aceitar reformas no estilo "terapia de choque" em troca dos fundos de emergência dos quais precisavam desesperadamente. Para países como Grécia, Itália, Portugal e até mesmo França, eles disseram: "Claro, vamos ajudá-los, mas apenas em troca da sua humilhação abjeta. Apenas em troca de vocês abrirem mão do controle de seus assuntos econômicos, apenas se delegarem todas as decisões importantes para nós, apenas se privatizarem grande parte de sua economia, inclusive as partes da sua economia que são consideradas centrais para sua identidade, como suas riquezas minerais. Apenas se aceitarem cortes de salários, pensões e assistência médica." Há uma ironia ainda mais amarga nisso, porque o FMI foi criado depois da Segunda Guerra Mundial com o propósito expresso de evitar o tipo de punição econômica que fomentou tanto ressentimento na Alemanha após a Primeira Guerra Mundial. E, no entanto, foi parte atuante no processo que ajudou a criar condições para que partidos neofascistas ganhassem terreno na Grécia, na Bélgica, na França, na Hungria, na Eslováquia e em muitos outros países. Nosso sistema financeiro atual está espalhando humilhação econômica por todo o mundo e está tendo precisamente os efeitos sobre os quais o economista e diplomata John Maynard Keynes alertou um século atrás, quando escreveu que, se o mundo impusesse sanções econômicas punitivas à Alemanha, "a vingança, ouso prever, não vai tardar".

Eu entendo a urgência de resumir a eleição de Trump a apenas uma ou duas causas. Dizer que é tudo apenas uma expressão das forças mais horrendas dos Estados Unidos, que nunca desapareceram e começaram a rugir em primeiro plano quando um demagogo emergiu e tirou a máscara. Dizer que tudo gira em torno de raça, de um ódio cego diante da perda do privilégio branco. Ou dizer que tudo pode ser atribuído ao ódio às mulheres, já que o simples fato de Hillary Clinton ter sido derrotada por uma figura tão vil e ignorante quanto Trump é uma ferida que, para muitas mulheres, se recusa a cicatrizar.

No entanto, a redução da atual crise a apenas um ou dois fatores, com a exclusão de todos os outros, não vai nos deixar mais próximos de entender como derrotar essas forças agora ou na próxima vez. Se não tivermos ao menos um pouco de curiosidade sobre como todos esses elementos — raça, gênero, classe, economia, história, cultura — se entrelaçaram para produzir a atual crise, vamos, na melhor das hipóteses, ficar onde já estávamos quando Trump venceu. E não era um lugar seguro.

Porque já naquela época, antes de Trump, tínhamos uma cultura que trata tanto as pessoas quanto o planeta como lixo. Um sistema que extrai vidas inteiras de trabalho das pessoas e depois as descarta, sem proteção. Que trata milhões de pessoas, excluídas das oportunidades econômicas, como escória a ser atirada dentro de prisões. Que trata o governo como um recurso a ser minado em nome da riqueza privada, deixando apenas destroços para trás. Que trata a terra, a água e o ar que sustentam toda vida como se não passassem de um esgoto sem fundo.

A falta de amor como política

O escritor e intelectual Cornel West disse que "justiça é aquilo com o que o amor se parece em público". Com frequência penso que o neoliberalismo é aquilo com que a falta de amor se parece como política. Ele se parece com gerações de crianças, a maioria negras e pardas, sendo criadas em meio a uma paisagem inóspita. Se parece com as escolas infestadas de ratos em Detroit. Se parece com tubulações de água vazando chumbo e envenenando mentes jovens em Flint. Se parece com hipotecas executadas em casas que foram construídas para desabar. Se parece com hospitais precários que mais se assemelham a prisões — e prisões superlotadas que são o mais próximo que a humanidade pode chegar do inferno. Se parece com destruir a beleza do planeta como se não tivesse nenhum valor. É, em grande parte como o próprio Trump, ganância e indiferença encarnados.

Embora nosso modelo econômico global esteja falhando com a maior parte da população do planeta, não está falhando com todos igualmente.

O ódio que Trump e seu time estão ajudando a direcionar aos mais vulneráveis não é um projeto separado de sua pilhagem econômica em nome dos ultrarricos, seu golpe corporativo — o primeiro possibilita o segundo. O ódio racial e de gênero de Trump serve a um conjunto específico de objetivos altamente rentáveis, como os ódios baseados em identidade sempre fizeram.

Felizmente, as formações políticas populares que crescem mais rápido em nossa era — do movimento para pôr fim à violência contra as mulheres ao Movimento pelas Vidas dos Negros, de trabalhadores demandando um salário digno a movimentos pelos direitos dos nativos e justiça climática — estão rejeitando a abordagem de uma causa única. Eles adotaram o enquadramento da "interseccionalidade" articulado por Kimberlé Williams Crenshaw, feminista e defensora dos direitos civis. Isso significa identificar como múltiplas questões — raça, gênero, renda, sexualidade, capacidade física, status imigratório e língua — se cruzam e se sobrepõem na experiência de vida de um indivíduo e também dentro das estruturas de poder.

O governo Trump não escolhe entre aumentar o poder da lei e da ordem, atacar os direitos reprodutivos das mulheres, intensificar conflitos internacionais, usar imigrantes como bodes expiatórios, dar início a um furor por combustíveis fósseis ou desregulamentar a economia para atender os interesses dos super-ricos. Eles estão avançando em todas essas frentes (e outras) ao mesmo tempo, pois as consideram parte de um único projeto: "Tornar a América grande de novo."

É por isso que qualquer oposição que se proponha seriamente a enfrentar Trump ou outras forças de extrema-direita como ele no mundo deve abraçar a tarefa de contar uma nova história sobre como viemos parar aqui, neste perigoso momento. Uma história que mostre de maneira convincente o papel desempenhado pelas políticas de divisão e separação. Separações por raça. Separações por classe. Separações por gênero. Separações por nacionalidade.

E uma falsa separação entre os humanos e o mundo natural.

Só então vai ser possível nos unirmos de fato para que conquistemos o mundo de que precisamos.

CAPÍTULO SEIS

A POLÍTICA ODEIA O VÁCUO

Houve muitos momentos sombrios na curta presidência de Trump até agora, de conferências a luz de velas para discutir mísseis balísticos em Mar-a-Lago a tweets irados e sem filtro sobre lojas de departamento. Porém, de uma perspectiva de resistência, ainda é difícil superar o ponto baixo atingido durante o primeiro dia inteiro de Trump na presidência, na segunda-feira após a posse. Foi quando um sorridente grupo de líderes sindicais americanos saiu da Casa Branca e foi até um grupo de câmeras a sua espera para declarar sua lealdade a Donald Trump.

Sean McGarvey, presidente dos Sindicatos de Trabalhadores da Construção Civil da América do Norte, informou que Trump tinha levado a delegação representando mais de meia dúzia de sindicatos para conhecer o Salão Oval, demonstrando um nível de respeito "nada menos que incrível". Mais elogios vieram de Doug McCarron, presidente da United Brotherhood of Carpenters. Ele descreveu o discurso inaugural de Trump — considerado por muitos uma beligerante saraivada de tweets falados — como "um grande momento para trabalhadores e trabalhadoras".

Foi difícil assistir. Trump já estava travando uma guerra contra os trabalhadores mais vulneráveis da economia, e havia rumores de cortes orçamentários tão draconianos que significariam demissões em massa de trabalhadores do setor público, como os motoristas de ônibus. Então por que esses líderes trabalhistas, que representavam cerca de um quarto de todos os trabalhadores sindicalizados dos Estados Unidos, estavam quebrando o princípio mais sagrado do movimento sindical: solidariedade com outros trabalhadores? A maioria dos sindicatos cujos líderes fizeram um tour pela Casa Branca tinha sido leal aos democratas durante anos. Por que escolher aquele momento, quando tantos estavam sofrendo, para cobrir Donald Trump de elogios?

Bem, eles explicaram que parte do seu pacto com o demônio tinha a ver com os planos energéticos de Trump — todos aqueles oleodutos. E parte tinha a ver com a promessa de Trump de investir em infraestrutura (embora não tenha ficado explícito, eles podem até mesmo ter ficado animados com a possibilidade de um gasto de 21 bilhões de dólares no muro na fronteira com o México). Entretanto, o fator decisivo, os líderes sindicais deixaram claro, foi que ali estava, finalmente, um presidente que os defenderia do livre comércio.

De fato, Trump não desperdiçou nem um segundo nessa frente de batalha. Naquele mesmo dia, pouco depois de se reunir com a delegação dos sindicatos, ele assinou um decreto retirando os Estados Unidos da Parceria Transpacífico, o acordo comercial entre onze países que ele criticara durante a campanha, dizendo que era o "estupro do nosso país". Durante a cerimônia de assinatura na qual os Estados Unidos deixaram oficialmente a Parceria, Trump anunciou: "Vai ser ótimo para o trabalhador americano."

Na sequência, algumas pessoas me escreveram para me perguntar se isso poderia ser um lado bom do governo Trump. Não era bom que os acordos comerciais que muitos progressistas vinham criticando havia décadas estivessem agora prestes a ser revogados ou, como o Tratado Norte-Americano de Livre Comércio (Nafta), marcados para serem reabertos e renegociados a fim de "trazer os empregos de volta"? Eu compreendo o desejo de encontrar lados positivos no caos diário que se desenrola na Casa Branca. Mas os acordos comerciais de Trump não são um deles.

Tudo isso me lembra de todos os falcões liberais que apoiaram a invasão do Iraque comandada por George W. Bush porque a guerra coincidia com seus desejos de livrar os iraquianos de Saddam Hussein — o argumento de "intervenção humanitária". Não havia nada no histórico ou na visão de mundo de Bush e Cheney que sugerisse que haveria algo democrático ou humanitário em sua invasão e ocupação do Iraque — e, de fato, a ocupação se tornou rapidamente palco de mortes e torturas cometidas por militares americanos e funcionários de empresas que prestavam serviço para o Exército americano, além dos lucros astronômicos com a guerra. Então, considerando o histórico de Trump, o tratamento que ele dispensa a seus próprios funcionários, as nomeações que fez e as políticas a favor das corporações que implementou, por que alguém deveria acreditar que a forma como ele vai renegociar acordos comerciais ou "trazer os empregos de volta" vai beneficiar de alguma forma os trabalhadores ou o ambiente?

Em vez de esperar que Trump vá se transformar magicamente em Bernie Sanders e escolher uma esfera na qual seja um verdadeiro defensor de qualquer pessoa que não seja parente dele, faríamos muito melhor em nos concentrar nas perguntas difíceis sobre como foi possível que uma gangue de plutocratas sem escrúpulos, com um desprezo declarado pelas regras democráticas, se apropriasse indevidamente de uma questão como o livre comércio corporativo para começar.

Guerra fiscal e regulatória

Trump fez dos acordos comerciais sua questão emblemática por duas razões. A primeira, bem evidente naquele dia na Casa Branca, é que se trata de uma excelente maneira de roubar votos dos democratas. O analista de direita Charles Krauthammer — nem um pouco fã de sindicatos — declarou à Fox News que a calorosa reunião de Trump com os sindicatos foi um "grande ato de apropriação política".

A segunda razão é que Trump — que, sabemos, acredita em sua própria função política de supernegociador — afirmou ser capaz de negociar acordos melhores do que os de seus predecessores. Mas eis a armadilha: com "melhor" ele não quer dizer melhor para os trabalhadores sindicalizados e certamente não melhor para o ambiente. Ele quer dizer melhor no mesmo sentido que sempre quer dizer "melhor" — melhor para ele mesmo e para seu império corporativo, melhor para os banqueiros e executivos da indústria do petróleo que compõem sua administração. Em outras palavras, as regras comerciais, se Trump conseguir o que pretende, estão prestes a ficar bem piores para as pessoas comuns não apenas nos Estados Unidos, mas em todo o mundo.

Basta ver o que Trump fez desde que assumiu o governo. No mesmo dia em que bajulou os líderes sindicais fazendo com eles um tour privado, também se reuniu com líderes empresariais, aos quais anunciou planos de cortar as regulamentações em 75 por cento, além de reduzir os impostos para as empresas a 15 por cento. São os trabalhadores que pagam o preço por políticas assim. Sem regulamentações, seus empregos se tornam mais inseguros, com mais danos laborais, e são os trabalhadores que usam os serviços que estão sofrendo reduções a fim de compensar os cortes de impostos para os mais ricos. Trump já faltou com a palavra em sua promessa de garantir que o oleoduto Keystone XL seria construído com aço americano, uma primeira indicação da profundidade de seu comprometimento com o lema "Compre produtos americanos, contrate americanos".

Também há todas as razões para suspeitar que os planos de seu governo de atrair indústrias de volta para os Estados Unidos vão se basear na revogação de muitas das proteções que os sindicatos conquistaram no último século — incluindo as proteções existentes para o direito de negociar coletivamente. Muitos em torno de Trump se esforçaram para tornar mais difícil a organização dos sindicatos, particularmente com a chamada lei "right-to--work" (que assegura o direito aos empregados que decidam se querem ou não se filiar ao sindicato de sua classe), e com os republicanos no controle da Câmara e do Senado essa prioridade vai permanecer na agenda.

A longa lista de presentes que a administração Trump já deu aos empresários americanos deixa claro que a estratégia de Trump para "tornar a América grande de novo" retomando a produção industrial é tornar a produção americana *barata* novamente. Sem todas aquelas regulamentações irritantes, com impostos muito mais baixos para as empresas, com a grande ofensiva de Trump contra as proteções ambientais, os trabalhadores americanos de fato vão ficar mais próximos de competir, em termo de custos, com trabalhadores de países onde a mão de obra é barata, como o México.

Trump nos disse tudo que precisávamos saber sobre sua atitude em relação aos trabalhadores com sua primeira escolha para secretário do Trabalho, o cargo governamental cuja principal tarefa supostamente seria proteger os trabalhadores americanos. Ele escolheu Andrew Puzder. A nomeação acabou fracassando, mas foi tão escandalosa que vale a pena recordá-la como indicadora das intenções de Trump. Puzder é presidente de um império de restaurantes que inclui as cadeias de *fast-food* Hardee's e Carl's Jr., e é amplamente considerado um dos empregadores mais abusivos do país. Dezenas de processos judiciais alegam que sua empresa e suas franquias deixaram de pagar aos empregados as horas extras e outras atividades, levando a indenizações milionárias. O termo correto para isso é *apropriação salarial*. Ele também devaneou publicamente sobre os benefícios de trabalhar com máquinas em vez de pessoas: "Elas nunca tiram férias, nunca chegam atrasadas, nunca há casos de acidente de trabalho nem de discriminação por idade, sexo ou raça", disse à *Business Insider*. Líder da minoria no Senado, Charles Schumer disse que Puzder, cuja fortuna é estimada em 45 milhões de dólares, é "provavelmente a escolha mais antitrabalhadores" de todas. O que a admiração de Trump por Puzder sugere é que seu verdadeiro plano para trazer de volta as indústrias é suprimir direitos, salários e proteções de tal forma que trabalhar em uma fábrica vai ser bem parecido com trabalhar em um restaurante Hardee's como empregado de Andrew Puzder. Em outras palavras, é mais um plano para tirar dos vulneráveis para beneficiar os já escandalosamente ricos.

O que estamos testemunhando não é de maneira nenhuma um lado positivo. É o empurrão para a linha de chegada na "guerra fiscal e regulatória" que os que se opõem a esses acordos comerciais corporativos sempre temeram.

Sim, é possível tornar acordos comerciais ruins ainda piores

Trump não está planejando eliminar as partes dos acordos comerciais que são mais prejudiciais para os trabalhadores — as partes, por exemplo, que proíbem políticas destinadas a favorecer a produção local em detrimento da produção estrangeira. Ou as partes que permitem que as corporações processem o governo federal caso aprove leis — incluindo leis destinadas a criar empregos e proteger os trabalhadores — que os empresários considerem que estão interferindo injustamente em seu lucro.

Ao contrário das promessas de campanha de penalizarem as empresas que transferissem a produção para fora dos Estados Unidos, o verdadeiro plano parece ser *expandir* as proteções para as empresas que transferirem sua produção para o exterior. Isso não é especulação. Com apenas dois meses no governo, vazou o rascunho de uma carta do governo comunicando o Congresso de sua intenção de renegociar o Tratado Norte-Americano de Livre Comércio (Nafta). De acordo com uma análise do Observatório de Comércio Global da Public Citizen, o governo planeja pegar os piores elementos da Parceria Transpacífico e acrescentá-los ou reforçá-los no Nafta — sem nem ao menos encostar na linguagem que nega aos Estados Unidos o direito de implementarem regras sobre "comprar produtos americanos". Como Lori Wallach, diretora do Observatório de Comércio Global, explicou: "Para aqueles que acreditaram na promessa de Trump de tornar o Nafta 'muito melhor' para os trabalhadores, é um tapa na cara".

Uma das partes mais insidiosas de qualquer acordo comercial é a proteção agressiva que eles conferem a patentes e marcas registradas, o que com frequência coloca medicamentos essenciais e tecnologias cruciais fora do alcance das pessoas pobres. Os Trump construíram um império global que depende, acima de tudo, de deter marcas registradas e licenciamentos e mantê-los fortemente protegidos — então podemos esperar que as partes dos acordos que se referem à propriedade intelectual se tornem mais nocivas, não menos.

A prova mais contundente dos planos de Trump é a pessoa que ele escolheu para supervisionar suas negociações comerciais. Seu secretário de Comércio é Wilbur Ross, ex-banqueiro e especulador bilionário que fez fortuna adquirindo empresas e reestruturando-as para torná-las mais lucrativas — feito quase invariavelmente realizado por meio de demissões e da transferência da produção para locais onde os custos são mais baixos.

Em 2004, por exemplo, ele comprou a Cone Mills, empresa têxtil americana. Depois de menos de uma década de reestruturação, fusões e terceirização, a força de trabalho americana em uma das fábricas na Carolina do Norte caiu de mais de 1.000 para apenas 300 funcionários, enquanto Ross expandia a produção na China e no México.

Deixar um diretor-executivo como Ross encarregado do comércio é só mais um exemplo do golpe corporativo — eliminar qualquer pretensão de um mediador governamental neutro e em vez disso deixar as empresas diretamente encarregadas do estágio final da dizimação da esfera e dos interesses públicos.

Se esse plano de governo se realizar por completo, os trabalhadores nos Estados Unidos vão se ver com menos proteções do que já tiveram em qualquer momento desde os pesadelos dickensianos da Era Dourada.

Mas a resistência está crescendo. Andrew Puzder foi forçado a desistir da nomeação para secretário do Trabalho, em parte por causa de protestos de trabalhadores do setor de restaurantes por todo o país. E, quando Trump foi convidado a falar em uma convenção diante de dois mil membros do Sindicato da Construção Civil da América do Norte, a organização que o enaltecera na Casa Branca, um grupo de trabalhadores decidiu que estava farto da decisão de seu sindicato de se aproximar do "bilionário-chefe". Quando Trump se dirigiu ao salão cheio de membros de sindicatos, eles se levantaram, deram as costas para ele e ergueram cartazes que diziam #RESISTIR, até serem retirados pelos seguranças.

Nem todos os sindicatos caíram no engodo comercial de Trump. A maioria dos líderes trabalhistas, particularmente aqueles que representam a mão de obra multirracial — incluindo a National Nurses United, sindicatos que representavam os trabalhadores do transporte público, e a União Internacional dos Trabalhadores de Serviços —, acha que Trump representa uma ameaça existencial ao seu movimento e estão se manifestando nesse sentido. Ainda assim, a questão anterior permanece: como a postura claramente absurda de Trump como defensor do trabalhador pode ter encontrado

124 | ONDE ESTAMOS AGORA

um público receptivo em uma parte substancial do movimento trabalhista dos Estados Unidos, para começar?

Uma boa parte da resposta tem a ver com o fato de que grande parte de seu campo de batalha político foi cedida à direita pelos liberais.

Lembrando um poderoso movimento global

Na década de 1990, eu era parte de um movimento global cujo objetivo era alertar que os acordos corporativos de livre comércio e o modelo de comércio global que eles precipitaram estavam levando a um nível de expropriação humana e destruição ambiental que rapidamente se tornariam insustentáveis. Era um movimento multigeracional que compreendia dezenas de países e setores, reunindo organizações sem fins lucrativos, anarquistas radicais, comunidades indígenas, igrejas, sindicatos e muito mais. Era confuso, ideologicamente rudimentar, imperfeito — mas também foi grande e, durante um tempo, poderoso o suficiente para obter algumas vitórias importantes.

De fato, esteve perto de ser, de algumas maneiras significativas, o tipo de coalizão ampla necessária no presente momento para enfrentar a direita pseudopopulista. Então agora parece um bom momento para analisar as lições da ascensão — e queda — do nosso movimento. Porque se tivesse sido capaz de traduzir seu poder nas ruas em mais vitórias políticas seria impensável que Trump e seu gabinete corporativo fizessem uso da revolta em relação às regras injustas do comércio global e se cobrissem com o manto do "comércio justo".

No fim da década de 1990 e início dos anos 2000, de Londres a Gênova, Mumbai, Buenos Aires, Quebec e Miami, nenhuma reunião de alto escalão com o objetivo de fazer avançar os planos da economia neoliberal era realizada sem que houvesse manifestações de oposição. Foi o que aconteceu em Seattle durante uma cúpula da Organização Mundial do Comércio (OMC), quando a cidade foi completamente bloqueada por manifestantes,

A POLÍTICA ODEIA O VÁCUO | 125

inviabilizando as reuniões. O mesmo aconteceu alguns meses depois, nas reuniões anuais do Fundo Monetário Internacional e do Banco Mundial em Washington, e em cúpulas para avançar com a Área de Livre Comércio das Américas, um acordo que teria se estendido do Alasca à Terra do Fogo. E esse movimento não era pequeno: em julho de 2001, cerca de 300 mil pessoas foram às ruas de Gênova durante uma reunião do G8.

Ao contrário dos movimentos hipernacionalistas de direita atuais que protestam contra o "globalismo", nosso movimento tinha orgulho de ser internacional e internacionalista, usando a novidade de uma ainda jovem internet para se organizar com facilidade além de fronteiras nacionais, on--line e cara a cara. Encontrando uma base comum no fato de que aqueles acordos estavam aumentando as desigualdades e saqueando a esfera pública em todos os nossos países, demandamos a abertura das fronteiras para as pessoas, a liberação de medicamentos, sementes e tecnologias cruciais de proteções restritivas de patente, e muito mais controle sobre as corporações.

Em sua essência, o movimento era em defesa de uma profunda democracia, do local ao global, e se opunha ao que costumávamos chamar de "domínio corporativo" — um enquadramento mais relevante hoje do que nunca. Nossa objeção obviamente não era ao comércio; as culturas sempre comercializaram produtos entre as fronteiras, e sempre vão comercializar. Nossa objeção era à forma pela qual instituições transnacionais estavam usando os acordos comerciais para globalizar políticas em favor das corporações, que eram extremamente rentáveis para um pequeno grupo de indivíduos, mas que estavam devorando de forma constante grande parte do que costumava ser público e de uso comum: sementes, direito a água, sistema público de saúde e muito mais.

Uma das primeiras lutas que tipificou o que estava em jogo envolveu a cidade boliviana de Cochabamba e a empresa americana Bechtel. Como parte do movimento para privatizar os serviços da cidade, a Bechtel fechou um contrato para administrar o sistema de distribuição de água local. O resultado foi que os preços deste que é um serviço essencial dispararam, e passou até mesmo a ser ilegal recolher água da chuva sem permissão especial. Os moradores de Cochabamba se revoltaram no que ficou conhecido como "a Guerra da Água" e expulsaram a Bechtel do país. Mas em seguida a Bechtel deu meia-volta e processou a Bolívia, exigindo o pagamento de 50 milhões de dólares por danos e receita perdida. Então, mesmo que as pessoas estivessem lutando por seus direitos democráticos no que dizia respeito àquela corporação, ainda estavam vulneráveis a alegações brutais em uma corte comercial, motivo pelo qual encarávamos a política comercial como uma luta fundamental entre democracia e oligarquia.

Qualquer um que estivesse atento durante os primeiros meses de Trump no governo ou que tenha reparado nas pessoas de quem ele escolheu se cercar sabe que ele não vai reverter essas tendências, e sim acelerá-las.

Caminhoneiros e tartarugas – Finalmente juntos!

Uma área de preocupação era como esses acordos estavam levando a perdas devastadoras de postos de trabalho, deixando para trás cinturões de ferrugem[5] de Detroit a Buenos Aires, enquanto empresas como a Ford e a Toyota procuravam locais onde a produção era cada vez mais barata. Mas a maior parte de nossa oposição não era ao protecionismo no estilo de Trump; estávamos tentando conter o começo do que já se parecia com uma guerra fiscal e regulatória, uma nova ordem mundial que estava tendo um impacto negativo sobre os trabalhadores e o meio ambiente em todos os países. Defendíamos um modelo de comércio que começaria com o imperativo de proteger as pessoas e o planeta, o que era crucial naquela época — e é urgente agora.

O movimento estava até mesmo começando a vencer. Derrotamos a proposta apresentada para a Área de Livre Comércio das Américas. Levamos

---

5. O cinturão de ferrugem é uma região dos Estados Unidos que vai dos Grandes Lagos ao Meio-Oeste cuja economia se baseava principalmente na indústria pesada. A ferrugem é uma referência à desindustrialização que, em meados do século XX, levou ao declínio econômico, à perda populacional e à decadência urbana. (*N. da T.*)

as negociações da Organização Mundial do Comércio a um impasse. E o Banco Mundial e o Fundo Monetário Internacional não podiam mais falar em público de "ajustes estruturais" no sentido de impor o neoliberalismo à força aos países pobres.

Em retrospecto, uma das razões do nosso sucesso foi que paramos de nos fixar em nossas diferenças e nos unimos para além de setores e fronteiras nacionais a fim de lutar por um objetivo comum. Houve muitos conflitos a respeito das táticas, e entre os ambientalistas e sindicalistas ainda havia grandes áreas de discordância. Apesar disso, no entanto, nas ruas de Seattle estavam sindicatos como o dos caminhoneiros marchando ao lado de ambientalistas sob a bandeira *Caminhoneiros e Tartarugas — Finalmente juntos!*

Há uma grande distância entre isso e aqueles líderes sindicais em frente à Casa Branca aplaudindo Trump.

Tirados do caminho por um choque

Então o que diabos aconteceu?

A resposta curta é: o choque aconteceu. Os ataques do 11 de Setembro e toda a era da assim chamada Guerra ao Terror basicamente varreram nosso movimento do mapa na América do Norte e na Europa — experiência que me fez dar início a uma exploração dos usos (e abusos) políticos das crises que domina meu interesse desde então.

É claro que o movimento nunca desapareceu por completo, e muitas organizações e boas pessoas continuaram a trabalhar diligentemente para alertar sobre novos acordos comerciais injustos. Na América Latina, forças de oposição assumiram o governo em países como Bolívia e Equador e estabeleceram suas próprias redes de "comércio justo". No Hemisfério Norte, porém, deixamos rapidamente de ser um movimento de massa que não podia ser ignorado e que mudou o rumo da conversa em dezenas de países. Depois do 11 de Setembro de 2001, de repente nos vimos sob ataque

128 | ONDE ESTAMOS AGORA

de políticos e comentaristas da mídia que equiparavam protestos desordeiros contra as corporações (e, sim, houve conflitos com a polícia e vitrines de lojas quebradas) às forças dementes que tinham planejado os ataques ao World Trade Center. Era uma comparação torpe, completamente infundada. Mas não importava.

Nosso movimento sempre tinha sido uma enorme tenda — um "movimento de movimentos", como o chamávamos (expressão que voltou a figurar no léxico). Mas depois do 11 de Setembro, grandes partes da coalizão ficaram assustadas com a retórica do "conosco ou com os terroristas". As organizações sem fins lucrativos que dependem de grandes fundações tiveram medo de perder seu financiamento e recuaram, assim como alguns importantes sindicatos. Quase da noite para o dia, as pessoas voltaram para suas caixas de causas únicas, e aquela incrível (ainda que imperfeita) aliança intersetorial que tinha unido uma diversidade tão grande de pessoas sob a bandeira da defesa da democracia praticamente desapareceu. Isso deixou um vácuo que acabou sendo ocupado por Trump e partidos de extrema-direita na Europa, que exploraram a raiva justificada diante da perda de controle para instituições transnacionais inimputáveis, dirigindo-a a imigrantes, a muçulmanos e a quem quer que fosse um alvo fácil, e levaram o projeto de domínio corporativo para águas novas e inexploradas.

Muitos permaneceram ativos nesse período e se juntaram a outras coalizões amplas, que em comparação, no entanto, eram pouco consistentes e estratégicas: "Derrotar Bush", "Parar a Guerra". Uma análise mais profunda das forças da economia global contra as quais todos lutávamos, não importava qual partido estivesse no poder, foi em grande parte perdida.

Vácuo, conheça Trump

É importante que nos lembremos disso porque há um risco real hoje de repetirmos esses erros, de nos unirmos em torno de demandas com o menor denominador comum como "Derrubar Trump" ou "Eleger Democratas" e,

A POLÍTICA ODEIA O VÁCUO | 129

no processo, deixemos de nos focar nas condições e políticas que permitiram a ascensão de Trump e estão alimentando o crescimento de partidos de extrema-direita em todo o mundo. Uma coisa que sabemos com certeza depois dos anos com Bush no governo é que não basta dizer *não*.

Nunca vou me esquecer de que, apenas alguns dias depois dos ataques do 11 de Setembro, o *National Post* — um jornal de direita do Canadá — publicou uma matéria cuja manchete dizia: A Antiglobalização é Coisa do Passado. Eles mal podiam esperar para enterrar nosso movimento. Mas estavam redondamente enganados — não há nada de "passado" no alerta que soamos. A dor e o deslocamento não desapareceram só porque a mídia decidiu que era hora de falar sobre terrorismo 24 horas por dia, sete dias por semana.

Ao contrário, as crises se aprofundaram, forçando milhões a deixar suas casas em busca de uma vida melhor. Um estudo de 2017 realizado pelo Center for Economic and Policy Research concluiu que a pobreza no México aumentou desde a implementação do Nafta, em 1994, com 20 milhões de pessoas a mais agora vivendo na pobreza, um importante fator para motivar a migração de mexicanos para os Estados Unidos. Enquanto isso, na América do Norte e na Europa, os trabalhadores brancos foram ficando cada vez mais irritados por terem suas vozes ignoradas, o que abriu espaço para que demagogos como Trump surgissem e voltassem a raiva dos trabalhadores para longe de plutocratas como ele, que tinham lucrado tão abundantemente com as oportunidades de terceirização proporcionadas por esses acordos, e na direção dos imigrantes mexicanos, vítimas das mesmas políticas que estavam esvaziando suas comunidades, exatamente os mesmos acordos ruins.

Foi esse espaço que a campanha do Brexit usurpou, com seu slogan "Retomar o controle!". E é a mesma raiva a que a francesa Marine Le Pen, da Frente Nacional, de extrema-direita, se dirige quando diz para multidões que a globalização significou "fabricar por meio de escravos para vender a desempregados". Em todo o mundo, forças de extrema-direita estão ganhando terreno ao explorar o poder do nacionalismo nostálgico e a raiva dirigida a burocracias econômicas remotas — seja Washington, o Nafta, a OMC ou a União Europeia — e combiná-los a racismo e xenofobia, oferecendo uma ilusão de controle por meio do esmagamento dos imigrantes, da difamação dos muçulmanos e da degradação das mulheres.

É uma combinação tóxica que poderia ter sido evitada. Confrontar as crueldades de um sistema projetado por e para os interesses dos mais ricos do planeta é um território que pertence legitimamente à esquerda. Mas a dura verdade é que, depois do 11 de Setembro, grandes partes do lado progressivo do espectro político ficaram assustadas, e isso deixou o espaço econômico-populista vulnerável a abusos. A política odeia o vácuo; se ele não é preenchido com esperança, alguém vai preenchê-lo com medo.

A boa notícia é que a coalizão progressista contrária ao livre-comércio finalmente começou a se recuperar nos últimos anos. Na Europa — especialmente na Alemanha, na França e na Bélgica —, tem havido uma grande onda recente de sindicatos e ambientalistas se unindo para fazer oposição aos acordos comerciais corporativos com Estados Unidos e Canadá. Bernie Sanders, enquanto isso, declarou-se vigorosamente contra a Parceria Transpacífico, criticando-a como "parte de uma guerra fiscal e regulatória destinada a aumentar os lucros de grandes empresas e de Wall Street por meio da terceirização de empregos; da retirada dos direitos dos trabalhadores; do desmantelamento das leis trabalhistas, ambientais, financeiras, de saúde e segurança alimentar; e da permissão para que as corporações questionem nossas leis em tribunais internacionais em vez de nosso próprio sistema judiciário".

Se Sanders tivesse concorrido contra Trump com essa mensagem, poderia muito bem ter conseguido os votos de alguns dos trabalhadores brancos e latinos que acabaram votando no candidato republicano em 2016. Mas Sanders não concorreu à presidência contra Trump — Hillary Clinton, sim. E com seu longo histórico de apoiar e negociar pessoalmente justo esse tipo de acordo, ela não teve credibilidade quando os criticou durante a campanha. Sempre que tentava, era mais uma oportunidade de caracterizá-la como uma típica política desonesta.

Os riscos de ceder o terreno populista

Cansados das traições, alguns eleitores deixaram de lado os partidos centristas e votaram em pretensos "intrusos" e "insurgentes" como Trump. Muitos mais em todo o mundo simplesmente desistiram e ponto — ficando em casa durante as eleições, desinteressando-se das políticas eleitorais, convencidos de que todo o sistema está viciado e nunca vai ajudar a melhorar suas vidas. Esse fenômeno foi mais evidente nos Estados Unidos nas eleições de 2016, quando, apesar de cobertura ampla e sem precedentes, apesar da presença de um demagogo extravagante e perigoso na disputa e apesar da chance de fazer história ao votar na primeira presidente mulher, aproximadamente 90 milhões de americanos com idade e direito de votar deram de ombros e decidiram ficar em casa em vez de irem às urnas. Muito mais eleitores potenciais decidiram não votar — cerca de 40 por cento — do que os que votaram de fato em Hillary Clinton ou Donald Trump, que tiveram cada um cerca de 25 por cento dos votos do total de eleitores aptos. É um nível assombroso de desmobilização em uma democracia.

O que nos leva de volta aos líderes trabalhistas na Casa Branca. Sim, foi um pacto com o demônio. Mas o simples fato de que esses líderes sindicais estavam dispostos a se alinhar com um governo tão retrógrado quanto o de Trump reflete a negligência e o desprezo sistêmicos em relação aos trabalhadores que caracterizaram tanto o Partido Democrata quanto o Partido Republicano durante décadas.

Não, Oprah e Zuckerberg não vão nos salvar

O caminho de Trump até a Casa Branca foi em parte pavimentado por dois homens estimados por muitos liberais americanos: Bill Clinton e Bill Gates. Isso pode parecer contraintuitivo, mas acredite em mim.

Donald Trump se apresentou ao mundo e proclamou que tinha uma qualificação para ser presidente: *Sou rico*. Mais especificamente, ele disse: "Parte da vantagem a meu respeito é o fato de que sou muito rico." Ele apresentou sua riqueza como prova de que era "muito esperto", e na verdade superior em todos os sentidos. Os poderes que emanavam do simples fato de ele ter acumulado tanto dinheiro (quanto, exatamente, não sabemos) eram tão mágicos que certamente compensariam a completa inexperiência política e a falta dos conhecimentos históricos e administrativos mais básicos. Uma vez na presidência, ele estendeu essa lógica para outros membros do clube dos super-ricos, enchendo seu governo de indivíduos cuja única qualificação para ocupar um cargo público era sua enorme, e muitas vezes herdada, riqueza.

Acima de tudo, Trump estendeu a equação da riqueza com poderes mágicos a membros de sua própria família dinástica, concedendo a seu genro Jared Kushner (um magnata do mercado imobiliário que já nasceu multimilionário) um portfólio tão cheio de importantes responsabilidades que rapidamente se tornou uma piada na mídia. Ao listar suas atribuições até o momento — mediar a paz no Oriente Médio, planejar a cúpula com a China em Mar-a-Lago, monitorar as atividades dos Estados Unidos no Iraque, ordenar ataques com drones no Iêmen, fazer com que o governo seja administrado mais como um negócio —, o colunista do *New York Times* Frank Bruni questionou: "Por que simplesmente não damos a ele uma capa vermelha, fazemos com que vista um traje de lycra com um S estilizado no peito e acabamos logo com isso? Super Jared levantou voo."

Seria reconfortante se pudéssemos fixar esse complexo de "bilionário salvador" no cérebro perturbado pelo Twitter de Trump, ou em seus conselheiros na Heritage Foundation, com sua adoração à la Ayn Rand pela "livre iniciativa" e por homens que constroem coisas altas. Mas o fato é que Trump e Kushner não são os primeiros a imaginar que sua grande fortuna lhes confere superpoderes dignos de heróis da Marvel, nem os primeiros a serem encorajados em seus delírios.

Durante as duas últimas décadas, liberais de elite têm recorrido à classe dos bilionários a fim de resolver os problemas que costumávamos enfrentar por meio de ações coletivas e um forte setor público, fenômeno por vezes chamado de "filantrocapitalismo". Diretores-executivos e celebridades

A POLÍTICA ODEIA O VÁCUO | 133

bilionários — Bill Gates, Richard Branson, Michael Bloomberg, Mark Zuckerberg, Oprah, e sempre, por alguma razão, Bono — são tratados não como pessoas normais talentosas em sua área de atuação e ao mesmo tempo boas em ganhar muito dinheiro, e sim como semideuses. Em 2011, a *Business Insider* publicou uma lista com o título "10 coisas que Bill Gates está fazendo para salvar o mundo", uma perfeita destilação dos enormes poderes e responsabilidades atribuídos a um pequeno grupo e suas fundações beneficentes e projetado neles.

A Fundação Gates sozinha vale 40 bilhões de dólares, o que faz dela a maior organização beneficente do mundo. Em setores importantes, incluindo agricultura na África, doenças infecciosas e o sistema educacional dos Estados Unidos, o poder da fundação rivaliza com os das mais importantes agências das Nações Unidas e do governo americano. Ainda assim, apesar dessa influência sem precedentes, o funcionamento interno da fundação é notoriamente reservado, com as decisões mais importantes sendo tomadas por Bill, sua mulher, Melinda, seu pai, William Gates, e seu colega multibilionário Warren Buffett (uma política de contratações nepotistas digna dos Trump). E vale lembrar que Gates nem sempre foi visto como um salvador do mundo. Na verdade, na década de 1990, ele era considerado por muitos um vilão corporativo, conhecido por práticas laborais exploratórias e por construir o que parecia ser um monopólio de software predatório. Então, com uma velocidade comparável à do Flash, ele se reinventou como um super-herói global, capaz de resolver sozinho as crises sociais mais difíceis. Não importa que Gates não tenha nenhum conhecimento específico sobre as áreas em questão ou que muitas das soluções mágicas da Fundação Gates tenham tido péssimos resultados.

Gates e seus companheiros bilionários salvadores do mundo são parte do que passou a ser conhecido como "a classe de Davos", designação em homenagem ao Fórum Econômico Mundial, realizado no topo de uma montanha em Davos, na Suíça. Trata-se da rede hiperconectada de executivos da área de tecnologia e banqueiros bilionários, líderes eleitos que estão alinhados com esses interesses e celebridades de Hollywood que fazem a coisa toda parecer insuportavelmente glamourosa. No fórum de 2017 em Davos, por exemplo, Shakira falou sobre seu trabalho beneficente na área da educação na Colômbia, e o chef celebridade Jamie Oliver discutiu seus planos para combater a diabetes e a obesidade. Gates se destacou, como sempre, ao anunciar, com outros parceiros, um novo fundo de 460 milhões de dólares para combater a proliferação de doenças infecciosas.

O poder da classe de Davos explodiu na década de 1990, com o presidente americano Bill Clinton e o primeiro-ministro britânico Tony Blair como membros fundadores. Depois que deixaram seus cargos, tanto Blair quanto Clinton mantiveram seu envolvimento. A Fundação Clinton instituiu a Clinton Global Initiative, uma espécie de "Davos no Hudson" com um desfile contínuo de oligarcas que, em vez de pagarem seus impostos em uma proporção justa, compartilhavam publicamente seus planos de consertar o mundo motivados pela bondade de seus corações.

Para muitos, a Fundação Clinton era a personificação da fusão pública do Partido Democrata — o partido tradicional dos trabalhadores e sindicatos — com os interesses dos mais ricos do mundo. Sua missão pode ser resumida da seguinte forma: há tanta riqueza privada espalhada pelo nosso planeta que todos os problemas do mundo, não importa quão grandes sejam, podem ser resolvidos convencendo os ultrarricos a fazer a coisa certa com os trocados que têm sobrando. Naturalmente, as pessoas responsáveis por convencê-los a fazer essas coisas formidáveis foram os Clinton, mediadores de relações e negociadores por excelência, com a ajuda de um séquito de celebridades do primeiro escalão.

Para os envolvidos, isso sem dúvida parecia justo. No entanto, para multidões ao redor do mundo, toda a classe de Davos passou a simbolizar a ideia de que o sucesso era uma festa para a qual não tinham sido convidados, e eles sabiam em seu íntimo que essa riqueza e esse poder crescentes estavam de alguma forma relacionados com suas dívidas e sua impotência cada vez maiores e com a precariedade crescente do futuro de seus filhos. O fato de políticos que prometeram proteger os interesses dos trabalhadores estarem tão enredados com a classe de Davos só intensificou a revolta. O debate sobre

Barack Obama ter aceitado receber 400 mil dólares para discursar para uma plateia de Wall Street tem que ser entendido nesse contexto.

Trump não andava com o pessoal de Davos (na verdade, ele explorou a revolta contra eles). E muitos que fazem parte desse mundo glamouroso e com inclinações liberais estão horrorizados com o governo de Trump. Mas os precedentes estabelecidos por esse bom-samaritanismo do topo da montanha são parte da razão por que se tornou concebível que Trump concorresse, em primeiro lugar, e que milhões de americanos escolhessem entregar seu governo diretamente a um homem cuja única qualificação para o cargo era sua riqueza, o que não diz respeito apenas àqueles que votaram em Trump. Muitos de nós que nunca teriam votado nele acabaram ficando entorpecidamente acostumados com a ideia de que o simples fato de um indivíduo ter uma polpuda conta bancária (ou diversas contas bancárias, muitas delas escondidas no exterior) de alguma forma significa que ele tem uma expertise infinita. De fato, governos de todas as vertentes ficaram felizes em entregar mais e mais do que costumava ser encarado como desafios para as políticas públicas a um pequeno grupo de indivíduos com um patrimônio gigantesco.

A afirmação categórica de Trump de que ele sabe como consertar os Estados Unidos porque é rico não passa de um eco pedante e vulgar de uma perigosa ideia que temos ouvido há anos: que Bill Gates pode dar um jeito na África. Ou que Richard Branson e Michael Bloomberg podem resolver a questão da mudança climática.

O ponto de ruptura: o socorro aos bancos

O fosso entre a classe de Davos e o restante das pessoas tem se aprofundado desde a década de 1980. Mas, para muitas pessoas, o ponto de ruptura veio com a crise financeira de 2008.

Depois de imporem às pessoas décadas de extrema austeridade, os secretários do Tesouro, ministros da Fazenda e chanceleres das Finanças de repente encontraram trilhões de dólares para salvar os bancos; as pessoas testemunharam enquanto seus governos imprimiam vastas somas de dinheiro. Elas tinham perdido tantas coisas — pensões, salários, escolas decentes —, quando, na verdade, ao contrário do que Margaret Thatcher afirmava, havia alternativas. Subitamente se descobriu que os governos podem fazer todo tipo de coisa para interferir no mercado e têm recursos aparentemente infindáveis com os quais ajudá-lo, basta que você seja rico o suficiente. Nesse momento, todos no planeta viram que tinham sido enganados.

As implicações desse desmascaramento ainda estão reverberando. A raiva que está tomando os eleitorados, tanto à esquerda quanto à direita no espectro político, não é apenas por causa do que foi perdido. É também por causa da injustiça de tudo, de saber que as dolorosas perdas de nossa era não estão sendo compartilhadas, que a classe de Davos nunca esteve realmente preocupada com os que estavam na base da montanha, o que significa que derrotar a direita pseudopopulista em ascensão não é apenas uma questão de estratégia eleitoral, não se trata apenas de encontrar os candidatos certos. É preciso estar disposto a se engajar em uma batalha ideológica — durante e, mais importante ainda, entre as eleições — que enfrente a visão corrosiva de mundo, profundamente bipartidária e idolatradora da riqueza que possibilitou esse retrocesso em primeiro lugar.

A não ser que os progressistas aprendam a dialogar com a revolta legítima diante dos níveis grotescos de desigualdade que existem neste exato momento, a direita vai continuar vencendo. Não há nenhum super-herói bilionário esclarecido vindo nos salvar dos vilões no poder. Nem Oprah, nem Zuckerberg, muito menos Elon Musk.

Vamos ter que salvar a nós mesmos, unindo-nos como nunca. E em 2016 tivemos um vislumbre desse potencial.

CAPÍTULO SETE

APRENDER A AMAR O POPULISMO ECONÔMICO

Bernie Sanders é o único candidato à presidência dos Estados Unidos que eu apoiei abertamente. Nunca me senti completamente confortável em endossar candidatos. Abri uma exceção em 2016 porque, pela primeira vez em minha vida como eleitora, havia um candidato nas primárias do Partido Democrata que estava abordando diretamente a tríplice crise do neoliberalismo, da desigualdade econômica e da mudança climática. O fato de sua campanha ter pegado fogo nesse contexto, em que ele não podia ser difamado como um estraga-prazeres ou como um divisor de votos (embora muitos tenham tentado mesmo assim), foi o que tornou sua campanha diferente. Bernie não era um candidato de protesto; depois que ele conseguiu um primeiro resultado inesperado ao vencer as primárias em New Hampshire, o jogo começou. Repentinamente ficou claro que, ao contrário de todas as projeções (incluindo as minhas próprias), Sanders tinha chances de derrotar Hillary Clinton e se tornar o candidato do Partido Democrata à presidência. No fim, ele venceu em mais de vinte Estados, obtendo 13 milhões de votos. Para alguém que se autodenomina um socialista democrático, isso representa um abalo sísmico no mapa político.

Muitas pesquisas nacionais mostraram que Sanders tinha mais chances de derrotar Trump do que Clinton (embora isso pudesse ter mudado se ele tivesse vencido as primárias e enfrentado a violenta ofensiva da direita). Bernie era incrivelmente apropriado para esse momento de revolta popular e rejeição a políticas da ordem estabelecida. Ele era capaz de falar diretamente com a indignação em relação à corrupção política legalizada, mas de uma perspectiva progressista, com um entusiasmo genuíno e sem malícia pessoal. Isso é raro. Ele defendia políticas que teriam controlado os bancos e tornado a educação acessível novamente. Ele protestava contra a injustiça em virtude de os banqueiros nunca terem sido responsabilizados. E, depois de uma vida inteira na política, permanecia intocado por escândalos de corrupção. Isso é ainda mais raro. Precisamente porque Bernie é o mais distante que se pode chegar do mundo reluzente das celebridades dos *reality shows*, teria sido difícil encontrar alguém que estivesse em um contraste maior com Trump e os excessos de Mar-a-Lago.

Durante a campanha, uma das primeiras imagens que viralizou foi a de Sanders em um avião, os cabelos brancos desgrenhados, imprensado em um assento do meio na classe econômica. Contrapor esse tipo de candidato a um homem em um jatinho particular com grandes letras douradas na lateral teria sido a campanha do século. E está claro que as pessoas ainda se sentem atraídas por esse contraste: dois meses depois da eleição de Trump, uma pesquisa da Fox News revelou que Sanders era encarado de maneira mais favorável do que qualquer outro político no país.

A razão por que é importante revisitar esses fatos é que quando um candidato como esse se apresenta e quando esse candidato prova que, com o devido apoio e suporte, é concebível que vença, é importante entender o que impediu que isso acontecesse para que os erros não se repitam. Porque em 2016 houve — ou quase — uma opção transformadora nas urnas, podendo haver outra na próxima eleição.

Medo das massas indomáveis (e das madeixas indomáveis?)

Não se trata de discutir se as pessoas deveriam ou não ter votado em Hillary contra Trump, e sim de discutir se poderia ter havido um candidato não apenas mais capaz de derrotar Trump, mas também mais capaz de enfrentar

APRENDER A AMAR O POPULISMO ECONÔMICO | 139

as forças subjacentes que superalimentaram a ascensão dele. Para mim, a tragédia em relação a Trump não é apenas que os Estados Unidos estejam agora sendo governados por um homem que representa o pior de tudo que a cultura é capaz, tudo encerrado em apenas um ser humano. É o fato de que o país teve a seu alcance a melhor e mais promissora possibilidade política a surgir em meu tempo de vida, por mais que Bernie Sanders seja imperfeito, e justo quando o relógio climático estava prestes a marcar meia-noite.

Então por que ele não conseguiu se conectar com eleitores suficientes para chegar até o topo?

Entendo que neoliberais convictos no Partido Democrata não quisessem Sanders. Ele é uma ameaça a todo esse modelo, e seu populismo econômico causou profundo desconforto em muitas das esferas mais elevadas. Então não vou perder tempo aqui rememorando como o Comitê Nacional do Partido Democrata sabotou a campanha de Bernie, compartilhando informações e estratégias com a equipe de Clinton para servir a esse propósito. Mas sua campanha também foi veementemente atacada por pessoas que são progressistas. Alguns olharam nos olhos de um candidato que estava prometendo melhorar material e verdadeiramente as vidas de trabalhadores em todo o país e tornar as mudanças climáticas a missão de uma geração, e escolheram apoiar Clinton, a candidata de um *status quo* indefensável.

A hostilidade de tantos liberais americanos poderosos em relação a Bernie Sanders — e a determinação em contê-lo quando estava obtendo uma sequência de vitórias — foi ao mesmo tempo perturbadora e reveladora. Porque ouvimos com tanta frequência que, apesar de pessoalmente apoiarem políticas mais arrojadas para combater a desigualdade, não vale a pena defender essas políticas porque o público americano é conservador demais, pró-capitalismo demais, e nunca as aprovaria. Então eles apoiam candidatos do *establishment* em nome do pragmatismo, escolhendo a pessoa que tem mais chances de vencer os republicanos.

No entanto, Bernie mostrou que posições antes rejeitadas por serem radicais demais a não ser para a esquerda marginal — como sistema de saúde pública universal, regulamentação dos bancos, perdão das dívidas

140 | ONDE ESTAMOS AGORA

estudantis, educação superior gratuita, manutenção dos combustíveis fósseis no solo e implementação de um sistema de energia 100 por cento renovável — eram extremamente populares no país mais capitalista do mundo, apoiadas por milhões de pessoas. Ele mostrou que mudanças transformadoras não eram uma utopia no fim das contas. Por outro lado, o que era considerado a opção "segura" — Hillary Clinton — acabou se mostrando uma opção muito perigosa.

Revolução de quem?

É urgente entendermos por que Sanders não conseguiu galvanizar um número suficiente de intelectuais progressistas e movimentos sociais importantes que estavam longe de demonstrar entusiasmo em relação a Clinton e ao *establishment* democrata. Alguns apoiaram Sanders sem grande entusiasmo ou escolheram não apoiar nenhum candidato na disputa, convencidos de que ninguém merecia seu voto e de que a "revolução política" de Bernie na realidade não os incluía.

Embora eu tenha apoiado Bernie publicamente, reconheço que havia razões legítimas para muitas pessoas de cor e muitas mulheres fazerem uma escolha diferente. Embora Hillary Clinton achasse que seus acenos a políticas de identidade pudessem substituir uma mudança econômica significativa, muitas vezes parecia que Bernie achava que a economia podia se sobrepor às necessidades e histórias únicas dos negros, das mulheres e de outros grupos tradicionalmente marginalizados. Sim, ele enfrentou acusações injustas nesse sentido. Mas a lição mais importante é que ele sem as fragilidades de Bernie no que diz respeito a raça e gênero poderia ter vencido, não importa com que afinco o *establishment* do Partido Democrata tentasse contê-lo. Ele teria vencido se tivesse persuadido mais mulheres de meia-idade e mais velhas de que entendia como os direitos reprodutivos são importantes e ainda precários, que compreendia completamente a urgência de conter a epidemia de violência contra as mulheres. Em Estados-chave como Pensilvânia e Nova York, ele poderia ter vencido se tivesse conseguido o apoio de apenas metade dos eleitores negros. Para fazer isso, porém, ele precisaria conectar de maneira clara e convincente os pontos que unem as desigualdades econômicas mais profundas do país e o legado persistente da escravidão, das leis Jim Crow e da discriminação financeira e habitacional.

Ta-Nehisi Coates, escrevendo para a *Atlantic*, observou que, quando se tratava de confrontar esse legado, a ousadia e o radicalismo que Sanders demonstrava ao atacar Wall Street subitamente se desvaneciam. Ao ser perguntado se apoiava alguma forma de reparação pela escravidão, ele descartou a ideia como algo politicamente impraticável e desnecessariamente "divisionista", afirmando que maiores investimentos em comunidades de pessoas de cor teriam o mesmo efeito. Mas, como Coates corretamente apontou, o objetivo da candidatura de Sanders era justamente ampliar os horizontes do que é politicamente possível — então onde estava aquela mesma ousadia quando se tratava da igualdade racial? "A cena de um candidato socialista se opondo a reparações por serem 'divisionistas' (há poucos rótulos políticos mais divisionistas na mente dos americanos do que socialistas) é rivalizada apenas pela implausibilidade de Sanders posando de pragmatista", escreveu Coates. (Apesar de suas duras críticas, Coates afirmou publicamente que ia votar em Sanders nas primárias, pois era "a melhor opção que temos na disputa".)

Michelle Alexander, autora de *The New Jim Crow*, criticou duramente Clinton durante as primárias, argumentando que seu histórico no que diz respeito à justiça criminal e ao bem-estar social significava que ela não merecia o voto dos negros. Mas também decidiu não apoiar Sanders publicamente. A mensagem mais urgente da eleição de 2016, ela me disse, era: "Se os progressistas acham que podem vencer em longo prazo sem se comprometerem de maneira significativa com as pessoas negras e levarem a história racial mais a sério, é melhor apressarem Elon Musk e começarem a planejar seu futuro lar em Marte, pois este planeta vai virar fumaça."

É uma mensagem que precisamos aprender rápido. Porque se os candidatos populistas de esquerda continuarem sem conseguir chegar aos

142 | ONDE ESTAMOS AGORA

resultados pretendidos, e os democratas continuarem a colocar candidatos que representam o *establishment* em seu lugar, há todas as razões para esperar que uma direita cada vez mais beligerante continue a vencer.

Um coquetel tóxico ao redor do mundo

Trump vociferou: Está tudo um caos. E Clinton respondeu: Está tudo bem, só precisamos fazer uns pequenos ajustes aqui e ali para tornar as coisas mais inclusivas. "Love trumps Hate" [O amor vence o ódio] foi o slogan final de Hillary Clinton. Mas o amor sozinho não estava à altura da tarefa; ele precisava da ajuda de algo mais forte, algo como a justiça.

Como candidata, Hillary Clinton não estava em posição de se dirigir à crescente revolta popular que define o nosso tempo. Ela havia ajudado a negociar acordos comerciais como a Parceria Transpacífico, que muitos consideram uma ameaça; o primeiro governo Clinton tinha desregulamentado os bancos e o mercado de derivativos, criando as condições para o colapso financeiro (ela nunca se pronunciou contra esse movimento, além de ter recebido desses bancos pagamentos significativos para falar em eventos públicos). Então ela tentou esconder o sofrimento popular... com os resultados que conhecemos.

Na ausência de uma alternativa progressista, Trump ficou livre para se conectar com eleitores descrentes, dizendo: eu sinto a sua dor. Vocês *foram* enganados. Durante a campanha, direcionou parte dessa revolta para as corporações que tinham pressionado por essas políticas, mas isso está em grande parte esquecido agora. A maior parte de sua ira foi reservada aos vários bichos-papões racistas que ele invocou: os imigrantes que vão estuprar as mulheres, os muçulmanos que vão detonar bombas, os ativistas negros que não respeitam nossos policiais e o presidente negro que estragou tudo.

A campanha do Brexit recorreu a esse mesmo coquetel tóxico de penúria econômica real e de uma democracia verdadeiramente desgastada combinadas a direitos baseados na identidade. E, assim como Hillary Clinton não

APRENDER A AMAR O POPULISMO ECONÔMICO | 143

tinha resposta convincente para o falso populismo econômico de Trump, a campanha para o Reino Unido permanecer na União Europeia não teve resposta para Nigel Farage e o Partido de Independência do Reino Unido (Ukip) quando disseram que a vida das pessoas estava fora de controle e os serviços públicos estavam com recursos insuficientes (mesmo que a solução que propunham estivesse destinada a tornar as coisas ainda piores).

A lição crucial do Brexit e da vitória de Trump é que líderes que são vistos como representantes do *status quo* neoliberal fracassado não são páreo para demagogos e neofascistas. Apenas um programa político progressista ousado e verdadeiramente redistributivo pode oferecer respostas reais para a desigualdade e a crise na democracia, enquanto direciona a revolta popular para o alvo devido: aqueles que se beneficiaram de maneira extravagante do leilão de bens públicos, da poluição da terra, do ar e da água, assim como da desregulamentação da esfera financeira.

Temos que nos lembrar disso na próxima vez que formos instados a apoiar um partido ou um candidato em uma eleição. Nesta era de instabilidade, políticos que fazem parte do *status quo* com frequência não dão conta do recado. Por outro lado, a opção que pode, a princípio, parecer radical, talvez até mesmo um pouco arriscada, pode muito bem ser a mais pragmática nestes tempos voláteis.

E da perspectiva do aquecimento do planeta vale lembrar que uma mudança econômica e política radical é a nossa única esperança de evitar uma mudança drástica no nosso mundo físico.

O que quer que aconteça, os próximos anos serão conturbados. Então antes de nos focarmos em conquistar o mundo que queremos e do qual precisamos, temos primeiro que nos preparar para a próxima onda de crises que virão da Casa Branca de Trump, choques que podem muito bem reverberar por todo o mundo.

PARTE III

COMO AS COISAS PODEM PIORAR: OS CHOQUES AINDA POR VIR

A história é importante. Se você não conhece a história, é como se tivesse nascido ontem. E, se você nasceu ontem, qualquer pessoa em uma posição de poder pode lhe dizer o que quiser, e você não tem meios de saber se é verdade.

— HOWARD ZINN
You Can't Be Neutral on a Moving Train, documentário, 2004

CAPÍTULO OITO

MESTRES DO DESASTRE
LUDIBRIANDO A DEMOCRACIA

Quando eu era correspondente em zonas de desastre, houve momentos em que tive a inquietante sensação de que estava testemunhando não apenas uma crise no momento presente, mas sim tendo um vislumbre de nosso futuro coletivo — uma prévia de aonde o caminho no qual todos estamos vai nos levar, a não ser que de alguma forma consigamos assumir o volante e mudar de direção. Quando ouço Trump falar, com seu óbvio deleite em criar uma atmosfera de caos e instabilidade, eu frequentemente penso: já vi isso, já vi isso naqueles estranhos momentos em que portais parecem se abrir para o nosso futuro coletivo.

Um desses momentos aconteceu em Nova Orleans depois do furacão Katrina, enquanto eu observava hordas de prestadores de serviços militares privados chegarem à cidade inundada em busca de formas de lucrarem com o desastre, enquanto milhares de habitantes da cidade, abandonados por seu governo, eram tratados como criminosos perigosos apenas por tentarem sobreviver.

Testemunhei a abertura de outra dessas janelas distópicas em Bagdá, em 2003, pouco depois da invasão. Na época, a ocupação americana tinha dividido a cidade em duas. No centro, protegida por enormes muros de concreto e detectores de bombas, ficava a Zona Verde, um pequeno pedaço

148 | COMO AS COISAS PODEM PIORAR

dos Estados Unidos reproduzido no Iraque, com bares que vendiam bebidas fortes, restaurantes de *fast-food*, academias de ginástica e uma piscina na qual parecia haver uma festa 24 horas por dia. E então, além daqueles muros, havia a cidade reduzida a escombros, onde com frequência faltava eletricidade nos hospitais e onde a violência, entre facções iraquianas e forças de ocupação americanas, estava saindo do controle. Essa era a Zona Vermelha.

Na época, a Zona Verde era um feudo de Paul Bremer, ex-assessor de Henry Kissinger e diretor da firma de consultoria do ex-presidente, homem que George W. Bush tinha nomeado chefe da missão americana no Iraque. Como não havia governo nacional operante, isso essencialmente fazia dele o comandante supremo do Iraque. O império de Bremer era inteiramente privatizado. Usando botas de combate e um elegante terno, Bremer andava sempre protegido por uma falange de mercenários vestidos de preto, a serviço da agora extinta empresa Blackwater, e a própria Zona Verde era administrada pela Halliburton — uma das maiores empresas de exploração de petróleo do mundo, antes comandada pelo então vice-presidente Dick Cheney — junto com uma rede de outros prestadores de serviço privados.

Quando faziam incursões fora da Zona Verde (ou "cidade das esmeraldas", como alguns jornalistas a chamavam), os oficiais americanos saíam em comboios fortemente armados, com soldados e mercenários apontando metralhadores para fora dos veículos em todas as direções, guiando-se por uma ética de "atirar primeiro e perguntar depois". Os iraquianos comuns que estavam supostamente sendo libertados por todo esse armamento de guerra não contavam com nenhuma proteção, a não ser aquela fornecida por milícias religiosas em troca de sua lealdade. A mensagem transmitida pelos comboios era clara: algumas vidas importam muito mais do que outras.

Das profundezas de sua fortaleza na Zona Verde, Bremer emitia decreto após decreto definindo como o Iraque deveria ser reconstruído como um modelo de economia de livre mercado. Pensando bem, era algo muito parecido com a Casa Branca de Donald Trump. E os decretos eram bastante similares também. Bremer ordenou, por exemplo, que o Iraque deveria ter um imposto único de 15 por cento (bem similar ao que Trump propôs), que os bens estatais deveriam ser leiloados sem demora (o que está sendo considerado por Trump) e que a máquina governamental deveria ser drasticamente reduzida (Trump de novo). O ritmo era frenético. De olho nos campos de combustíveis fósseis do Iraque e além, Bremer estava determinado a concluir sua reforma do país antes que os iraquianos fossem às urnas e tivessem oportunidade de opinar sobre como seu futuro "libertado" deveria ser.

Em um capítulo particularmente surreal, Bremer e o Departamento de Estado chamaram consultores da Rússia que tinham comandado a desastrosa experiência daquele país com a "terapia do choque econômico", o furor de desregulamentação e privatizações marcado pela corrupção que produziu a notória classe de oligarcas russos. Dentro da Zona Verde, os visitantes — incluindo Yegor Gaidar, conhecido como o "Dr. Choque" da Rússia — instruíram os políticos iraquianos escolhidos pelos Estados Unidos sobre como era importante remodelar radicalmente a economia de uma vez e sem hesitar, antes que a população do Iraque se recuperasse da guerra. Os iraquianos nunca teriam aceitado essas políticas se pudessem opinar (e de fato rejeitaram muitas delas mais tarde). Foi apenas a crise extrema que tornou o plano de Bremer concebível.

Na verdade, a determinação declarada de Bremer de leiloar os bens estatais do Iraque sob a cobertura da crise contribuiu muito para confirmar a percepção generalizada de que a invasão tinha mais a ver com liberar a riqueza do Iraque para empresas estrangeiras do que com livrar seu povo do despotismo. O país entrou em uma espiral de violência. Os militares americanos e os prestadores de serviço privados contratados por eles responderam com mais violência, mais choques. Quantias incomensuráveis de dinheiro foram sugadas pelo buraco negro da economia da prestação de serviços — dinheiro que acabou ficando conhecido como "os bilhões desaparecidos do Iraque".

Não foi apenas a fusão integrada de poder corporativo e guerra aberta que pareceu um vislumbre do futuro distópico imaginado tantas e tantas vezes nos livros de ficção científica e filmes de Hollywood. Foi também o mecanismo evidente de usar a crise para impor políticas que nunca teriam

150 | COMO AS COISAS PODEM PIORAR

sido viáveis em tempos normais. Foi no Iraque que desenvolvi a tese para *A doutrina do choque*. Originalmente, o livro ia se concentrar exclusivamente na guerra de Bush, mas então comecei a identificar as mesmas táticas (e os mesmos prestadores de serviço, como Halliburton, Blackwater, Bechtel...) em zonas de desastre em todo o mundo. Primeiro vinha uma intensa crise — um desastre natural, um ataque terrorista — e, logo em seguida, vinha a *blitzkrieg* de políticas que favoreciam as corporações. Muitas vezes, a estratégia de exploração da crise era discutida abertamente e sem a necessidade de obscuras teorias da conspiração.

Conforme me aprofundei, percebi que essa estratégia tinha sido uma parceira silenciosa da imposição do neoliberalismo durante mais de quarenta anos. Essa "tática do choque" segue um padrão claro: esperar por uma crise (ou mesmo, em algumas circunstâncias, como no Chile e na Rússia, ajudar a fomentar uma), declarar um momento do que por vezes é chamado de "política extraordinária", suspender algumas ou todas as normas democráticas e, por fim, levar a cabo a lista de desejos das corporações o mais rápido possível. A pesquisa mostrou que praticamente qualquer situação turbulenta, quando emoldurada com histeria suficiente pelos líderes políticos, poderia servir a esse propósito de atenuar. Podia ser um acontecimento tão radical quanto um golpe militar, mas o choque econômico de uma crise orçamentária ou de mercado também servia. Em meio à hiperinflação ou ao colapso dos bancos, por exemplo, as elites governantes do país com frequência conseguiam convencer uma população em pânico da necessidade de um ataque às proteções sociais ou de enormes resgates para manter o setor financeiro privado de pé — porque a alternativa, eles afirmavam, era um verdadeiro apocalipse econômico.

O manual do Dr. Choque

As táticas de choque foram empregadas pela primeira vez a serviço do neoliberalismo no início da década de 1970, na América Latina, e ainda hoje são usadas para obter concessões de "livre mercado" contra a vontade popular.

Vimos isso acontecer recentemente, antes de Trump, em cidades americanas, que incluíram Detroit e Flint, onde uma bancarrota municipal iminente se tornou pretexto para dissolver a democracia local e nomear "administradores de emergências". Está acontecendo em Porto Rico, onde uma crise da dívida em curso está sendo usada para implantar a inimputável Junta de Supervisão e Administração Financeira, um mecanismo de aplicação de duras medidas de austeridade, incluindo cortes em pensões e ondas de fechamento de escolas. Está sendo empregado no Brasil, onde ao altamente questionável *impeachment* da presidenta Dilma Rousseff, em 2016, se seguiu a instalação de um regime não eleito e zelosamente pró- -empresarial que congelou os gastos públicos pelos próximos vinte anos, impôs uma austeridade punitiva e começou a vender aeroportos, centrais elétricas e outros bens públicos em uma onda de privatizações.

E está acontecendo de maneira flagrante sob a presidência de Donald Trump. Durante a campanha, ele não disse a suas multidões de adoradores que ia cortar fundos do programa *meals-on-wheels*, fonte vital de nutrição para idosos e deficientes, nem admitiu que ia tentar tirar o plano de saúde de milhões de americanos. Ele disse o exato oposto, assim como em relação a tantas outras questões.

Desde que assumiu o cargo, ele nunca permitiu que a atmosfera de caos e crise se abrandasse. Os ultrajes são tão velozes e furiosos que muitas pessoas estão compreensivelmente tendo dificuldade de achar o equilíbrio. Vivenciar o tsunâmi de decretos de Trump no Salão Oval — sete ordens executivas nos primeiros onze dias no governo, além de onze memorandos presidenciais publicados no mesmo período — foi mais ou menos como ficar de pé diante de uma daquelas máquinas que atiram bolas de tênis. Seus oponentes podem rebater uma bola ou duas, mas todos ainda estamos tomando uma bola na cara atrás da outra. Até mesmo a crença (ou seria esperança?) generalizada entre muitos de que Trump não vai cumprir todo o seu mandato contribui para a vertigem coletiva: não há nada de estável ou estático na atual situação, o que nos deixa em uma posição muito difícil para traçar estratégias e nos organizar.

Democracia: suspensa até segunda ordem

O último meio século mostra quão deliberadamente — e efetivamente — a estratégia da doutrina do choque foi empregada por governos para vencer a resistência democrática a políticas profundamente prejudiciais. E algum tipo de estratégia para contornar a democracia é necessário, porque muitas políticas neoliberais são tão impopulares que as pessoas seguramente as rejeitam tanto nas urnas quanto nas ruas. Por uma boa razão: como deixa claro a tremenda acumulação (e ocultação) de grandes somas de riquezas por uma pequena e inimputável classe mundial de oligarcas potenciais, quem mais se beneficia dessas reestruturações sociais radicais é uma pequena minoria, enquanto a maioria vê seu padrão de vida se estagnar ou se deteriorar, mesmo em períodos de rápido crescimento econômico, motivo pelo qual, para aqueles que estão determinados a abrir caminho para essas políticas, os governos da maioria e as liberdades democráticas não são aliados — são um empecilho e uma ameaça.

Nem toda política neoliberal é impopular, é claro. As pessoas de fato apreciam cortes tributários (para a classe média e a classe trabalhadora pobre, se não para os super-ricos), assim como a ideia de redução de burocracias (pelo menos na teoria). Porém, elas também apreciam, de maneira geral, que seus impostos financiem um sistema de saúde público, água limpa, boas escolas públicas, locais de trabalho seguros, pensões e outros programas para assistir os idosos e desfavorecidos. Os políticos que planejam reduzir drasticamente esse tipo de proteções e serviços essenciais ou privatizá-los estão certos ao ficar cautelosos em colocar esses planos no centro de suas plataformas eleitorais. É muito mais comum que políticos neoliberais façam campanhas baseadas em promessas de cortar impostos e diminuir o desperdício governamental protegendo ao mesmo tempo os serviços essenciais, e depois, sob a cobertura de algum tipo de crise (real ou exagerada), afirmem, com aparente relutância e contorcer de mãos, que sentem muito, mas não têm escolha a não ser cortar sua assistência médica.

Rápido e de uma só vez

No fundo, os defensores ferrenhos do livre mercado ou "libertários" (como os bilionários irmãos Koch descrevem a si mesmos) se sentem atraídos por momentos de cataclismo porque a realidade não apocalíptica é na verdade inóspita para suas ambições antidemocráticas.

A velocidade é crucial para tudo isso, já que períodos de choque são temporários por natureza. Como Bremer, líderes viciados em choque e seus financiadores em geral tentam seguir o conselho de Maquiavel em *O príncipe*: "As injúrias devem ser feitas todas de uma só vez para que, ao serem menos saboreadas, ofendam menos." A lógica é bem direta: as pessoas podem reagir a mudanças sequenciais ou graduais. Porém, se dezenas de mudanças vêm de todas as direções ao mesmo tempo, a esperança é que as populações fiquem rapidamente exaustas e sobrecarregadas, e acabem por engolir seu remédio amargo. (Lembremos da descrição da terapia de choque na Polônia acontecendo nos "anos de cachorro".)

O livro *A doutrina do choque* foi controverso quando o publiquei em 2007. Eu estava desafiando uma visão romantizada da história com a qual muitos de nós crescemos, a versão que nos diz que mercados desregulados e democracia avançaram juntos, de mãos dadas, durante a segunda metade do século XX. A realidade, no entanto, é muito mais feia. A forma extrema de capitalismo que remodelou nosso mundo nesse período — que o economista vencedor do Prêmio Nobel Joseph Stiglitz chamou de "fundamentalismo de mercado" — muitas vezes só pôde avançar em contextos nos quais a democracia estava suspensa, e as liberdades das pessoas, drasticamente restritas. Em alguns casos, uma violência feroz, que incluía tortura, foi usada para manter as populações rebeldes sob controle.

O falecido economista Milton Friedman batizou seu livro mais famoso de *Capitalismo e liberdade*, apresentando a liberação humana e a liberação do mercado como dois lados da mesma moeda. Ainda assim, o primeiro país a colocar as ideias de Friedman em prática de maneira inalterada não foi uma democracia, mas sim o Chile, imediatamente depois do golpe

154 | COMO AS COISAS PODEM PIORAR

apoiado pela CIA que derrubou o presidente socialista democraticamente eleito Salvador Allende e colocou no poder um ditador de extrema-direita, o general Augusto Pinochet.

Não foi um acidente: as ideias eram simplesmente impopulares demais para serem colocadas em prática sem a ajuda de um déspota violento. Richard Nixon tinha notoriamente rosnado depois que Allende venceu a eleição de 1970: "Façam a economia gritar." Com a morte de Allende durante o sangrento golpe, Friedman alertou Pinochet de que ele não deveria hesitar no que dizia respeito à transformação econômica, prescrevendo o que ele chamou de abordagem de "tratamento de choque". Sob a orientação do célebre economista e de seus ex-alunos (conhecidos na América Latina como "Chicago Boys", os garotos de Chicago), o Chile substituiu seu sistema de escolas públicas por financiamento educativo e escolas *charter*,[6] privatizou a assistência médica, além de jardins de infância e cemitérios (e fez muitas outras coisas que os republicanos americanos almejam há anos). E lembremos: isso se deu em um país cuja população era notoriamente hostil precisamente a essas políticas, um país que tinha, antes do golpe, escolhido democraticamente políticas socialistas.

Regimes similares foram instalados em diversos países latino-americanos durante o mesmo período. Importantes intelectuais da região identificaram uma conexão direta entre os tratamentos de choque que empobreceram milhões e a epidemia de tortura que vitimou centenas de milhares de pessoas que acreditavam em uma sociedade mais justa no Chile, na Argentina, no Uruguai e no Brasil. Como o falecido historiador uruguaio Eduardo Galeano perguntou: "Como essa desigualdade pode ser mantida se não for por meio de descargas de choques elétricos?"

A América Latina recebeu uma dose particularmente forte dessas formas gemelares de choque. A maioria das reestruturações para o "livre mercado" não foi tão sangrenta. Transições políticas radicais como o colapso da União

---

6. As chamadas *charter schools* são um modelo de escola mantida com recursos públicos, mas que adota a lógica de gestão privada. (*N. da T.*)

Soviética ou o fim do *apartheid* na África do Sul também forneceram uma cobertura desorientadora para transformações econômicas neoliberais. As parteiras mais frequentes, de longe, foram as crises econômicas de larga escala, utilizadas repetidas vezes para fomentar campanhas radicais de privatização, desregulamentação e cortes nas redes de segurança. Porém, na verdade, qualquer choque serve — incluindo desastres naturais que exigem reconstruções de larga escala e, portanto, proporcionam uma abertura para a transferência de terras e recursos dos vulneráveis para os poderosos.

O oposto da decência

A maioria das pessoas fica indignada diante desse tipo de exploração de crises, e por uma boa razão. A doutrina do choque é o extremo oposto de como as pessoas decentes, deixadas por sua própria conta, tendem a reagir quando estão diante de um trauma generalizado, que é oferecer ajuda. Basta pensar na vertiginosa quantia de três bilhões de dólares em doações privadas depois do terremoto que arrasou o Haiti em 2010 ou nos milhões oferecidos em resposta ao terremoto que atingiu o Nepal em 2015 ou ao tsunâmi na Ásia em 2004. Esses desastres, como tantos outros, desencadearam gestos extraordinários de generosidade de indivíduos em todo o mundo. Milhares e milhares de pessoas comuns doaram dinheiro e se voluntariaram para trabalhar.

Como a escritora e historiadora americana Rebecca Solnit descreveu de forma eloquente, os desastres conseguem extrair o melhor de nós. É nesses momentos que, com frequência, vemos algumas das mais comoventes demonstrações de ajuda mútua e solidariedade. No Sri Lanka, depois do tsunâmi de 2004, apesar de décadas de guerra civil entre etnias, muçulmanos salvaram seus vizinhos hindus e hindus salvaram seus vizinhos budistas. Na Nova Orleans inundada depois do furacão Katrina, as pessoas colocaram a própria vida em grande risco para resgatar e cuidar de seus vizinhos. Depois que a supertempestade Sandy atingiu Nova York, uma notável rede

156 | COMO AS COISAS PODEM PIORAR

de voluntários se espalhou pela cidade, sob a bandeira do Occupy Sandy — derivado do movimento Occupy Wall Street —, para servir centenas de milhares de refeições, ajudar na limpeza de mais de mil casas e fornecer roupas, cobertores e cuidados médicos a milhares de pessoas necessitadas.

A doutrina do choque consiste em reprimir esses impulsos profundamente humanos de ajudar, buscando, em vez disso, capitalizar sobre a vulnerabilidade dos outros a fim de maximizar a riqueza e as vantagens de uns poucos escolhidos.

Há poucas coisas mais sinistras do que isso.

A arte do roubo

A lógica da doutrina do choque está perfeitamente alinhada com a visão de mundo de Trump. Ele vê a vida descaradamente como uma batalha pelo predomínio sobre os outros e mantém um registro obsessivo de quem está ganhando. Em suas negociações bastante autocelebradas, as questões são sempre as mesmas: Qual é o máximo que posso extrair desse negócio? Como posso explorar as fraquezas do meu adversário?

Em um momento particularmente sincero no programa *Fox & Friends*, em 2011, ele descreveu um negócio feito com o comandante líbio Muammar Kadafi da seguinte forma: "Eu arrendei para ele um pedaço de terra. Ele me pagou mais por uma noite do que as terras valiam por um ano inteiro, ou por dois anos, e então eu não deixei que ele usasse a terra. É isso que deveríamos estar fazendo. Não quero usar as palavras *passar a perna*, mas eu passei a perna nele. É isso que deveríamos estar fazendo."

Se Trump impusesse condições predatórias apenas a ditadores desprezíveis, poucas lágrimas seriam derramadas, mas essa é sua atitude em todas as negociações. Em *Pense grande*, um de seus manuais sobre como-ser--igual-a-mim, ele descreve sua filosofia de negociação da seguinte maneira: "Ouvimos muitas pessoas dizerem que um bom negócio é quando ambos os lados saem ganhando. Isso não passa de uma grande bobagem. Em um bom negócio é você quem ganha; a outra parte, não. Você esmaga seu oponente e sai do acordo com algo melhor para si mesmo."

Esse entusiasmo cruel por explorar as fraquezas alheias moldou a carreira de Trump como magnata do ramo imobiliário e é uma característica que ele compartilha com muitos membros de sua administração. É preocupante por causa do que nos diz a respeito não apenas da atmosfera de caos que sua equipe parece estar conscientemente cultivando, mas também, o que é muito mais alarmante, como eles podem vir a explorar qualquer grande crise ainda por vir.

Até agora, a interminável atmosfera de crise de Trump se sustentou em grande parte por sua própria retórica exagerada — declarar que as cidades são palcos de "carnificinas" "infestadas pelo crime", quando, na realidade, as taxas de crimes violentos têm caído em todo o país há décadas; martelar insistentemente uma narrativa fabricada a respeito de uma onda de crimes praticados por imigrantes e insistir de modo geral que Obama destruiu o país. Logo, no entanto, Trump pode se ver diante de crises distintamente mais reais para explorar, uma vez que a crise é a conclusão lógica de suas políticas em todas as frentes.

Ao se considerar isso, é muito importante analisar com mais atenção as maneiras pelas quais Trump e sua equipe exploraram momentos de crise no passado para atingir seus objetivos políticos e econômicos. Conhecer esse histórico vai tornar o que acontecer em seguida menos chocante e, no fim das contas, vai nos ajudar a resistir a essa tática esgotada.

Uma carreira forjada no choque

Nos Estados Unidos, a revolução neoliberal obteve um avanço na cidade de Nova York em meados da década de 1970. Até então, a cidade era um experimento ousado, ainda que imperfeito, de democracia social, com o sistema de serviços públicos mais generoso dos Estados Unidos, de bibliotecas a transportes de massa e hospitais. Em 1975, porém, cortes orçamentários

158 | COMO AS COISAS PODEM PIORAR

federais e estaduais, combinados a uma recessão nacional, deixaram a cidade de Nova York à beira da completa falência, e a crise foi usada para remodelar drasticamente a cidade. Sob a cobertura da crise veio uma onda de austeridade brutal, negócios generosos para os ricos e privatizações, cujo resultado final foi transformar a cidade que tantos de nós amamos no templo de especulação financeira, consumo de luxo e gentrificação incessante que conhecemos hoje.

Em *Fear City*, um livro recém-publicado sobre esse capítulo pouco conhecido da história americana, a historiadora Kim Phillips-Fein documenta meticulosamente como a remodelação de Nova York na década de 1970 foi um prelúdio do que viria a se tornar um maremoto global que deixou o mundo drasticamente dividido entre o um por cento e o resto — e em nenhum lugar isso foi mais acentuado do que na cidade que Donald Trump chama de lar. É também uma história na qual Trump desempenha um papel central, ainda que pouco lisonjeiro.

Em 1975, sem nenhuma ajuda iminente do presidente Gerald Ford, parecia tão provável que a maior e mais célebre cidade dos Estados Unidos ia realmente falir que o *Daily News* de Nova York até publicou uma manchete de capa que dizia apenas: *Ford para a cidade: vire-se!* Na época, Trump tinha apenas 29 anos de idade e ainda trabalhava à sombra de seu abastado pai, que fez fortuna construindo casas de classe média distintamente pouco chamativas nos subúrbios de Nova York e que ficou conhecido como um proprietário que praticava discriminação sistêmica contra afro-americanos.

Trump sempre sonhou em deixar sua marca em Manhattan e, com a crise da dívida, ele vislumbrou sua grande chance. A oportunidade surgiu em 1976, quando o célebre hotel Commodore, um marco histórico no centro da cidade, anunciou que estava tendo tanto prejuízo que talvez tivesse de fechar as portas. O governo da cidade ficou em pânico diante da perspectiva de aquele prédio icônico ficar vazio, passando a mensagem de declínio urbano e privando a cidade de receitas fiscais. Eles precisavam de um comprador, rapidamente, e o clima era tão desesperador que, como um noticiário televisivo local afirmou, "mendigos não podem escolher".

Entra Trump, um protótipo de capitalista do desastre. Em parceria com a Hyatt Corporation, Trump tinha um plano para substituir a clássica fachada de tijolos do Commodore por uma "nova camada" de vidro espelhado e reabri-lo como o Grand Hyatt Hotel (isso foi no breve período antes de o futuro presidente dos Estados Unidos começar a insistir que todos os seus empreendimentos deviam levar seu nome). Ele arrancou condições extraordinárias de uma cidade em crise. Como Phillips-Fein explica:

> Trump conseguiu comprar a propriedade da companhia ferroviária por 9,5 milhões de dólares. Em seguida a vendeu por um dólar para a Urban Development Corporation. (...) Por fim, a UDC arrendou a propriedade de volta para Trump e a Hyatt Corporation por 99 anos, o que permitiu que os investidores pagassem impostos muitos mais baixos do que o normal durante quatro décadas — um golpe de sorte que lhes rendeu centenas de milhões de dólares. (Até 2016, a isenção tributária de Trump custou à cidade de Nova York 360 milhões de dólares em impostos não arrecadados.)

Sim, é isso mesmo: de um investimento de 9,5 milhões de dólares, Trump arrancou da cidade uma isenção de impostos de 360 milhões de dólares (valor que ainda vai aumentar). O novo hotel foi uma chaga — o que um crítico de arquitetura descreveu como uma "visão caipira da vida na cidade". Em outras palavras, era Trump *vintage*, um homem que em seguida revenderia para o mundo uma visão de oligarca russo dos Estados Unidos filtrada por fitas VHS piratas de novelas dos anos 1980 como *Dynasty* e *Dallas*. Nas palavras de Phillips-Fein:

> Donald Trump e os investidores que se aproveitaram do desespero da cidade para construir seus prédios tinham pouco interesse no resto de Nova York. O fato de milhões de dólares terem subsidiado projetos imobiliários em vez de restaurar serviços públicos ou promover a recuperação dos bairros pobres e das classes trabalhadoras da cidade nunca foi identificado como uma preocupação moral.

O que impressiona nessa história não é apenas o fato de um jovem Trump ter se aproveitado da catástrofe econômica em Nova York para aumentar sua própria fortuna, impondo condições predatórias a um governo em crise. É também o fato de que não se tratou de um negócio qualquer — foi o negócio que permitiu que Trump saísse da sombra de seu pai e se tornasse definitivamente um jogador por mérito próprio. A carreira de Trump foi forjada no choque, moldada nas oportunidades únicas de lucro que se apresentam em momentos de crise. Desse momento em diante, sua atitude em relação à esfera pública foi que ela existia para ser saqueada a fim de enriquecê-lo.

É uma atitude que ele mantém desde então. Vale lembrar que, em 11 de setembro de 2001, logo depois de as Torres Gêmeas desabarem, Trump deu uma entrevista a uma emissora de rádio durante a qual não conseguiu deixar de observar que, com a queda das torres, ele agora era proprietário do edifício mais alto do centro de Manhattan. Havia corpos pelas ruas, o sul de Manhattan parecia uma zona de guerra, e ainda assim, com apenas um pequeno incentivo dos locutores, Trump estava pensando nas vantagens para sua marca.

Quando perguntei a Phillips-Fein quais lições ela tinha tirado de seu estudo sobre as ações de Trump durante a crise da dívida de Nova York, sua resposta se centrou no medo. Havia, explicou ela, "um profundo medo da falência, medo do futuro. E é esse tipo de medo que de fato possibilita cortes orçamentários como os daquela época e também a sensação de que a cidade precisa, acima de tudo, de um salvador". Desde a eleição de 2016, ela tem pensado muito sobre isso. "A forma como o medo pode fazer com que coisas que parecem politicamente impossíveis de repente pareçam ser a única alternativa. Então acho que essa é uma das coisas que precisamos combater neste momento, encontrar maneiras de resistir a essa sensação de medo e caos paralisante e encontrar formas de solidariedade capazes de combatê-la."

É um bom conselho. Especialmente considerando que Trump reuniu em torno de si um elenco estelar de oportunistas da crise.

Conheça o gabinete do capitalismo do desastre

Os membros mais velhos da equipe de Trump estiveram no centro de alguns dos exemplos mais escandalosos da doutrina do choque na memória recente. A seguir, uma breve visão geral de seus feitos (que, considerando a quantidade de executivos da Goldman Sachs que Trump nomeou, está longe de estar completa).

Lucrando com as mudanças climáticas e as guerras

Rex Tillerson, secretário de Estado dos Estados Unidos, construiu sua carreira em grande parte em torno de tirar vantagem da lucratividade das guerras e das instabilidades. A ExxonMobil lucrou mais do que qualquer outra petroleira com o aumento no preço do petróleo que resultou da invasão do Iraque em 2003. Também usou diretamente a Guerra do Iraque para desafiar os conselhos do Departamento de Estado e fazer um acordo de exploração na parte iraquiana do Curdistão, movimento que, como passou por cima do governo central do Iraque, poderia facilmente ter dado início a uma verdadeira guerra civil e certamente contribuiu para conflitos internos.

Como diretor-executivo da ExxonMobil, Tillerson lucrou com o desastre de outras maneiras também. Como já vimos, como executivo da gigante de combustíveis fósseis, ele passou a carreira trabalhando para uma empresa que, apesar das pesquisas de seus próprios cientistas a respeito das mudanças climáticas causadas pelo homem, decidiu financiar e divulgar informações equivocadas e ciência climática sem nenhuma credibilidade. Enquanto isso, de acordo com uma investigação do *LA Times*, a ExxonMobil (tanto antes quanto depois de as duas empresas se fundirem) trabalhou diligentemente para descobrir como lucrar ainda mais e se proteger contra a crise em relação à qual estava lançando dúvidas. Fez isso explorando petróleo no Ártico (que estava derretendo graças às mudanças climáticas), redesenhando um gasoduto de gás natural no Mar do Norte de forma a resistir à elevação dos mares e às tormentas, e fazendo o mesmo com uma nova plataforma na costa da Nova Escócia, no Canadá.

162 | COMO AS COISAS PODEM PIORAR

Em um evento público em 2012, Tillerson reconheceu que as mudanças climáticas estavam acontecendo, mas o que ele disse em seguida foi revelador: "como espécie", os humanos sempre se adaptaram. "Então vamos nos adaptar a isso. Mudanças nos padrões climáticos que mudam as áreas de cultivo — vamos nos adaptar a isso."

Ele está certo: os humanos de fato se adaptam quando sua terra deixa de produzir alimento. Sua forma de adaptação é a mudança. Eles deixam sua casa e procuram lugares para viver onde possam alimentar a si mesmos e a sua família. Porém, como Tillerson bem sabe, não vivemos em um tempo em que países abrem de bom grado suas fronteiras para pessoas famintas e desesperadas. Na verdade, ele agora trabalha para um presidente que comparou refugiados da Síria — país onde a seca acelerou as tensões que levaram à guerra civil — a cavalos de Troia do terrorismo. Um presidente que decretou uma proibição à entrada de viajantes no país que, se não tivesse sido revogada pelos tribunais, teria impedido que imigrantes sírios entrassem nos Estados Unidos. Um presidente que disse a respeito das crianças sírias que buscam asilo: "Sou capaz de olhar na cara delas e dizer: 'Vocês não podem vir para cá.'" Um presidente que não mudou de posição nem mesmo depois que ordenou ataques de mísseis à Síria, supostamente comovido com o terrível impacto do ataque com armas químicas a crianças e "lindos bebês" sírios. (Mas não comovido o suficiente para acolhê-los e a seus pais.) Um presidente que anunciou planos de tornar a perseguição, o monitoramento, o encarceramento e a deportação de imigrantes uma característica definidora de seu governo.

Nos bastidores, à espera de uma oportunidade, estão diversos outros membros da equipe de Trump que têm grande perícia em lucrar com tudo isso.

Lucrando com prisões

Entre o dia da eleição e o fim do primeiro mês de Trump na presidência, as ações das duas maiores empresas de penitenciárias privadas dos Estados Unidos, a CoreCivic (antes Corrections Corporation of America) e o Grupo GEO, dobraram, subindo 140 por cento e 98 por cento, respectivamente.

MESTRES DO DESASTRE | 163

E por que não? Assim com a Exxon aprendeu a lucrar com as mudanças climáticas, essas empresas fazem parte da crescente indústria de prisões, segurança e vigilância privadas que encara guerras e migrações — ambas muitas vezes ligadas a tensões climáticas — como oportunidades de mercado interessantes e em expansão. Nos Estados Unidos, a agência de Imigração e Controle de Aduanas mantém encarcerados por dia cerca de 34 mil imigrantes sob suspeita de estarem ilegalmente no país, e 73 por cento deles são mantidos em prisões privadas. Não surpreende, portanto, que as ações dessas empresas tenham disparado depois da eleição de Trump. E logo elas tinham ainda mais razões para comemorar: uma das primeiras coisas que Jeff Sessions fez como procurador-geral de Trump foi revogar a decisão do governo Obama de reduzir o uso de prisões com fins lucrativos para a população carcerária em geral.

Lucrando com a guerra e a espionagem

Trump nomeou Patrick Shanahan como vice-secretário de Defesa, um alto executivo da Boeing que, a certa altura, foi responsável por vender equipamentos caros para o Exército americano, incluindo helicópteros Apache e Chinook. Ele também supervisionou o programa de defesa antimísseis balísticos da Boeing — uma parte da operação que deve lucrar imensamente se as tensões internacionais continuarem a aumentar sob o governo Trump.

E isso é parte de uma tendência muito maior. Segundo a reportagem escrita por Lee Fang para o *Intercept* em março de 2017, "o presidente Donald Trump transformou a porta giratória[7] em uma arma ao nomear prestadores de serviço e lobistas da área de defesa para importantes cargos no governo enquanto procura aumentar rapidamente o orçamento militar e os programas de segurança doméstica. (...) Pelo menos 15 oficiais com

---

7. Na política, "porta giratória" é uma movimentação de indivíduos entre cargos públicos como legisladores e reguladores e cargos nas indústrias privadas afetadas diretamente por essa legislação e regulamentação. (*N. da T.*)

ligações financeiras com prestadores de serviço de defesa foram indicados ou nomeados até o momento".

A porta giratória não é novidade, obviamente. Oficiais de alta patente reformados quase sempre assumem cargos ou assinam contratos com empresas de armamento. O que é novo é o número de generais com laços lucrativos com prestadores de serviços militares que Trump nomeou para cargos em seu gabinete com o poder de alocar fundos — incluindo aqueles oriundos de seu plano de aumentar os gastos com os militares, com o Pentágono e com o Departamento de Segurança Nacional em mais de oitenta bilhões de dólares em apenas um ano.

Outra coisa que mudou foi o tamanho da indústria de segurança nacional e espionagem. Esse setor cresceu exponencialmente depois dos ataques do 11 de Setembro, quando o governo Bush anunciou que estava embarcando em uma "guerra ao terror" sem fim e que tudo que pudesse seria terceirizado. Novas empresas com janelas fumês brotaram como cogumelos malignos pelos subúrbios da Virgínia e nos arredores de Washington, DC, e as já existentes, como a Booz Allen Hamilton, se expandiram para territórios completamente novos. Escrevendo para a *Slate* em 2005, Daniel Gross captou o espírito do que muitos chamaram de bolha da segurança: "A segurança nacional pode ter chegado ao estágio que os investimentos na internet atingiram em 1997. Na época, tudo que você precisava fazer era colocar um *e* na frente do nome da sua empresa, e sua oferta pública inicial decolava. Agora é possível fazer o mesmo com *fortaleza*."

Isso significa que muitos dos nomeados de Trump vêm de firmas especializadas em funções que, não muito tempo atrás, seriam impensáveis ser terceirizadas. O chefe de gabinete do Conselho de Segurança Nacional, por exemplo, é o general reformado Keith Kellogg. Entre os muitos empregos que Kellogg teve em empresas de segurança terceirizada desde que foi para o setor privado, estava um cargo na Cubic Defense. De acordo com a empresa, ele comandou "nosso negócio de treinamento de combate no solo e se concentrou em expandir a base mundial de clientes da empresa". Se você acha

MESTRES DO DESASTRE | 165

que "treinamento de combate" é algo que os exércitos costumavam fazer por conta própria, você está certo.

Uma coisa notável a respeito das nomeações de prestadores de serviço de Trump é quantos deles vieram de empresas que nem sequer existiam antes do 11 de Setembro: L1 Identity Solutions (especializada em biometria), o Grupo Chertoff (fundado por Michael Chertoff, diretor de Segurança Nacional de Bush), Palantir Technologies (uma firma de vigilância e grandes volumes de dados cofundada pelo bilionário da PayPal e apoiador de Trump Peter Thiel) e muitas mais. As empresas de segurança se valem em grande medida dos departamentos militar e de inteligência do governo para compor seus quadros. No governo Trump, um número impressionante de lobistas e também de funcionários dessas empresas está migrando de volta para o governo, onde provavelmente vão pressionar por ainda mais oportunidades de lucrar com a caçada a pessoas que o presidente Trump gosta de chamar de "*hombres* maus".

Isso cria um coquetel desastroso. Pegue um grupo de pessoas que lucram diretamente com guerras permanentes e então coloque essas mesmas pessoas no centro do governo. Quem vai defender a paz? Na verdade, a ideia de que uma guerra possa um dia terminar definitivamente parece uma relíquia singular do que durante os anos Bush era menosprezado como "pensamento pré-11 de Setembro".

Lucrando com a crise econômica

As ligações entre o governo dos Estados Unidos e o mundo dos negócios datam de 1776 (vários dos Pais Fundadores vinham de ricas famílias proprietárias de terras). A porta giratória tem girado desde então, não importa se quem está no Salão Oval é um democrata ou um republicano. A diferença com Trump, como acontece com frequência, é o volume e a falta de pudor.

Desde que comecei a escrever este livro, Donald Trump nomeou cinco atuais ou ex-executivos da Goldman Sachs para cargos importantes em sua administração, incluindo Steve Mnuchin como secretário do Tesouro, James

Donovan (um ex-diretor-geral da Goldman Sachs) como secretário adjunto do Tesouro, Gary Cohn (ex-diretor de operações da Goldman) como diretor do Conselho Econômico Nacional da Casa Branca, e Dina Powell (ex-chefe de investimentos de impacto da Goldman) como assessora sênior da Casa Branca para iniciativas econômicas. Até Steve Bannon já trabalhou para a Goldman. E isso sem contar a escolha de Trump para chefiar a Comissão de Valores Monetários, Jay Clayton, que foi advogado da Goldman em acordos multibilionários e cuja mulher é uma gerente de fortunas da empresa.

Fazer todas essas nomeações de ex-funcionários da Goldman é algo particularmente descarado, considerando quantas vezes Trump invocou o banco para atacar seus oponentes. Em um ataque tipicamente maldoso a seu rival Ted Cruz pela indicação do Partido Republicano, ele alegou que os homens da Goldman "têm total, total controle sobre ele. Assim como têm total controle sobre Hillary Clinton".

Também é extremamente preocupante em razão do que isso diz sobre a disposição do governo de explorar os choques econômicos que podem reverberar em seu turno. De todos os principais bancos de investimentos de Wall Street que estavam no centro da crise das hipotecas de alto risco de 2008, a Goldman Sachs estava entre os mais predatórios. Não apenas deu uma grande contribuição para ajudar a inflar a bolha hipotecária por meio de instrumentos financeiros complexos, mas em seguida deu meia-volta e, no meio da crise, supostamente apostou contra o mercado de hipotecas, lucrando bilhões. Em 2016, o Departamento de Justiça dos Estados Unidos ordenou que o banco pagasse uma indenização de cinco bilhões de dólares — a maior quantia que a Goldman já tinha pago — por essas e outras malversações. Em 2010, o banco concordou em pagar mais 550 milhões dólares de multa, a maior quantia paga por uma firma de Wall Street nos 76 anos de história da Comissão de Valores Monetários, por seu papel na crise financeira.

O senador democrata Carl Levin, que comandou o subcomitê do Senado que em 2010 investigou a Goldman Sachs em seguida à crise financeira, resumiu seus delitos:

As evidências mostram que a Goldman colocou repetidas vezes seus próprios interesses e lucros acima dos interesses de seus clientes e de nossas comunidades. (...) A Goldman Sachs não apenas ganhou dinheiro. Também lucrou tirando vantagem sobre a expectativa razoável de seus clientes de que o banco não venderia produtos que não desejava que fossem bem-sucedidos, e que não havia conflito de interesses econômicos entre a empresa e os clientes que se comprometeu a servir. As ações da Goldman demonstram que, muitas vezes, o banco via seus clientes não como consumidores valiosos, mas como objetos para seu próprio lucro. Isso importa porque a Goldman Sachs, em vez de ir bem quando seus clientes iam bem, se deu bem quando seus clientes perderam dinheiro.

Mesmo entre os discípulos da Goldman, Steven Mnuchin se destacou por sua prontidão para lucrar com o sofrimento. Depois do colapso de Wall Street em 2008, e no meio da crise hipotecária, Mnuchin comprou um banco da Califórnia. A empresa rebatizada, OneWest, rendeu a Mnuchin o apelido de Rei das Hipotecas, pois estima-se que ele tenha recebido 1,2 bilhão de dólares do governo para ajudar a cobrir as perdas com casas cujas hipotecas foram executadas e com o despejo de centenas de milhares de pessoas entre 2009 e 2014. Uma tentativa de execução hipotecária envolvia uma mulher de 90 anos que tinha pagamentos atrasados no valor de 27 centavos de dólar.

Essas práticas predatórias atraíram muitas críticas durante a audiência de confirmação de Mnuchin como secretário do Tesouro (embora não bastante para fazer com que os republicanos votassem contra ele). Ron Wyden, o senador democrata pelo estado do Oregon, disse durante a audiência que, "enquanto o sr. Mnuchin era diretor-executivo, o banco provou que podia colocar mais pessoas vulneráveis nas ruas com mais rapidez do que qualquer um" e atacou "o OneWest por produzir execuções hipotecárias em série da mesma forma que as fábricas chinesas produziam em série ternos e gravatas da marca Trump".

168 | COMO AS COISAS PODEM PIORAR

Lucrando com desastres naturais

Há, ainda, o vice-presidente Mike Pence, encarado por muitos como o adulto no quarto bagunçado de Trump. No entanto, é Pence, ex-governador de Indiana, quem na verdade tem o histórico mais perturbador no que diz respeito à exploração cruel do sofrimento humano.

Quando Mike Pence foi anunciado como companheiro de chapa de Donald Trump, pensei comigo mesma: "Já ouvi esse nome. Eu o vi em algum lugar." E então me lembrei. Ele estava no centro de uma das histórias mais estarrecedoras que já cobri: o vale-tudo do capitalismo do desastre que se seguiu ao Katrina e à inundação de Nova Orleans. Os atos de Mike Pence na exploração do sofrimento humano são tão pavorosos que é importante explorá-los com um pouco mais de profundidade, uma vez que nos dizem muito sobre o que podemos esperar desse governo em tempos de agravamento de crises.

O projeto Katrina

Antes de investigarmos o papel de Pence, o que é importante lembrar a respeito do furacão Katrina é que, embora costume ser descrito como um "desastre natural", não houve nada de natural na forma como ele impactou a cidade de Nova Orleans. Quando o Katrina atingiu a costa do Mississippi, em agosto de 2005, ele tinha sido rebaixado de um furacão categoria 5 para a ainda devastadora categoria 3. Quando chegou a Nova Orleans, no entanto, tinha perdido a maior parte de sua força e fora rebaixado novamente, dessa vez para "tempestade tropical".

Isso é relevante porque uma tempestade tropical nunca deveria ter rompido as defesas contra inundação de Nova Orleans. No entanto, o Katrina rompeu as defesas, porque os diques que protegem a cidade cederam. Por quê? Sabemos hoje que, apesar de alertas recorrentes sobre o risco, o Corpo de Engenheiros do Exército permitiu que os diques ficassem em péssimo estado. Essa falha foi resultado de dois fatores importantes.

Um foi o desprezo específico pelas vidas das pessoas negras e pobres, cujas casas na parte baixa do Nono Distrito foram as que ficaram mais vulneráveis diante da falha de manutenção dos diques. Isso foi parte de uma negligência mais ampla em relação à infraestrutura pública em todos os Estados Unidos, resultado direto de décadas de política neoliberal. Porque, quando você trava uma guerra sistemática contra a ideia da esfera e dos bens públicos é claro que as estruturas públicas da sociedade — estradas, pontes, diques e sistemas de distribuição de água — vão atingir tal estado de abandono que vai ser preciso pouco para fazê-las ir além do ponto de ruptura. Quando você corta tanto os impostos que não tem dinheiro para gastar em quase nada além da polícia e do Exército, é isso que acontece.

Não foi apenas a infraestrutura física que falhou com a cidade, particularmente com seus residentes mais pobres, que são, como em muitas cidades dos Estados Unidos, em sua maioria afro-americanos. Os sistemas humanos de resposta a desastres também falharam, a segunda grande fratura. O braço do governo federal encarregado de responder em momentos de crises nacionais como essa é a Agência Federal de Gestão de Emergências, com os governos municipais e estaduais também desempenhando um papel fundamental nos planos de evacuação e resposta. Todas as instâncias governamentais falharam.

A agência demorou cinco dias para levar água e comida para as pessoas em Nova Orleans que procuraram abrigo emergencial no estádio Superdome. As imagens mais angustiantes daquela época foram de pessoas presas em telhados — de casas e hospitais — segurando cartazes que diziam "socorro", enquanto os helicópteros passavam acima delas. As pessoas ajudaram umas às outras da melhor maneira que puderam. Elas se resgataram em canoas e barcos a remo. Deram comida umas às outras. Mostraram a bela capacidade humana de solidariedade que os momentos de crise com frequência intensificam. No âmbito oficial, porém, foi o completo oposto. Nunca vou esquecer as palavras de Curtis Muhammad, um antigo ativista pelos direitos civis de Nova Orleans, que disse que aquela experiência "nos convenceu de que não temos quem zele por nós".

170 | COMO AS COISAS PODEM PIORAR

A forma como esse abandono aconteceu foi profundamente desigual, e as divisões se deram ao longo das fronteiras de raça e classe. Muitas pessoas conseguiram deixar a cidade por conta própria — entraram em seus carros, dirigiram até um hotel seco, ligaram para seus corretores de seguro. Algumas pessoas ficaram porque acreditaram que as defesas contra tempestades iam aguentar. Porém, muitas outras ficaram porque não tinham escolha — não tinham carro, pois ou estavam debilitadas demais para dirigir, ou simplesmente não sabiam o que fazer. Essas eram as pessoas que precisavam de um sistema eficiente de evacuação e amparo, mas não tiveram essa sorte. A sensação era de estar novamente em Bagdá, com algumas pessoas se refugiando em suas próprias Zonas Verdes privadas enquanto muitas outras ficavam presas na Zona Vermelha — onde o pior estava ainda por vir.

Abandonadas na cidade sem comida nem água, as pessoas que estavam passando necessidade fizeram o que qualquer um faria naquelas circunstâncias: pegaram provisões em lojas locais. A Fox News e outros canais de mídia se aproveitaram disso para pintar os residentes negros como perigosos "saqueadores" que logo iam invadir as partes secas e habitadas por pessoas brancas de Nova Orleans e dos subúrbios e cidades ao redor. Mensagens foram grafitadas em edifícios: "Saqueadores vão levar chumbo." Postos de controle foram montados para encurralar as pessoas nas partes inundadas da cidade. Na Danziger Bridge, policiais atiraram contra moradores negros às claras (cinco dos oficiais envolvidos acabaram se declarando culpados, e a cidade chegou a um acordo de 13,3 milhões de dólares com as famílias nesse caso e em dois outros casos similares no pós-Katrina). Enquanto isso, gangues de justiceiros brancos armados patrulhavam as ruas em busca, como um morador mais tarde relatou em uma reportagem-denúncia feita pelo jornalista investigativo A.C.Thompson, de uma "oportunidade de caçar negros". Na Zona Vermelha, aparentemente, valia tudo.

Eu estava em Nova Orleans e vi pessoalmente como a polícia e os militares estavam exaltados, sem falar dos guardas de segurança privada de companhias como a Blackwater, que surgiam, recém-chegados do Iraque. A cidade se parecia muito com uma zona de guerra, com as pessoas negras

MESTRES DO DESASTRE | 171

e pobres na linha de tiro — pessoas cujo único crime era tentar sobreviver. Quando a Guarda Nacional chegou para organizar uma evacuação completa da cidade, isso foi feito com um grau de agressividade e desumanidade que era difícil acreditar. Soldados apontavam metralhadoras para moradores conforme eles embarcavam em ônibus, sem nem sequer informar o lugar para onde seriam levados. Crianças muitas vezes eram separadas dos pais.

O que eu vi durante a inundação me chocou, mas o que vi no período imediatamente posterior à passagem do Katrina me chocou ainda mais. Com a cidade atordoada e seus residentes espalhados pelo país, incapazes de proteger seus próprios interesses, emergiu um plano para pôr em prática uma lista de desejos corporativa em velocidade máxima. Milton Friedman, então com 93 anos, escreveu um artigo para o *Wall Street Journal* no qual declarava: "A maioria das escolas de Nova Orleans está em ruínas, assim como as casas das crianças que costumavam frequentá-las. As crianças estão agora espalhadas por todo o país. É uma tragédia. É também a oportunidade de promover uma reforma radical no sistema educacional."

Em uma linha similar, Richard Baker, na época um congressista republicano pelo estado da Louisiana, declarou: "Finalmente demos um jeito nas habitações sociais de Nova Orleans. Não podíamos fazer nada, mas Deus fez." Eu estava em um abrigo de evacuação perto de Baton Rouge quando Baker deu essa declaração. As pessoas com quem falei estavam simplesmente sem palavras. Imagine ser obrigado a deixar sua casa, ter que dormir em uma cama de campanha em um centro de convenções cavernoso e, então, descobrir que as pessoas que deveriam representá-lo estão dizendo que tudo isso foi uma espécie de intervenção divina — Deus, ao que parece, realmente gosta de condomínios de luxo.

Baker conseguiu sua "limpeza" das moradias populares. Nos meses que seguiram a tempestade, com os moradores de Nova Orleans — e todas as suas opiniões inconvenientes, rica cultura e apegos profundos — fora do caminho, milhares de moradias populares, a maioria das quais tinha sofrido danos mínimos com a tempestade porque ficavam em terreno elevado, foram demolidas. Foram substituídas por prédios de apartamentos e casas que custavam bem mais do que as pessoas que moravam lá podiam pagar.

172 | COMO AS COISAS PODEM PIORAR

E é aí que Mike Pence entra na história. Quando o Katrina atingiu Nova Orleans, Pence era presidente do poderoso e altamente ideológico Comitê de Estudos Republicanos, um grupo de legisladores conservadores. Em 13 de setembro de 2005 — apenas catorze dias depois que os diques se romperam e com partes de Nova Orleans ainda submersas —, o Comitê convocou uma reunião fatídica nos escritórios da Heritage Foundation em Washington, DC. Sob o comando de Pence, o grupo elaborou uma lista de "Ideais pró-livre mercado para responder ao furacão Katrina e aos altos preços do gás" — ao todo 32 medidas pseudopaliativas, cada uma delas saída diretamente do manual do capitalismo do desastre.

O que se destaca é o compromisso de travar uma guerra aberta contra as normas de trabalho e a esfera pública, o que é amargamente irônico, porque o fracasso da infraestrutura pública foi o que tornou o Katrina uma catástrofe humana em primeiro lugar. Também é notável a determinação de usar qualquer oportunidade para fortalecer a indústria do gás e do petróleo. A lista inclui recomendações de "suspender automaticamente as leis Davis-Bacon sobre o pagamento dos salários vigentes nas áreas atingidas pelo desastre" (uma referência à lei que exige que prestadores de serviço federais paguem um salário digno no mesmo valor já vigente nas áreas em questão); "transformar toda a área afetada em uma zona de empreendimento livre com imposto único" e "suspender ou revogar regulamentações ambientais restritivas (...) que atrapalhem a reconstrução".

O presidente Bush adotou muitas das recomendações em menos de uma semana, embora, sob pressão, tenha por fim sido forçado a restabelecer os padrões trabalhistas. Outra recomendação era dar aos pais *vouchers* para serem usados em escolas privadas e escolas *charter*, movimento perfeitamente alinhado com a visão da escolha de Trump para Betsy DeVos, secretária de Educação. Em um ano, Nova Orleans se tornou a cidade com o sistema educacional mais privatizado dos Estados Unidos.

E havia mais. Embora climatologistas tivessem ligado diretamente a intensidade dos furacões ao aumento da temperatura dos oceanos, isso não impediu que Pence e seu comitê exigissem do Congresso a revogação de regulamentações ambientais na Costa do Golfo, a permissão para novas refinarias nos Estados Unidos e sinal verde para "perfuração no Refúgio Nacional de Vida Silvestre do Ártico". É uma espécie de loucura. Afinal, essas medidas são uma maneira infalível de aumentar a emissão de gases do efeito estufa, a maior contribuição humana para a mudança climática, que vai levar a tempestades cada vez mais violentas. E, no entanto, foram imediatamente defendidas por Pence e mais tarde adotadas por Bush, sob o pretexto de responder a um furacão devastador.

É importante fazer uma pausa para desemaranhar as implicações de tudo isso. O furacão Katrina se tornou uma catástrofe em Nova Orleans por causa de uma combinação de evento meteorológico extremo, possivelmente relacionado com as mudanças climáticas, e uma infraestrutura pública frágil e negligenciada. As supostas soluções propostas pelo grupo que Pence comandava na época foram justamente coisas que iam inevitavelmente exacerbar a mudança climática e enfraquecer a infraestrutura pública ainda mais. Ele e seus colegas defensores do "livre mercado" estavam determinados, ao que parece, a fazer justamente as coisas que vão levar a mais Katrinas no futuro.

E agora Mike Pence está em uma posição que lhe permite levar essa visão para os Estados Unidos.

Uma cleptocracia na qual vale tudo

A indústria do petróleo não foi a única que se beneficiou do furacão Katrina. Imediatamente depois da tempestade, toda a quadrilha de prestadores de serviço de Bagdá — Bechtel, Fluor, Halliburton, Blackwater, CH2M Hill e Parsons, famosa por seu trabalho desastrado no Iraque — desembarcou em Nova Orleans. Eles tinham uma missão singular: provar que também havia um mercado doméstico para os tipos de serviço privatizado que tinham prestado no Iraque e no Afeganistão e fechar contratos sem licitação que totalizaram 3,4 bilhões de dólares no processo.

174 | COMO AS COISAS PODEM PIORAR

As controvérsias foram abundantes, em um número grande demais para serem analisadas aqui. Experiências relevantes muitas vezes não aparentavam ter nenhuma relação a como os contratos eram alocados. Vejamos, por exemplo, a empresa que recebeu 5,2 milhões de dólares da Agência Federal de Gestão de Emergências para desempenhar o papel crucial de construir um acampamento-base para os trabalhadores de emergência em St. Bernard Parish, um subúrbio de Nova Orleans. A construção do acampamento atrasou e nunca foi concluída. Uma investigação revelou que a prestadora de serviço, a Lighthouse Disaster Relief, era, na verdade, um grupo religioso. "O mais próximo que fiz disso foi organizar um acampamento para jovens com a minha igreja", confessou o diretor da Lighthouse, o pastor Gary Heldreth.

Depois que todas as camadas de empresas subcontratadas receberam sua parte, não sobrou quase nada para as pessoas que estavam realizando o trabalho. O escritor Mike Davis seguiu a trilha dos 175 dólares por pé quadrado que a agência governamental pagou para que a Shaw instalasse lonas azuis nos telhados danificados, mesmo que as lonas em si fossem fornecidas pelo governo. Depois que todas as empresas subcontratadas ficaram cada uma com sua parte, os trabalhadores que de fato instalaram as lonas receberam apenas dois dólares por pé quadrado. "Cada nível da cadeia alimentar das empresas prestadoras de serviço, em outras palavras, está grotescamente superalimentado, a não ser pela base", escreveu Davis, "onde o trabalho de fato é realizado". Esses supostos prestadores de serviço eram, na realidade — assim como as Organizações Trump —, marcas vazias, sugando o lucro e em seguida estampando seu nome em serviços baratos ou inexistentes.

A fim de compensar as dezenas de bilhões de dólares destinadas a companhias privadas em contratos e isenção de impostos, em novembro de 2005, o Congresso, comandado pelos republicanos, anunciou que precisava cortar 40 bilhões de dólares do orçamento federal. Entre os programas que foram drasticamente reduzidos: empréstimos estudantis, Medicaid e cupons para compra de alimentos. Portanto, as pessoas mais pobres dos Estados Unidos financiaram a bonança das empresas prestadoras de serviço duas vezes: primeiro, quando a assistência às vítimas do Katrina se transformou em subsídios sem regulamentação para as empresas, não fornecendo nem empregos decentes nem serviços públicos funcionais; e, segundo, quando os poucos programas que assistiam diretamente os desempregados e os trabalhadores pobres de todo o país foram esvaziados para pagar essas contas superfaturadas.

Nova Orleans é o projeto do capitalismo do desastre — formulado pelo atual vice-presidente e pela Heritage Foundation, o *think tank* de extrema-direita para o qual Trump terceirizou grande parte das decisões orçamentárias de sua administração. No fim das contas, a resposta ao Katrina deu início a uma queda livre na taxa de aprovação de George W. Bush, uma derrocada que acabou fazendo com que os republicanos perdessem a presidência em 2008. Nove anos depois, com os republicanos agora no controle do Congresso e da Casa Branca, não é difícil imaginar esse caso, que estabeleceu um precedente de resposta privatizada a um desastre, sendo adotado em escala nacional.

A presença de uma polícia altamente militarizada e de soldados privados armados em Nova Orleans foi uma surpresa para muitos. Desde então, o fenômeno se expandiu exponencialmente, com as forças policiais locais em todo o país armadas até os dentes com equipamento militar, incluindo tanques e drones, e empresas de segurança privada com frequência fornecendo treinamento e apoio. Ao se considerar a quantidade de prestadores de serviços militares e de segurança privada ocupando cargos importantes na administração Trump, podemos esperar que tudo isso se expanda ainda mais a cada novo choque.

A experiência do Katrina também funciona como um forte alerta para aqueles que mantêm as esperanças no trilhão de dólares em investimentos em infraestrutura prometidos por Trump. Esse investimento vai reparar algumas estradas e pontes e criar empregos (embora, como veremos no Capítulo 10, muito menos do que criariam os investimentos em infraestrutura verde para a transição dos combustíveis fósseis). Essencialmente, Trump indicou que planeja fazer tanto quanto possível não por meio do setor público, mas por intermédio de parcerias público-privadas, que têm um histórico terrível de corrupção e podem resultar em salários muito menores do que projetos verdadeiramente públicos. Considerando o histórico empresarial de Trump e o papel de Pence no governo, há todas as razões para temer que esse grande gasto com infraestrutura possa se tornar uma cleptocracia nos moldes do que aconteceu após o Katrina, um governo de ladrões, com Mar-a-Lago como cenário, se apropriando de vastas quantias de dinheiro do contribuinte.

Nova Orleans fornece uma imagem angustiante do que podemos esperar quando o próximo choque nos atingir. Porém, infelizmente, está longe de estar completa: há muito mais que esse governo pode tentar impor sob a cobertura de uma crise. Para nos tornarmos resistentes ao choque, precisamos nos preparar para isso também.

CAPÍTULO NOVE

A NOCIVA LISTA DE COISAS A FAZER
O QUE ESPERAR QUANDO VOCÊ ESTÁ ESPERANDO UMA CRISE

Em Nova Orleans, depois do Katrina, algumas das principais pessoas que hoje rodeiam Trump mostraram até onde são capazes de ir para dizimar a esfera pública e fazer avançar os interesses dos empresários do ramo imobiliário, dos prestadores de serviços privados e das petrolíferas. Hoje, elas estão em posição de reproduzir o que aconteceu após o Katrina em escala nacional.

O que torna essa constelação de capitalistas do desastre ainda mais preocupante é o fato de que, embora tenha conseguido fazer um belo estrago em seus primeiros meses no governo, Trump foi contido repetidas vezes pelos tribunais e pelo Congresso, e a realização de muitos dos itens mais radicais na lista de desejos de seu governo ainda precisa ser experimentada. Sua secretária de Educação, Betsy DeVos, por exemplo, dedica sua vida a pressionar pela implantação de um sistema educacional privatizado como o de Nova Orleans depois do Katrina. Muitas das figuras que rodeiam Trump são veementes em seu desejo de desmontar o sistema de Seguridade Social. Muitos são igualmente ardentes em sua aversão à liberdade de imprensa, aos sindicatos e aos protestos políticos. O próprio Trump já devaneou publicamente sobre chamar "os federais" para lidar com o crime em cidades como Chicago, e durante a campanha prometeu impedir a entrada de todos os muçulmanos nos Estados Unidos, não apenas aqueles provenientes dos países em suas várias listas. Seu procurador-geral, Jeff Sessions, tem feito duras críticas aos "consent decrees"[8] firmados pelos departamentos policiais, uma importante medida que permite que o Departamento de Justiça e os tribunais federais intervenham junto às forças policiais locais e estaduais se identificarem um padrão abusivo — por exemplo, episódios recorrentes de disparos contra negros desarmados. Sessions alega que esses mecanismos de responsabilização "podem desmoralizar os policiais", comprometendo sua capacidade de combater o crime (alegação não corroborada pelos dados).

Os financiadores mais ricos da campanha de Trump e da extrema-direita de forma mais ampla — os multibilionários irmãos Koch e a família Mercer — estão determinados a eliminar as restrições ainda existentes ao uso de dinheiro na política, acabando ao mesmo tempo com as leis que exigem transparência sobre como esse dinheiro privado é gasto. Sob o pretexto de lutar contra uma crise fabricada de "fraude eleitoral", eles também estão apoiando grupos que têm pressionado por medidas que vão tornar ainda mais difícil que pessoas de baixa renda e de minorias votem, como regras exigindo documento de identidade com foto para votar (alguma forma dessas iniciativas já tinha sido implantada em pelo menos 32 estados quando Trump foi eleito). Se esse duplo objetivo for alcançado, adversários progressistas terão um orçamento de campanha tão menor que o de seus rivais republicanos e terão tanto trabalho para levar seus eleitores até as urnas que o golpe corporativo que Trump representa pode muito bem se tornar permanente.

Realizar em toda a sua amplitude essa meta antidemocrática não é possível nas atuais circunstâncias. Sem uma crise, os tribunais vão continuar obstruindo o caminho, assim como os governos de diversos estados controlados por democratas, e em relação a alguns dos sonhos mais sádicos de

---

8. O "consent decree" se assemelha bastante a um termo de ajustamento de conduta ou a um termo de compromisso; é um acordo, submetido a um juiz, que resolve uma divergência entre duas partes, porém sem admissão de culpa. Nos Estados Unidos, esses acordos foram assinados por diversas cidades no que diz respeito à pratica e à política de uso da força por seus departamentos policiais. (*N. da T.*)

Trump — como trazer de volta a tortura — até mesmo o Congresso pode ficar contra ele.

No entanto, o programa político completo ainda está presente, à espera. E foi por isso que o escritor e jornalista Peter Maass, escrevendo para o *The Intercept*, descreveu a Casa Branca de Trump como "um revólver pronto para disparar ao primeiro toque" ou, melhor, à primeira crise. Como Milton Friedman escreveu há muito tempo, "apenas uma crise — verdadeira ou imaginada — produz mudanças verdadeiras. Quando essa crise acontece, as ações que são realizadas dependem das ideias que estão à mão. Essa, acredito, é nossa função básica: desenvolver alternativas às políticas existentes, mantê-las vivas e disponíveis até que o politicamente impossível se torne politicamente inevitável". Sobrevivencialistas estocam alimentos enlatados e água como forma de se preparar para grandes desastres; esses caras estocam ideias espetacularmente antidemocráticas.

Então as questões nas quais precisamos nos concentrar são as seguintes: Que desastre ou série de desastres poderia desempenhar o papel possibilitador? E quais tarefas na nociva lista de coisas a fazer têm mais chance de fazê-los erguer a cabeça nessa primeira oportunidade?

Já está mais do que na hora de estarmos preparados para um desastre.

Estados de emergência, estados de exceção

Durante a campanha, algumas pessoas acharam que os elementos mais abertamente racistas da plataforma de Trump eram apenas um discurso para incendiar sua base eleitoral, e não coisas que ele pretendesse realmente realizar. Na primeira semana de Trump no governo, quando proibiu que nativos de sete países de maioria muçulmana entrassem nos Estados Unidos, essa ilusão reconfortante desapareceu rapidamente. E a reação foi imediata. Em grandes cidades por todos os Estados Unidos, milhares e milhares de pessoas deixaram suas casas e seguiram para os aeroportos, exigindo que ele revogasse a proibição e que os viajantes que tinham sido detidos fossem

180 | COMO AS COISAS PODEM PIORAR

libertados. Em Nova York, taxistas se recusaram a pegar corridas de e para o aeroporto JFK, políticos e advogados locais se apresentaram aos montes para ajudar as pessoas detidas e o juiz de uma corte federal finalmente interveio e suspendeu a proibição. Quando Trump modificou ligeiramente seu decreto e voltou a publicá-lo, outro juiz ficou em seu caminho.

Todo esse episódio mostrou o poder da resistência e da coragem jurídica, e houve muito a celebrar. Porém não podemos esquecer que um ataque terrorista aos Estados Unidos daria ao governo o pretexto para tentar anular grande parte desse tipo de reação. É bem provável que isso fosse feito rapidamente, declarando protestos e greves que bloqueiam vias e aeroportos como uma ameaça à "segurança nacional" e em seguida usando essa desculpa para ir atrás dos organizadores dos protestos — com vigilância, detenções e prisões. Muitos de nós se lembram muito bem da atmosfera de "conosco ou com os terroristas" que se abateu sobre os Estados Unidos depois do 11 de Setembro, mas não precisamos ir tão longe para ver como essas dinâmicas funcionam.

Imediatamente após os ataques terroristas em Westminster, em Londres, em março de 2017, quando um motorista avançou com o carro em cima de uma multidão de pedestres, matando deliberadamente quatro pessoas e ferindo outras dezenas, o governo conservador não perdeu tempo em declarar que qualquer expectativa de privacidade nas comunicações digitais era agora uma ameaça à segurança nacional. Amber Rudd, a secretária de Estado para assuntos internos, apareceu na BBC e declarou que a criptografia de ponta a ponta fornecida por aplicativos como o WhatsApp era "completamente inaceitável". E disse que estavam se reunindo com as grandes empresas de tecnologia "para pedir que trabalhem conosco" no sentido de lhes dar acesso remoto a essas plataformas.

Em 2015, na França, depois que ataques coordenados em Paris causaram a morte de 130 pessoas, o governo de François Hollande declarou um "estado de emergência" que proibiu protestos políticos. Eu estava na França uma semana depois desses terríveis acontecimentos e fiquei impressionada com o fato de que, embora os alvos dos ataques tivessem sido um show de música, um estádio de futebol, restaurantes e outros símbolos do cotidiano

A NOCIVA LISTA DE COISAS A FAZER | 181

parisiense, apenas as atividades políticas ao ar livre não eram mais permitidas. Grandes shows musicais, mercados de Natal e eventos esportivos — tipos de lugar que seriam alvos prováveis de outros ataques — estavam todos liberados para continuar suas atividades normalmente.

Nos meses seguintes, o decreto do estado de emergência foi estendido repetidas vezes — até estar em vigor há bem mais de um ano. Atualmente, está programado para continuar vigente até pelo menos julho de 2017 — o novo normal.[9] E isso aconteceu em um governo de centro-esquerda, em um país como uma longa tradição de greves e protestos insubordinados. Uma pessoa teria que ser muito ingênua para imaginar que Donald Trump e Mike Pence não se aproveitariam imediatamente de qualquer ataque aos Estados Unidos para avançar muito mais por esse mesmo caminho. Devemos estar preparados para que choques de segurança sejam usados como justificativa para aumentar as prisões e o encarceramento de um grande número de pessoas de comunidades que já são alvos desse governo: imigrantes latinos, muçulmanos, ativistas do Black Lives Matter, ativistas climáticos. Tudo é possível. E, em nome de libertar as mãos dos agentes da lei, Sessions teria sua justificativa para pôr fim à supervisão federal das polícias estaduais e locais.

Infelizmente, não há garantia de que, após um ataque, juízes demonstrariam a mesma coragem de enfrentar Trump como fizeram imediatamente depois de ele tomar posse. Por mais que se posicionem como árbitros neutros, os tribunais não estão imunes à histeria pública. E não há dúvida de que o presidente se aproveitaria de qualquer ataque terrorista doméstico para culpar as cortes. Ele deixou isso muito claro quando escreveu no Twitter, depois que seu primeiro decreto proibindo que pessoas de determinadas nacionalidade entrassem no país foi derrubado: "Não acredito que um juiz foi capaz de colocar nosso país em perigo dessa forma. Se algo acontecer, culpem esse juiz e o sistema judiciário."

---

9. No dia 6 de julho de 2017, o Parlamento francês prorrogou o estado de emergência por mais seis meses até o dia 1º de novembro. Estava nos planos do governo do presidente Emmanuel Macron, no entanto, aprovar uma nova lei antiterrorista que faria com que algumas medidas do estado de emergência fossem assimiladas pelo direito comum. (*N. da T.*)

O Príncipe das Trevas está de volta

Trump não fez nenhum segredo de seu interesse pela tortura. "A tortura funciona", ele disse durante a campanha, "só um idiota diria que não funciona". Ele também prometeu encher Guantánamo de novos "sujeitos maus, acreditem em mim, vamos lotar aquele lugar".

Legalmente, isso não vai ser fácil. Desde que o governo de George W. Bush encontrou brechas que poderia explorar para dar uma guinada em direção ao sadismo, as cortes americanas se certificaram de tornar mais difícil que futuros governos façam o mesmo, assim como o Senado, que aprovou uma emenda, em 2015, determinando claramente que todas as técnicas de interrogatório devem seguir o manual do Exército.

Ainda assim, se o país se vir em meio a uma crise de segurança grande o bastante, não há por que esperar que uma Câmara dos Representantes e um Senado controlados pelos republicanos recusem à Casa Branca os poderes que ela exigir. Mike Pompeo, o diretor da CIA no governo Trump, deu indícios de uma alarmante disposição para voltar atrás. Depois de originalmente afirmar, em sua audiência de confirmação, que não permitiria a volta de táticas de tortura, ele fez um adendo: "Se os especialistas acreditassem que a atual lei é um impedimento para a obtenção de informações vitais para a proteção do país, eu gostaria de entender esses impedimentos e saber se haveria alguma recomendação apropriada para mudar a atual lei." Ele também pediu uma reversão das limitadas restrições em relação à vigilância digital colocadas em prática depois das revelações de Edward Snowden.

Mesmo sem a bênção do Congresso e da CIA, um governo determinado a violar a lei pode, infelizmente, encontrar um caminho. A rota mais provável para Trump é terceirizar esse trabalho sujo para prestadores de serviço privados. Ninguém menos que Erik Prince, o fundador da Blackwater (que, por acaso, é irmão de Betsy DeVos), vem aconselhando Trump nos bastidores. O jornalista investigativo Jeremy Scahill, que escreveu um livro premiado sobre a Blackwater, informa que Prince não apenas doou 100 mil dólares para um comitê de ação política favorável a Trump, mas aconselhou ativamente a equipe de transição "a respeito de assuntos relacionados com inteligência e defesa, até opinando sobre candidatos aos departamentos de Defesa e de Estado". E, em abril, o *Washington Post* publicou uma reportagem revelando que

> os Emirados Árabes Unidos arranjaram um encontro secreto em janeiro entre o fundador da Blackwater, Erik Prince, e um russo próximo do presidente Vladimir Putin como parte de um aparente esforço para estabelecer uma linha de comunicação clandestina entre Moscou e o presidente eleito Donald Trump de acordo com oficiais americanos, europeus e árabes. O encontro aconteceu por volta de 11 de janeiro — nove dias antes da posse de Trump — nas ilhas Seychelles, no Oceano Índico, segundo os oficiais.

Prince, informou o *Post*, "se apresentou como enviado extraoficial de Trump". Por meio de um representante, Prince descreveu esse relato como "uma completa invenção. O encontro não tinha nada a ver com o presidente Trump".

A presença de Prince em tudo isso é preocupante por questões que vão bem além da revelação de mais uma ligação entre a equipe de Trump e a Rússia. Na esteira de uma longa lista de processos judiciais e investigações (em 2014, um júri federal americano considerou quatro funcionários da Blackwater culpados de acusações que incluíam homicídio em um massacre na Praça Nisour, em Bagdá, que deixou dezessete pessoas mortas), Prince tentou rebatizar a Blackwater e, por fim, acabou vendendo a companhia. Ele agora tem uma nova empresa, o Frontier Services Group, e está tomando parte no furor anti-imigrantes que está varrendo o planeta, divulgando a companhia como a maneira mais eficiente de impedir que imigrantes atravessem fronteiras. Na Europa, ele afirma que, ao pagar sua empresa para trabalhar na Líbia, os países podem "garantir a segurança nas fronteiras terrestres e assim impedir que os emigrantes cheguem ao Mediterrâneo". Escrevendo para o *Financial Times* no início de 2017, Prince explicou que, se seu plano fosse implementado, "os traficantes de migrantes não teriam onde se esconder: eles podem ser detectados, presos e tratados usando um misto de operações aéreas e terrestres", todas privadas, todas com fins lucrativos.

O ressurgimento de Prince é uma lembrança de que há muitas formas clandestinas de contornar as práticas constitucionais, e Trump, assim como outros líderes, pode recorrer a empresas como a dele para vigiar, interrogar e intensificar consideravelmente o controle de fronteiras.

Não, eles não precisam planejar

Algumas pessoas alertaram que Trump tem tanto a ganhar com uma atmosfera de medo e confusão elevados, além de um desrespeito tão flagrante pela verdade, que devemos esperar que esse governo invente as próprias crises. Embora seja desaconselhável subestimar essa constelação de personagens, a verdade é que conspirações nefastas podem muito bem ser desnecessárias. Afinal, a abordagem descuidada e incompetente de Trump do ato de governar não é nada menos do que uma máquina criadora de desastres.

Basta ver as incendiárias declarações públicas e políticas do governo no que diz respeito aos muçulmanos e ao "terrorismo islâmico radical". Em uma década e meia da suposta guerra ao terror, não é controverso afirmar o óbvio: esses tipos de ação e retórica tornam as reações violentas muito mais prováveis. Nos dias atuais, as pessoas que alertam sobre esse perigo de maneira mais veemente não são ativistas contra o racismo ou contra a guerra, mas figuras proeminentes nas comunidades militares e de inteligência e no *establishment* da política externa. Elas argumentam que qualquer percepção de que os Estados Unidos estão em guerra contra o Islã como fé e contra os muçulmanos como grupo é um presente para extremistas que querem racionalizar ataques sangrentos a soldados e civis americanos. Daniel L. Bynam, membro sênior da Brookings Institution, que fez parte da Equipe de Investigação Conjunta do 11 de Setembro dos Comitês de Inteligência do Senado e da Câmara de Representantes, aborda as coisas da seguinte maneira: "As ações e a retórica de Trump dão credibilidade à narrativa dos jihadistas de uma guerra civilizatória."

Ao que consta, o ISIS já descreveu o primeiro decreto de Trump proibindo a entrada de imigrantes muçulmanos nos Estados Unidos como uma "proibição abençoada" que vai ajudar a recrutar combatentes. O ministro de Relações Exteriores do Irã já alertou que a proibição foi um "presente para os extremistas". Até o conselheiro de Segurança Nacional de Trump, o general H.R. McMaster, já descreveu o uso repetido que Trump faz da expressão *terrorismo islâmico radical* como contraproducente porque, segundo ele, os terroristas são "não islâmicos". Ainda assim, nada mudou. Trump parece determinado a fazer todo o possível para reforçar a mensagem de uma guerra santa.

A ideia de que Trump não se dá conta de quão provocador ele está sendo soa tão falsa quanto sua afirmação de que não sabe que sua retórica racista gerou um clima propício para crimes de ódio.

O choque da guerra

A maneira mais letal de os governos reagirem de maneira exagerada a ataques terroristas é explorando a atmosfera de medo a fim de embarcar em uma guerra estrangeira declarada. Não necessariamente importa se o alvo não tem conexão com os ataques terroristas originais. O Iraque não foi responsável pelo 11 de Setembro, mas foi invadido mesmo assim.

Os alvos mais prováveis de Trump estão em sua maioria no Oriente Médio e incluem (mas não estão de maneira nenhuma limitados a) os seguintes países: Síria; Iêmen, onde Trump já aumentou o número de ataques com drones; Iraque, onde ataques mortais com grande número de vítimas civis também estão aumentando; e, de maneira mais perigosa, o Irã. Além disso, é claro, há a Coreia do Norte. Depois de visitar a área desmilitarizada que divide as Coreias do Sul e do Norte, o secretário de Estado, Rex Tillerson, já declarou que "todas as opções estão sendo discutidas", recusando-se, de maneira significativa, a descartar uma ofensiva militar preventiva em resposta aos testes com mísseis realizados pelo regime norte-coreano. Isso foi seguido de uma demonstração de força militar e política quando Trump anunciou o envio imediato de um grupo de ataque da Marinha dos Estados Unidos, que incluía dois destróieres, um cruzador de mísseis teleguiados e um porta-aviões movido a energia nuclear, para a Península Coreana (constrangedoramente para o governo, o porta-aviões foi fotografado a milhares de quilômetros de distância, indo na direção oposta para realizar exercícios conjuntos com a Marinha australiana). E tudo foi reforçado por uma mensagem de Trump no Twitter repleta de testosterona sobre como, se a China não intervier, "nós vamos resolver o problema sem eles! EUA". A mídia estatal norte-coreana, nesse ínterim, divulgou uma declaração assustadora de que o país estava preparado para desferir um ataque nuclear "em território americano".

Trump invocou abertamente uma nova "corrida armamentista" nuclear, algo que não se via desde a década de 1980. Segundo consta, ele perguntou repetidas vezes a seus conselheiros de política externa por que os Estados Unidos não podem simplesmente usar suas armas nucleares, aparentemente não compreendendo o princípio de retaliação. E Sheldon Adelson, um dos maiores apoiadores financeiros de Trump, já falou sobre a necessidade de ameaçar o Irã com um ataque nuclear no "meio do deserto, onde não vai morrer nenhuma alma (...) talvez algumas cascavéis (...) Depois dizemos: 'Estão vendo? O próximo vai ser no meio de Teerã. Então, estamos falando sério.'" Adelson doou 5 milhões de dólares para a posse de Trump, a maior doação do tipo já feita.

Não estou dizendo que uma guerra nuclear seja provável. No entanto, no curto período de Trump no cargo, já houve um nível de escalada militar que é ao mesmo tempo aterrorizante e bizarramente desordenada. Como indicado por seu uso precoce do armamento convencional mais poderoso do arsenal americano — a Massive Ordnance Air Blast, ou MOAB, a mãe de todas as bombas —, Trump está embriagado pelo fascínio de mostrar ao mundo que ele é o maioral, motivo pelo qual Mikhail Gorbachev, que trabalhou pelo desarmamento quando era o líder soviético, escreveu na revista *Time* que hoje "a ameaça nuclear mais uma vez parece real. As relações entre as grandes potências têm ido de mal a pior há muitos anos. Os defensores do aumento dos arsenais e do complexo militar-industrial estão esfregando as mãos". (E isso foi antes de Trump desafiar a Coreia do Norte.)

Há muitas razões para as pessoas ao redor de Trump, particularmente as muitas que vieram diretamente do setor de defesa, decidirem que uma escalada militar ainda maior seja necessária. Como vimos, o ataque com mísseis à Síria em abril de 2017 — ordenado sem aprovação do Congresso e, portanto, ilegal de acordo com alguns especialistas — rendeu-lhe a cobertura de imprensa mais elogiosa desde que assumiu a presidência, com falcões liberais elogiando-o com tanto entusiasmo quanto seus superfãs na Fox. Seu círculo mais próximo, enquanto isso, apontou imediatamente os ataques como prova de que não havia nada impróprio entre a Casa Branca e a Rússia. "Se houve algo que a Síria fez, foi validar o fato de que não há nenhuma ligação com os russos", foi o que disse um dos filhos de Trump, Eric, de 33 anos, ao *Daily Telegraph* (talvez revelando inadvertidamente que poderia haver mais do que apenas compaixão por "lindos bebês" por trás da decisão de realizar um ataque tão drástico).

As guerras da Exxon

Há outra razão pela qual esse governo pode se apressar em explorar uma crise de segurança a fim de começar uma nova guerra ou acirrar um conflito já existente: não há maneira mais rápida ou mais eficaz de aumentar o preço do petróleo, especialmente se a violência interferir nos suprimentos de petróleo que vão para o mercado mundial.

Particularmente preocupante nessa frente de batalha é a relação de Rex Tillerson, secretário de Estado, com a ExxonMobil, uma das gigantes do petróleo que se beneficiaria mais diretamente de uma escalada dos preços. Sim, Tillerson concordou em se afastar da empresa e em ficar de fora das decisões que estivessem relacionadas especificamente com a ExxonMobil durante um ano. Mas suas ligações com a companhia permanecem profundas. Tillerson não apenas trabalhou na Exxon durante 41 anos — toda a sua vida profissional —, mas a ExxonMobil concordou em lhe pagar um pacote de aposentadoria no assombroso valor de 180 milhões de dólares, uma soma tão vultosa (especialmente considerando como o patrimônio da empresa diminuiu sob seu comando) que certamente vai inspirar um sentimento de gratidão no secretário de Estado. (Como você se sentiria em relação a uma corporação que lhe desse um pacote de aposentadoria de 180 milhões de dólares?) Como Tom Sanzillo, diretor financeiro do *Institute for Energy Economics and Financial Analysis*, declarou: "Você pode tirar o menino da Exxon, mas não pode tirar a Exxon do menino."

Além disso, embora Tillerson possa estar impedido de tomar decisões relativas às infraestruturas nas quais a ExxonMobil tem um claro interesse (como a aprovação do oleoduto Keystone XL), ele não pode ficar fora de muitas das decisões de política externa que podem impactar os preços do petróleo — decisões que podem significar bilhões de dólares para a companhia, o que, afinal, significaria ficar de fora de qualquer discussão a respeito de conflitos militares em regiões ricas em petróleo ou de discussões diretas com os líderes dos países produtores de petróleo. Já vimos que Tillerson não está fazendo nada disso.

A ligação entre a guerra e o preço do petróleo não é hipotética. Quando o preço do petróleo cai, a instabilidade aumenta nos países que dependem dele, como a Venezuela e a Rússia. Por outro lado, quando conflitos irrompem em países com reservas de petróleo consideráveis — seja na Nigéria ou no Kuwait —, o preço do petróleo dispara, pois os mercados preveem uma redução da oferta. (O preço do petróleo teve um leve aumento quando Trump ordenou o bombardeio com mísseis na Síria, em abril.) "Há uma correlação direta entre o preço do petróleo e os conflitos", explica Michael Klare, professor de estudos sobre a paz e a segurança mundial no Hampshire College. Uma prova desse fenômeno foi a invasão do Iraque, em 2003, que ajudou a fazer o preço do petróleo disparar de cerca de trinta dólares o barril no começo da invasão para mais de cem dólares o barril em 2008. Isso, por sua vez, foi o que desencadeou o aumento dos investimentos em areias betuminosas e a corrida para o Ártico, e essa dinâmica pode se repetir. Uma guerra que deixe grandes reservas estatais de petróleo inacessíveis ou que enfraqueça de maneira significativa a força da Organização dos Países Exportadores de Petróleo, seria uma dádiva para as gigantes petroleiras. A ExxonMobil, cheia de reservas de areias betuminosas e com megaprojetos pendentes no Ártico russo, teria muito a ganhar.

A única pessoa que talvez tivesse mais ainda a ganhar com esse tipo de instabilidade é Vladimir Putin, líder de um vasto petro-Estado em crise econômica desde que os preços do petróleo caíram. A Rússia é a maior exportadora mundial de gás natural e a segunda maior exportadora de petróleo (atrás apenas da Arábia Saudita). Quando os preços estavam altos, isso era uma bela notícia para Putin: antes de 2014, cinquenta por cento da receita orçamentária da Rússia vinha do petróleo e do gás. No entanto, quando os preços despencaram, o governo se viu subitamente privado de centenas de bilhões de dólares, uma catástrofe econômica que teve enormes custos humanos. De acordo com o Banco Mundial, em 2015 os salários reais caíram quase dez por cento na Rússia; a moeda russa, o rublo, desvalorizou quase quarenta por cento; e a parcela da população considerada pobre aumentou de 3 milhões para mais de 19 milhões de indivíduos. Putin posa de ditador, mas essa crise econômica o deixa vulnerável em seu país.

Esse é o motivo pelo qual muitos especularam que o envolvimento militar de alto risco da Rússia na Síria foi motivado em parte por um desejo de fazer os preços do petróleo voltarem a subir. Essa teoria tem sido defendida de maneira mais proeminente por Alexander Temerko, um empresário britânico de direita nascido na Ucrânia que opera na indústria do petróleo. Em 2015, Temerko escreveu no *Guardian*:

> Uma guerra prolongada no Oriente Médio atenderia perfeitamente aos interesses de Putin. Quanto mais profundo e amplo for o conflito, mais probabilidade de os preços mundiais do petróleo e do gás subirem, ajudando-o a encenar uma recuperação econômica em seu país e tornar as sanções inúteis.

190 | COMO AS COISAS PODEM PIORAR

Abrir caminho para tempos melhores em seu país é, portanto, o maior objetivo de Putin quando ele se propõe a apoiar um sistema que tira vantagem do patriotismo e do civismo do povo. O grande plano é que as receitas vitais obtidas por meio do petróleo e do gás se recuperem de forma que ele possa comprar a lealdade dos 140 milhões de russos.

(Isso é uma espécie de simplificação excessiva: Putin tem outras razões para estar presente na Síria, incluindo um desejo de ter acesso aos portos do país e potencialmente a seus campos de petróleo e gás — e a guerra, como sempre, funciona como uma bela distração da miséria doméstica.)

Também ouvimos falar muito sobre como a ExxonMobil fez um grande acordo com a empresa petrolífera estatal russa Rosneft para explorar o petróleo no Ártico que Putin se gabou de valer meio trilhão de dólares. Esse acordo foi inviabilizado pelas sanções dos Estados Unidos à Rússia impostas durante o governo Obama. Ainda é eminentemente possível, apesar das posturas de ambos os lados em relação à Síria, que Trump suspenda essas sanções e deixe o caminho livre para que o acordo vá adiante, o que aumentaria rapidamente o patrimônio exaurido da ExxonMobil. (Meses depois que Trump assumiu a presidência, a empresa solicitou uma revogação das sanções americanas, o que foi negado.)

Porém, mesmo que as sanções fossem suspensas, há outro fator que impede o avanço do projeto: os baixos preços do petróleo. Tillerson fechou o acordo com a Rosneft em 2011, quando o preço do petróleo tinha disparado para 110 dólares o barril. Seu primeiro compromisso era explorar petróleo no mar ao norte da Sibéria, em condições gélidas e difíceis. Desde o colapso do preço do petróleo, outras gigantes petroleiras, incluindo a Shell e a francesa Total, desistiram de extrair petróleo no Ártico, em parte porque as temperaturas congelantes aumentam demais os custos. (Estima-se que o preço mínimo para ter rentabilidade com a exploração de petróleo no Ártico fique em torno de 100 dólares o barril, se não mais.) Então, mesmo que as sanções sejam suspensas pelo governo Trump, não vai fazer sentido para a Exxon e a Rosneft irem adiante com seu projeto a não ser que os preços do petróleo estejam altos o suficiente. Em outras palavras, ambas as partes envolvidas têm razões importantes e multifacetadas para querer que o preço do petróleo volte a subir.

É por isso que devemos ter muito claro em nossa mente que um estado de instabilidade e incerteza não é algo que seja temido pelas principais figuras dentro e em torno do governo Trump; ao contrário, muitos vão acolhê-lo. Trump se cercou de mestres do caos — de Tillerson a Mnuchin, e o caos tem um longo histórico de fazer subir o preço do petróleo. Se o preço subir para oitenta dólares ou mais o barril, então a corrida para desenterrar e queimar os combustíveis fósseis mais poluentes, incluindo aqueles sob gelo que está derretendo, vai recomeçar. Uma recuperação do preço daria início a um furor global por uma nova extração de combustíveis fósseis de alto risco e altas emissões de carbono, do Ártico às areias betuminosas. Se isso acontecer, teremos perdido nossa última chance de evitar mudanças climáticas catastróficas.

Portanto, em um sentido muito real, impedir a guerra e evitar o caos climático são uma mesma e única luta.

Choques econômicos

Assim como Trump não poderia não saber que suas ações e sua retórica antimuçulmanas tornam os ataques terroristas mais prováveis, suspeito de que muitos no governo Trump têm plena consciência do fato de que seu frenesi de desregulamentação financeira também torna outros tipos de choques e desastres mais prováveis. Trump anunciou planos de desmantelar a lei Dodd-Frank, a peça mais substancial de legislação introduzida depois do colapso dos bancos em 2008. A Dodd-Frank não foi contundente o suficiente, mas sua ausência vai liberar Wall Street para inflar novas bolhas que, inevitavelmente, vão estourar, dando origem a novos choques econômicos.

A equipe de Trump sabe disso, mas simplesmente não se importa: os lucros com essas bolhas de mercado são tentadores demais. Além disso,

192 | COMO AS COISAS PODEM PIORAR

eles sabem que, como os bancos nunca foram desmembrados, continuam sendo grandes demais para falir, o que significa que, se tudo desmoronar, os bancos vão ser salvos de novo, assim como em 2008. (Na verdade, Trump assinou um decreto exigindo a revisão da parte específica da Dodd-Frank destinada a evitar que os contribuintes tenham que pagar por outro resgate como esse — um sinal agourento, especialmente com tantos **ex-executivos** da Goldman formulando as políticas da Casa Branca.)

Alguns membros do governo certamente também veem algumas opções políticas cobiçadas se abrindo na esteira de um ou dois bons choques de mercado. Durante a campanha, Trump cortejou eleitores prometendo não tocar na Seguridade Social nem no Medicare. Mas isso pode se provar insustentável considerando os profundos cortes tributários por vir. Uma crise econômica daria a Trump uma justificativa útil para abandonar essas promessas. Em meio a um momento apresentado à população como um apocalipse econômico, Betsy DeVos pode até mesmo ter a chance de realizar seu sonho de substituir as escolas públicas por um sistema baseado em *vouchers* e escolas *charters*.

A quadrilha de Trump tem uma longa lista de desejos quando se trata de políticas que não se prestam a tempos normais. Nos primeiros dias do novo governo, por exemplo, Mike Pence se reuniu com Scott Walker, o governador do Wisconsin, para saber como o governador tinha conseguido privar os sindicatos do setor público de seu direito de negociar coletivamente em 2011. (Uma dica: ele se valeu da cobertura da crise fiscal do estado, o que levou o colunista Paul Krugman do *New York Times* a declarar que, no Wisconsin, "a doutrina do choque estava bem à mostra".)

O cenário é claro. Muito provavelmente não vamos ver todo o barbarismo econômico desse governo em seu primeiro ano. Ele só vai se revelar mais tarde, depois que as crises orçamentárias e os choques de mercado inevitáveis acontecerem. Então, em nome de resgatar o governo e talvez toda a economia, a Casa Branca vai começar a colocar em prática os itens mais difíceis da lista de desejos corporativos.

Choques climáticos

Assim como as políticas econômicas e de segurança nacional de Trump estão destinadas a gerar e aprofundar crises, os movimentos do governo para aumentar a produção de combustíveis fósseis, desmontar grande parte da legislação ambiental do país e destruir o acordo de Paris pavimentam o caminho para mais acidentes industriais de larga escala, sem falar de futuros desastres climáticos. Há uma defasagem de cerca de uma década entre as emissões de dióxido de carbono na atmosfera e o aquecimento resultante total, de forma que os piores efeitos climáticos das políticas dessa administração provavelmente só serão sentidos quando eles não estiverem mais no governo.

Dito isso, já garantimos tanto aquecimento que nenhum presidente pode terminar seu mandato sem enfrentar grandes desastres relacionados com o clima. Na verdade, Trump não completara nem dois meses no governo quando teve de lidar com grandes incêndios florestais nas Grandes Planícies, que levaram à morte tantas cabeças de gado que um fazendeiro descreveu o evento como "nosso furacão Katrina".

Trump não demonstrou muito interesse pelos incêndios, não lhes dispensando nem sequer uma mensagem no Twitter. Quando a primeira supertempestade atingir o litoral do país, porém, devemos esperar uma reação muito diferente de um presidente que sabe o valor de propriedades com vista para o mar e sempre se interessou apenas por construir para o 1 por cento. A preocupação, é claro, vai ser uma repetição da roubalheira após o Katrina e dos "bilhões desaparecidos" no Iraque, uma vez que contratos fechados às pressas são propícios à corrupção, e são as pessoas evacuadas e os trabalhadores que pagam o preço.

Resposta a desastres de luxo

A maior escalada da era Trump, no entanto, provavelmente vai ser nos serviços de resposta a desastres destinados especificamente aos ricos — o que uma manchete da *New Yorker* recentemente chamou de Preparativos do

Apocalipse para os Super-Ricos. Quando eu estava escrevendo *A doutrina do choque*, essa indústria ainda estava na infância, e muitas das primeiras empresas do ramo não resistiram. Escrevi, por exemplo, sobre uma companhia aérea de vida curta chamada Help Jet, com sede na cidade de West Palm Beach, amada por Trump. Enquanto durou, a Help Jet oferecia uma variedade de serviços de resgate de luxo em troca de uma taxa de associação.

Quando havia um furacão a caminho, a Help Jet despachava limusines para buscar os associados, fazia reservas para eles em resorts de golfe e spas cinco estrelas em algum lugar seguro, depois os levava para longe em jatinhos particulares. "Nada de ficar em filas, de ter que lidar com multidões, apenas uma experiência de primeira classe que transforma um problema em férias", dizia o material de divulgação da empresa. "Aproveite a sensação de evitar o pesadelo que costumam ser as evacuações antes de furacões." Com o benefício do retrospecto, parece que a Help Jet, longe de calcular mal o mercado para esses serviços, estava simplesmente à frente de seu tempo. Atualmente, os empreendimentos imobiliários de luxo em Nova York começaram a oferecer comodidades privadas para desastres aos residentes em potencial — tudo desde iluminação de emergência até bombas de água particulares, geradores e comportas de quatro metros para evitar inundações. Um condomínio de Manhattan ostenta depósitos selados "como submarinos" no caso de outra supertempestade como a Sandy atingir a costa. Os campos de golfe de Trump também estão tentando se preparar. Na Irlanda, o Trump International Golf Links and Hotel pediu autorização para construir um muro de três quilômetros de extensão e quatro metros de altura a fim de proteger a propriedade costeira da elevação dos mares e das tempestades cada vez mais perigosas.

Evan Osnos publicou recentemente na *New Yorker* que, no Vale do Silício e em Wall Street, os sobrevivencialistas mais ricos e mais comprometidos estão se protegendo contra as perturbações climáticas e o colapso social comprando espaço em bunkers subterrâneos construídos sob medida no Kansas (protegidos por mercenários fortemente armados) e construindo refúgios em terrenos altos na Nova Zelândia. É desnecessário dizer que é

A NOCIVA LISTA DE COISAS A FAZER | 195

preciso ter um jatinho particular para chegar a esses locais — a Zona Verde por excelência.

Na ponta mais extrema dessa tendência está o bilionário da PayPal Peter Thiel, um dos grandes doadores de campanha de Trump e membro de sua equipe de transição. Thiel apoiou uma iniciativa chamada Seasteading Institute, cofundada por Patri Friedman (neto de Milton) em 2008. O objetivo da Seasteading é que pessoas ricas um dia se separem do resto do mundo em estados-nação completamente independentes que vão flutuar no meio do oceano, protegidas da elevação dos mares e completamente autossuficientes. Qualquer um que não goste de pagar impostos ou ser regulado vai poder simplesmente, como o manifesto do movimento afirma, "votar com seu barco". Thiel recentemente parece ter perdido interesse no projeto, dizendo que a logística de construir estados-nação flutuantes não é "exatamente viável", mas o projeto continua.

O preocupante em relação a todo esse fenômeno sobrevivencialista top de linha (além de sua esquisitice geral) é que, conforme os ricos criam suas próprias saídas de emergência de luxo, há um incentivo cada vez menor para manter qualquer tipo de infraestrutura de resposta a desastres que exista para ajudar a todos, não importa a renda — precisamente a dinâmica que levou a um enorme e desnecessário sofrimento em Nova Orleans durante o Katrina. (Os sobrevivencialistas se referem à Agência Federal de Gestão de Emergências, na sigla em inglês FEMA, como "Foolishly Expecting Meaningful Aid" [Esperar Inutilmente por uma Ajuda Significativa], brincadeira que só tem graça se você tem meios de pagar pela sua própria saída.)

Essa infraestrutura do desastre de dois escalões está avançando a uma velocidade alarmante. Em estados especialmente vulneráveis a incêndios como a Califórnia e o Colorado, as empresas de seguro fornecem um serviço de "concierge" para seus clientes mais exclusivos: quando os incêndios florestais ameaçam suas mansões, as empresas despacham equipes de bombeiros particulares para protegê-las com produtos que impedem a propagação do fogo. A esfera pública, enquanto isso, fica exposta à deterioração.

A Califórnia oferece um vislumbre de para onde tudo isso está caminhando. Para combater incêndios, o estado recorre a mais de 4.500 presos de baixa periculosidade, que ganham um dólar por hora quando estão na linha de fogo, colocando a vida em risco enquanto tentam conter incêndios florestais, e cerca de dois dólares por dia quando voltam para os campos de conservação. Segundo algumas estimativas, a Califórnia economiza cerca de um bilhão de dólares por ano com esse programa, uma pequena mostra do que acontece quando se misturam políticas de austeridade com encarceramento em massa e mudanças climáticas.

Eu não estou com calor — você está?

O aumento dos preparativos de luxo para enfrentar desastres também significa que há menos razões para os grandes vencedores da nossa economia adotarem as exigentes mudanças de política necessárias para evitar um futuro ainda mais quente e pontuado por desastres, o que pode ajudar a explicar a determinação do governo Trump em fazer todo o possível para acelerar a crise climática.

Até agora, grande parte da discussão em torno dos retrocessos ambientais de Trump se concentrou em supostas cisões entre os membros de seu círculo mais próximo que negam ativamente a ciência climática, incluindo Scott Pruitt, diretor da Agência de Proteção Ambiental, e o próprio Trump, e aqueles que admitem que os seres humanos estão de fato contribuindo para o aquecimento do planeta, como Rex Tillerson e Ivanka Trump. No entanto, isso deixa de lado o principal: o que todos que cercam Trump compartilham é a certeza de que eles, seus filhos e na realidade toda a sua classe vão ficar bem, que sua riqueza e suas conexões vão protegê-los do pior dos choques ainda por vir. Eles vão perder algumas propriedades à beira-mar, é verdade, mas nada que não possa ser substituído por uma nova mansão nas montanhas.

O que importa não é sua visão declarada a respeito da ciência da mudança climática. O que importa é que nenhum deles parece estar preocupado com as mudanças climáticas. Os primeiros eventos catastróficos estão acontecendo em sua maioria em regiões pobres do mundo, onde a população não é branca. E, quando os desastres de fato afetam as nações ricas do Ocidente, há cada vez mais maneiras de os ricos comprarem sua relativa segurança. No início do mandato de Trump, o congressista republicano Steve King causou controvérsia ao publicar no Twitter: "Não podemos restaurar nossa civilização com os filhos de outra pessoa." Foi um comentário revelador em muitos sentidos. A mudança climática não é uma preocupação do Partido Republicano porque muitas pessoas em posições de poder claramente acham que vão ser "os filhos de outra pessoa" que vão arcar com os riscos, filhos que não contam tanto quanto os filhos deles próprios. Pode ser que nem todos eles neguem as mudanças climáticas, mas quase todos não estão nem um pouco preocupados com as catástrofes.

Essa despreocupação é representativa de uma tendência extremamente perturbadora. Em uma era de desigualdade de renda cada vez maior, um grupo significativo das nossas elites está se isolando não apenas fisicamente, mas também psicologicamente, dissociando-se mentalmente do destino coletivo do restante da humanidade. Essa secessão da espécie humana (mesmo que apenas em sua mente) os deixa livres não apenas para minimizar a necessidade urgente de ações climáticas, mas também para conceber formas cada vez mais predatórias de lucrar com os desastres e instabilidade atuais e futuros.

Aquilo na direção do que estamos caminhando é o futuro que vislumbrei em Nova Orleans e Bagdá muitos anos atrás. Um mundo dividido em Zonas Verdes e Zonas Vermelhas e prisões secretas para qualquer um que não colaborar. E estamos no caminho de uma economia no estilo Blackwater, na qual os agentes privados lucram construindo muros, colocando a população sob vigilância, encarregando-se da segurança privada e dos postos de controle privatizados.

Um mundo de Zonas Verdes e Zonas Vermelhas

É dessa maneira que nosso mundo está sendo dividido a um ritmo alarmante. A Europa, a Austrália e a América do Norte estão construindo fortalezas cada vez bem mais elaboradas (e privatizadas) nas fronteiras para impedir

198 | COMO AS COISAS PODEM PIORAR

a entrada das pessoas que estão fugindo para salvar suas vidas. Fugas que, com muita frequência, são resultado direto de forças desencadeadas primariamente por esses continentes fortificados, sejam acordos comerciais predatórios, guerras ou desastres ecológicos intensificados pelas mudanças climáticas.

Lamenta-se a "crise migratória", mas não tanto as crises que levam a essas migrações. Desde 2014, estima-se que 13 mil pessoas morreram afogadas no mar Mediterrâneo tentando chegar ao litoral europeu. Para aqueles que conseguem fazer a travessia, a segurança está longe de estar garantida. O imenso campo de imigrantes em Calais, na França, foi apelidado de "a selva", um eco da forma como as pessoas abandonadas após o Katrina foram classificadas como "animais". No fim de 2016, pouco antes de Trump ser eleito, o campo de Calais foi demolido.

Foi o governo australiano, porém, que foi mais longe em tratar o desespero humano como uma doença contagiosa. Há cinco anos consecutivos desde 2012, as embarcações com imigrantes que se aproximam da costa da Austrália são sistematicamente interceptadas no mar e seus ocupantes levados para campos de detenção remotos nas ilhas de Nauru e Manus. Diversos relatórios descreveram as condições nesses campos como análogas à tortura, mas o governo dá de ombros. Afinal, ele não administra os campos — prestadores de serviço privados e motivados pelo lucro se encarregam disso (é claro).

As condições são tão degradantes em Nauru que, em apenas uma semana, em 2016 dois refugiados atearam fogo ao próprio corpo em uma tentativa de sensibilizar o mundo para o seu sofrimento. Não funcionou. O primeiro-ministro Malcolm Turnbull continua a recusar os pedidos de muitos australianos de receberem os refugiados em seu vasto país. "Não podemos ser sentimentais a esse respeito", diz, declarando que os australianos "têm de ser muito claros e determinados em seu propósito nacional."

Nauru, a propósito, é uma das ilhas do Pacífico ameaçadas pelo aumento do nível dos mares. Seus residentes, depois de verem seu lar transformado em uma prisão para pessoas fugindo da guerra em lugares como a Somália e o

Afeganistão, muito possivelmente serão forçados a se tornarem imigrantes. É outro vislumbre de um futuro que já chegou: os refugiados climáticos de amanhã recrutados para servir como guardas de prisão hoje.

Jatos, drones e barcos

A ironia é particularmente aguda porque muitos dos conflitos que levam à migração hoje já foram exacerbados pelas mudanças climáticas. Por exemplo, antes de a guerra civil eclodir na Síria, o país enfrentou sua mais severa seca já registrada: cerca de 1,5 milhão de pessoas tiveram de se deslocar internamente como consequência da estiagem. Muitos agricultores expulsos do campo se deslocaram para a cidade fronteiriça de Daraa, justamente onde a rebelião síria eclodiu em 2011. A seca não foi o único fator que levou as tensões a um ponto crítico, mas muitos analistas, incluindo John Kerry, o ex-secretário de Estado, estão convencidos de que foi um fator determinante.

De fato, se identificarmos os locais onde acontecem os conflitos mais intensos no mundo hoje — dos sangrentos campos de batalha no Afeganistão e no Paquistão até a Líbia, o Iêmen, a Somália e o Iraque —, o que fica claro é que esses também são os lugares mais quentes e secos do planeta. O arquiteto israelense Eyal Weizman mapeou os alvos dos ataques de drones ocidentais e descobriu uma "coincidência espantosa". Os ataques estão intensamente concentrados em regiões com uma média de apenas duzentos milímetros de chuva por ano, tão pouco que mesmo as alterações climáticas mais tênues podem levar a uma estiagem. Em outras palavras, estamos bombardeando os lugares mais secos do planeta, que coincidentemente também são os mais instáveis.

Uma explicação franca para isso foi fornecida em um relatório do Exército dos Estados Unidos publicado pelo Centro de Análises Navais uma década atrás: "O Oriente Médio sempre foi associado a dois recursos naturais, o petróleo (por causa de sua abundância) e a água (por causa de sua escassez)." No que diz respeito ao petróleo, à água e à guerra no Oriente Médio, determinados padrões ficaram claros com o passar do tempo. Primeiro, os aviões de combate seguem essa abundância de petróleo na região, dando início a espirais de violência e instabilidade. Em seguida vêm os drones ocidentais, monitorando de perto a escassez de água conforme a seca e os conflitos se misturam. E, assim como as bombas acompanham o petróleo e os drones seguem a seca, agora as embarcações de refugiados acompanham ambos. Barcos cheios de refugiados fugindo de lares devastados pela guerra e pela estiagem nas partes mais secas do planeta.

A mesma capacidade de desconsiderar a humanidade do "outro" que justifica o ferimento e a morte de civis em bombardeios e ataques de drones está agora sendo aplicada às pessoas nos barcos (ou chegando em ônibus ou a pé), projetando sua necessidade de segurança como uma ameaça, sua fuga desesperada como uma espécie de exército invasor.

O aumento dramático do nacionalismo de extrema-direita, do racismo, da islamofobia e da pura supremacia branca na última década não pode ser dissociado desse turbilhão, dos aviões e drones, dos barcos e muros. A única maneira de justificar níveis tão insustentáveis de desigualdade é investir em teorias de hierarquia racial que contam uma história sobre como as pessoas que estão sendo impedidas de entrar na Zona Verde global merecem seu destino, seja com Trump caracterizando os mexicanos como estupradores e "hombres maus" e refugiados sírios como terroristas não declarados, seja com a proeminente política conservadora canadense Kellie Leitch propondo que os imigrantes sejam submetidos a testes de triagem para "valores canadenses", sejam sucessivos primeiros-ministros australianos justificando os sinistros campos de detenção nas ilhas como uma alternativa "humanitária" para a morte no mar.

É assim que a instabilidade global se apresenta em sociedades que nunca repararam seus crimes de fundação, países que insistem que a escravidão e o roubo de terras indígenas foram apenas pequenas falhas em histórias que, caso contrário, seriam motivo de orgulho. Afinal, há poucas coisas mais Zona Verde/Zona Vermelha do que a economia das fazendas escravagistas, com bailes na casa-grande a apenas alguns passos de distância da tortura nos campos, tudo isso se desenrolando em terras roubadas com violência dos nativos, nas quais a riqueza da América do Norte foi construída.

O que está ficando claro é que as mesmas teorias de hierarquia racial que justificaram esses roubos violentos em nome da construção de uma era industrial estão visivelmente ressurgindo conforme o sistema de riquezas e conforto que elas construíram começa a se revelar em múltiplas frentes ao mesmo tempo.

Trump é apenas uma das primeiras e mais cruéis manifestações dessa revelação. Ele não está sozinho. E não vai ser o último.

Uma crise de imaginação

Quando procuraram por uma expressão para descrever as enormes discrepâncias em termos de privilégios e segurança entre aqueles que viviam nas zonas Verde e Vermelha no Iraque, os jornalistas muitas vezes acabavam recorrendo a "ficção científica". E obviamente era. A cidade murada onde os poucos ricos vivem em relativo luxo enquanto as massas do lado de fora lutam umas contra as outras pela sobrevivência é basicamente o pressuposto fundamental de todo filme de ficção científica distópica produzido hoje em dia, de *Jogos Vorazes*, com a decadente Capital *versus* as colônias desesperadas, a *Elysium*, com sua estação espacial de elite que mais parece um spa pairando sobre uma favela crescente e letal. É uma visão profundamente emaranhada com as religiões ocidentais dominantes, com suas narrativas grandiosas de grandes inundações limpando o mundo, com apenas uns poucos escolhidos selecionados para começar tudo novamente. É a história de grandes incêndios que se espalham, queimando os infiéis e levando os justos para uma cidade murada no céu. Nós imaginamos coletivamente esse fim extremo de vencedores e perdedores para a nossa espécie tantas vezes que uma de nossas tarefas mais prementes é aprender a imaginar outros fins possíveis para a história humana, fins nos quais nos unimos diante das crises em vez de nos dividirmos, acabamos com fronteiras em vez de construirmos mais.

202 | COMO AS COISAS PODEM PIORAR

Porque todos sabemos muito bem aonde a estrada na qual estamos vai nos levar. Ela vai nos levar a um mundo de Katrinas, um mundo que é a confirmação de nossos pesadelos mais catastróficos. Embora haja uma sub-cultura florescente de ficção científica utópica, as safras atuais de livros e filmes distópicos de sucesso imaginam e reimaginam aquele mesmo futuro de Zona Verde/Zona Vermelha repetidas vezes. Porém, o objetivo da arte distópica não é atuar como um GPS temporal, mostrando-nos nosso destino inevitável. O objetivo é nos alertar e fazer despertar, de forma que, vendo aonde esse caminho temerário vai nos levar, sejamos capazes de mudar de rumo.

"Nós temos o poder de começar o mundo de novo", disse Thomas Paine muitos anos atrás, resumindo perfeitamente o sonho de escapar do passado que está no coração tanto do projeto colonial quanto do sonho americano. A verdade, no entanto, é que *não* temos esse poder de intervenção divino, nunca tivemos. Temos que viver com a bagunça e os erros que cometemos, assim como dentro dos limites do que o nosso planeta é capaz de suportar.

O que temos é o poder de mudar a nós mesmos, de tentar reparar os erros do passado e de restaurar nossa relação uns com os outros e com o planeta que compartilhamos. Esse trabalho é que é o fundamento da resistência ao choque.

PARTE IV

COMO AS COISAS PODEM MELHORAR

Ela está no horizonte... Me aproximo dois passos, ela se afasta dois passos.
Eu avanço dez passos e o horizonte corre dez passos à frente.
Por mais que eu caminhe, nunca a alcançarei.
Para que serve a utopia? Ela serve para isto: para caminharmos.

— Eduardo Galeano
As palavras andantes, 1995

CAPÍTULO DEZ

QUANDO A DOUTRINA DO CHOQUE DÁ ERRADO

Quando eu estava no fim da adolescência, minha mãe teve uma série de derrames incapacitantes que mais tarde descobrimos terem sido causados por um tumor cerebral. O primeiro derrame foi um completo choque; ela era mais nova do que sou agora, fisicamente ativa e profissionalmente focada. Em um momento ela estava andando de bicicleta, e no momento seguinte estava em uma UTI neurológica, incapaz de se mover ou de respirar sem ajuda de aparelhos.

Até minha mãe ter o derrame, eu tinha sido uma adolescente bastante difícil — eu era fechada com meus pais, selvagem com os meus amigos e uma mentirosa compulsiva. De modo geral, eu ia bem na escola, minha única salvação, mas a convivência em casa era tensa ou pior.

No instante em que a vida da minha mãe mudou para sempre, eu mudei também. Descobri que eu sabia como ser prestativa. Carinhosa (imagine). Cresci da noite para o dia. Depois de uma cirurgia no cérebro, ela gradualmente recuperou parte de sua mobilidade, embora estivesse longe de recuperá-la por completo. Ao observá-la se adaptar a uma vida diferente como uma pessoa com deficiência, aprendi muito sobre o poder dos seres humanos de encontrar novas reservas de força.

É verdade que as pessoas podem regredir em tempos de crise. Já vi isso acontecer muitas vezes. Em um estado de choque, com nossa compreensão do mundo profundamente abalada, muitos de nós agem de maneira infantil e passiva, confiando demais em pessoas que não se furtam a abusar dessa confiança. Porém, também sei, pela forma como minha família atravessou um acontecimento chocante, que também pode haver a resposta inversa. Podemos evoluir e crescer em uma crise, e deixar de lado todo tipo de disparates — rapidamente.

Resistência, memória e os limites para o não

Isso vale para sociedades inteiras também. Diante de um trauma compartilhado ou de uma ameaça comum, comunidades podem se unir em atos corajosos de sanidade e maturidade. Já aconteceu antes, e os primeiros sinais indicam que pode estar acontecendo de novo.

O governo Trump está indo atrás de grandes setores da população ao mesmo tempo: dezenas de milhões de pessoas afetadas pelos cortes orçamentários propostos, ativistas dos direitos civis, artistas, tribos indígenas, imigrantes, climatologistas... Sua beligerância militar e seus crimes ambientais são ataques que vão bem além das fronteiras dos Estados Unidos, travando uma guerra contra a estabilidade global e a habitabilidade do planeta. Está claro que, como muitos terapeutas do choque antes deles, Trump e sua quadrilha estão apostando que a estratégia de "tudo ao mesmo tempo" vai deixar seus adversários sobrecarregados, fazendo com que se dispersem em todas as direções e acabem se rendendo por pura exaustão ou por uma sensação de futilidade.

A estratégia no estilo *blitzkrieg*, embora tenha funcionado muitas vezes no passado, é na verdade bastante arriscada. O perigo de iniciar conflitos em tantas frentes é que, se isso não conseguir desmoralizar seus oponentes, pode muito bem uni-los.

No dia em que Trump assinou a permissão para a construção do oleoduto Keystone XL, Mekasi Camp Horinek, um membro da nação ponca, compartilhou uma versão dessa teoria com o jornalista Alleen Brown:

QUANDO A DOUTRINA DO CHOQUE DÁ ERRADO | 207

Quero agradecer ao presidente por todas as decisões ruins que ele está tomando, pelas péssimas nomeações para compor seu gabinete e por despertar um gigante adormecido. Pessoas que nunca se pronunciaram, pessoas que nunca tiveram sua voz ouvida, que nunca colocaram seu corpo na linha de combate estão agora indignadas. Eu gostaria de agradecer ao presidente Trump por seu preconceito, por seu sexismo, por fazer com que todos nesta nação se unam para lutar juntos e lado a lado.

Quando a Argentina disse não

Como as táticas de choque se valem da desorientação da população provocada pelos acontecimentos que se sucedem rapidamente, elas tendem a fracassar de maneira mais espetacular nos lugares onde há uma forte memória coletiva de circunstâncias anteriores nas quais o medo e o trauma foram explorados para minar a democracia. Essas memórias funcionam como uma espécie de amortecedor do choque, dando às populações pontos de referência comuns que lhes permitem nomear o que está acontecendo e reagir.

É uma lição que aprendi quando tive um vislumbre de outro tipo de futuro nas ruas de Buenos Aires, isso há mais de quinze anos. No fim de 2001 e começo de 2002, a Argentina estava em meio a uma crise econômica tão severa que deixou o mundo perplexo.

Na década de 1990, o país se abriu à globalização corporativa de maneira tão rápida e tão completa que o Fundo Monetário Internacional o considerou um estudante modelo. As logomarcas icônicas de bancos mundiais, cadeias de hotéis e restaurantes de *fast-food* americanos brilhavam contra o céu de Buenos Aires, e seus novos shoppings eram tão elegantes e luxuosos que eram com frequência comparados a Paris. A revista *Time* declarou, em sua capa, que a economia argentina era um "milagre".

Mas então tudo desmoronou. Em meio a uma crise de endividamento, o governo tentou impor uma nova onda de austeridade econômica, e todos os reluzentes bancos mundiais tiveram de colocar tapumes em suas vitrines e portas para impedir que os clientes invadissem as agências para sacar suas economias. Protestos se espalharam por todo o país. Nos subúrbios, supermercados (pertencentes a cadeias europeias) foram saqueados. Em meio a esse cenário caótico, Fernando de la Rúa, então presidente da Argentina, foi para a televisão, com o rosto brilhando de suor, e anunciou que o país estava sob ataque de "grupos que são inimigos da ordem e que desejam espalhar discórdia e violência". Ele declarou um estado de sítio de trinta dias — que lhe deu o poder de suspender uma série de garantias constitucionais, incluindo a liberdade de imprensa — e ordenou que todos permanecessem em suas casas.

Para muitos argentinos, as palavras do presidente soaram como o prelúdio de um golpe militar — e isso se provou um erro estratégico fatal. As pessoas, não importava a idade, conheciam sua história, incluindo o fato de que, quando os militares deram seu golpe brutal em 1976, a necessidade de restaurar a ordem pública contra inimigos internos tinha sido o pretexto. A junta militar permaneceu no poder até 1983, e nesse ínterim ceifou a vida de cerca de trinta mil pessoas.

Determinados a não perder seu país novamente e enquanto de la Rúa ainda estava na televisão ordenando que as pessoas permanecessem em casa, a famosa praça central de Buenos Aires, a Plaza de Mayo, foi ocupada por dezenas de milhares de pessoas, muitas batendo panelas e frigideiras com colheres e garfos, em uma revolta sem palavras, porém ruidosa, contra as ordens do presidente. Os argentinos não estavam dispostos a abrir mão de suas liberdades básicas em nome da ordem. Não de novo, não dessa vez.

E então essa grande reunião encontrou sua voz, e um único grito de rebeldia emergiu da multidão de avós e estudantes do ensino médio, entregadores motorizados e funcionários de fábricas desempregados, suas palavras dirigidas aos políticos, aos banqueiros, ao FMI e qualquer outro "especialista" que afirmasse ter a receita perfeita para a prosperidade e estabilidade na Argentina: "¡Que se vayan todos!" — Saiam todos! Os manifestantes permaneceram nas ruas mesmo depois que protestantes foram mortos em confrontos com a polícia, levando o total dos que perderam a vida em todo o

QUANDO A DOUTRINA DO CHOQUE DÁ ERRADO | 209

país a mais de vinte. Em meio a esse caos, o presidente foi forçado a suspender o estado de sítio e fugiu do palácio presidencial de helicóptero. Quando um novo presidente foi nomeado, as pessoas se revoltaram e o rejeitaram, enojadas, passando, assim, por três presidentes em apenas três semanas.

Enquanto isso, em meio aos destroços da democracia argentina, algo estranho e maravilhoso começou a acontecer: vizinhos colocaram a cabeça para fora de seus apartamentos e casas e, na ausência de um líder político ou de um governo estável, começaram a falar uns com os outros. A pensar juntos. Um mês depois, já havia cerca de 250 "*asambleas barriales*" (assembleias de bairros, pequenas e grandes) apenas na área central de Buenos Aires. Pense no Occupy Wall Street — porém em toda parte. As ruas, parques e praças foram ocupados por reuniões, e as pessoas varavam a noite planejando, argumentando, testemunhando e votando em tudo, desde se a Argentina deveria pagar sua dívida externa até quando deveriam ocorrer novos protestos ou como apoiar um grupo de trabalhadores que tinha transformado sua fábrica abandonada em uma cooperativa democrática.

Muitas dessas primeiras assembleias eram ao mesmo tempo terapia de grupo e reuniões políticas. Os participantes falavam de sua experiência de isolamento em uma cidade de 13 milhões de habitantes. Acadêmicos e comerciantes se desculpavam por não terem defendido uns aos outros, gerentes de publicidade admitiam que costumavam olhar com desprezo para operários desempregados, achando que eles tiveram o que mereciam, sem nunca imaginar que a crise ia atingir as contas bancárias da classe média cosmopolita. E os pedidos de desculpas pelos erros do presente logo deram lugar a confissões doloridas sobre acontecimentos da época da ditadura. Eu testemunhei quando uma dona de casa se levantou e admitiu publicamente que, três décadas antes, ao ouvir mais uma de muitas histórias sobre o irmão ou o marido de alguém sendo sequestrado pela junta militar, ela aprendeu a fechar seu coração para o sofrimento, dizendo a si mesma: "*Por algo será*" — deve ter sido por alguma razão. Eles estavam tentando entender, juntos, como tinham perdido tanto no passado e estavam construindo relações para impedir que esses erros se repetissem.

Partindo de baixo, estavam mudando a história de uma nação.

210 | COMO AS COISAS PODEM MELHORAR

As mudanças políticas que resultaram da revolta na Argentina estavam longe de ser utópicas. O governo que acabou restaurando a democracia, comandado primeiro por Néstor Kirchner e em seguida por sua mulher Cristina, foi mestre em ouvir as ruas e direcionou uma parte suficiente de seu espírito e de suas exigências para conduzir o país durante mais de uma década de governo progressista (ainda que marcado por escândalos). Até hoje há intensos debates sobre como mais poderia ter sido feito a partir daquele momento político único se os movimentos populares já estivessem prontos com seu próprio plano para tomar o poder e governar de maneira diferente. Ainda assim é inegável que, ao resistirem aos planos de austeridade de de la Rúa e desafiarem suas ordens para que permanecessem em casa, os argentinos se salvaram de anos de sangria econômica.

Quando a Espanha disse não

Outro exemplo de como a memória histórica pode servir como um poderoso amortecedor para o choque aconteceu alguns anos mais tarde, na Espanha. Em 11 de março de 2004, dez bombas foram detonadas em trens urbanos e estações ferroviárias em Madri, matando quase duzentas pessoas. Como foi um ataque a um sistema de transporte que praticamente todo mundo em Madrid usava, a sensação de que qualquer um poderia ser a próxima vítima se espalhou rapidamente pela cidade, assim como aconteceria em Paris mais de uma década depois, quando ataques simultâneos aterrorizaram a cidade.

Uma investigação oficial concluiu que os ataques tinham sido obra de uma célula terrorista inspirada na Al-Qaeda, supostamente em retaliação pela participação da Espanha na invasão do Iraque liderada pelos Estados Unidos. No entanto, o primeiro-ministro espanhol à época, José María Aznar, foi imediatamente à televisão e disse aos espanhóis que os culpados eram os separatistas bascos e — em um *non sequitur* bizarro — que eles deveriam apoiar sua decisão impopular de participar da Guerra do Iraque. "Não há nenhuma negociação possível ou desejável com esses assassinos que tantas vezes semearam a morte por toda a Espanha. Apenas sendo firmes poderemos pôr fim aos ataques", disse Aznar.

Nos Estados Unidos depois do 11 de Setembro, muitos, incluindo a maior parte da mídia, viram a retórica de George W. Bush e Dick Cheney de "conosco ou com os terroristas" como prova de uma liderança forte e lhes deram enormes novos poderes para travar o que se tornaria a interminável "guerra ao terror". (O presidente autocrático da Turquia, Recep Tayyip Erdoğan, conseguiria algo ainda mais draconiano depois de uma tentativa fracassada de golpe em 2016, em seguida garantindo para si mesmo extensos poderes em um referendo.) No entanto, quando Aznar tentou usar táticas similares em sua população abalada pelo luto, elas não foram vistas como prova de uma forte liderança, mas sim como um sinal agourento de um fascismo ressurgente. "Ainda estamos ouvindo os ecos de Franco", disse José Antonio Martines Soler, proeminente editor de um jornal madrilenho, perseguido durante a ditadura de Franco, que aterrorizou o país por 36 anos. "Em cada ato, em cada gesto, em cada frase, Aznar dizia ao povo que ele estava certo, que ele era o dono da verdade e que aqueles que discordavam dele eram seus inimigos."

Então, durante os dois dias seguintes, lembrando-se de um tempo durante o qual o medo governou o país, um número impressionante de espanhóis foi às ruas para dizer não ao medo e ao terrorismo, mas também às mentiras do governo e à Guerra do Iraque. Tudo isso aconteceu às vésperas da eleição nacional, e os eleitores aproveitaram a oportunidade para derrotar Aznar e votar em um partido que prometeu retirar as tropas espanholas do Iraque. Foi a memória coletiva de choques passados que tornou a Espanha resistente a novos choques.

O 11 de Setembro e os perigos do esquecimento oficial

Quando dois aviões atingiram as torres do World Trade Center, em Nova York, e outro caiu sobre o Pentágono, em 11 de setembro de 2001, eles atingiram um país que não tinha o tipo de memória coletiva do trauma que havia na Espanha e na Argentina. Isso não quer dizer que a história dos Estados Unidos não seja marcada por repetidos traumas. Os Estados Unidos foram fundados com base no terrorismo de Estado doméstico, do genocídio dos povos nativos à escravidão e os linchamentos e encarceramentos em massa; o trauma tem estado presente até os dias atuais. Além disso, com muita frequência, choques e crises estiveram a serviço dos piores abusos. Depois da Guerra Civil, a promessa de redistribuição de terras como reparação econômica aos escravos libertos foi rapidamente traída. A crise financeira de 1873, conhecida como o Grande Pânico, cimentou ainda mais a justificativa de que a economia estava frágil demais e o país, dividido demais — e em vez de reparações veio um regime de terror contra os escravos libertos no Sul. Durante a Grande Depressão, em meio ao pânico econômico, cerca de dois milhões de mexicanos e americanos de origem mexicana foram expulsos do país. Depois dos ataques a Pearl Harbor, cerca de 120 mil nipo--americanos (dois terços dos quais tinham nascido nos Estados Unidos) foram encarcerados em campos de detenção; da mesma maneira que no Canadá praticamente todos os cidadãos nipo-canadenses foram reunidos e detidos à força.

Então, o problema depois do 11 de Setembro não foi o fato de os Estados Unidos não terem experiência de como os eventos chocantes podem ser usados para atacar a democracia e os direitos humanos. O problema, na verdade, foi que esses acontecimentos traumáticos do passado, embora muito bem compreendidos nas comunidades que sofreram seu impacto, foram também vistos de maneira insuficiente em termos mais amplos: eles não são parte de uma narrativa nacional compartilhada que poderia ter ajudado todos os americanos a enxergar a diferença entre medidas de segurança razoáveis e líderes se aproveitando do medo para fazer avançar planos de governo oportunistas.

Foi por isso que o governo Bush foi capaz de explorar sem piedade o choque do trauma provocado pelo 11 de Setembro para atacar as liberdades civis no país e dar início a guerras fora do país, que agora sabemos que foram justificadas por uma inteligência adulterada. É por isso que a negligência e a violência do Estado durante e depois do Katrina não foram uma grande surpresa para os residentes afro-americanos da cidade, apesar de terem parecido algo sem precedentes para muitos americanos brancos.

A divisão entre as pessoas que ficaram chocadas com a vitória de Trump e aquelas que previram que isso aconteceria seguiu linhas de divisão racial semelhantes.

A resistência ao choque nos Estados Unidos

Entretanto, uma coisa que ficou clara desde que Trump assumiu o governo foi que a memória de como o terror foi explorado depois do 11 de Setembro ainda perdura. Embora Trump e seus apoiadores tenham se esforçado ao máximo para usar o medo — dos muçulmanos, dos mexicanos, dos "guetos" violentos — para controlar e dividir a população, essa tática deu errado repetidas vezes. Desde a eleição de Trump, diversas pessoas participaram de ações e reuniões políticas pela primeira vez na vida e se apressaram em demonstrar solidariedade pelas pessoas que foram classificadas como "o outro".

Começou no primeiro dia do novo governo. Na posse de Trump, pequenos grupos representando diferentes movimentos — da justiça climática ao Black Lives Matter — ocuparam vários cruzamentos para bloquear o acesso à cerimônia. Então, no dia seguinte, foram realizadas as marchas das mulheres: a participação de cerca de seiscentas cidades parece ter sido o maior protesto coordenado na história dos Estados Unidos, com a presença estimada de 4,2 milhões de pessoas nas ruas. Embora grandes organizações de mulheres e ativistas estabelecidos tenham ajudado com a organização e a logística, a ideia original veio de uma avó e advogada aposentada do Havaí que disse para algumas dezenas de amigas do Facebook: "Acho que devemos marchar."

Eu marchei em Washington com minha família e meus amigos e fiquei impressionada com o fato de, embora as mulheres fossem a maioria, dezenas de milhares de homens também terem comparecido para defender os direitos de suas parceiras, mães, irmãs, filhas e amigas. E embora alguns possam ter pensado inicialmente que estavam marchando apenas para defender o direito das mulheres de tomar decisões no que diz respeito a seu próprio corpo, assim como o direito à equiparação salarial, eles logo descobriram que, nessa nova era, os direitos das mulheres são muito mais abrangentes, incluindo o direito das mulheres negras de não serem submetidas à violência policial, o direito das mulheres imigrantes de não terem medo de serem deportadas e o direito das mulheres trans de não serem vítimas de ódio e assédio. Como a declaração de objetivos afirmava, "esta marcha é o primeiro passo no sentido de unir nossas comunidades, com base em novas relações, a fim de promover mudanças da base para cima."

O mesmo espírito de unidade foi demonstrado quando comunidades específicas foram alvo do governo ou da onda de crimes de ódio que ele ajudou a promover. O novo ativismo ficou mais evidente depois que Trump decretou suas primeiras proibições à entrada de muçulmanos no país, assim como dezenas de milhares de pessoas — de todos os credos e de credo nenhum — foram às ruas e aos aeroportos para declarar que "somos todos muçulmanos" e "deixem eles entrarem".

Um dos países incluídos na proibição foi o Iêmen. Em Nova York, famílias iemenitas-americanas — que são proprietárias de muitas das diversas mercearias espalhadas pela cidade (conhecidas localmente como "bodegas") — se organizaram rapidamente. Não se trata de uma comunidade renomada por ser politicamente atuante, nem é uma comunidade representada por grandes organizações e sindicatos. E, no entanto, em questão de dias a cidade viu sua primeira "greve de bodegas", com mais de mil estabelecimentos fechados e alguns comerciantes fazendo orações muçulmanas do lado de fora. Milhares de parentes, amigos e clientes apareceram para apoiá-los.

Grupos religiosos têm sido particularmente atuantes no sentido de combater a tática de dividir para conquistar. Quando os cemitérios israelitas em St. Louis e na Filadélfia foram vandalizados, por exemplo, organizações islâmicas arrecadaram mais de 160 mil dólares — oito vezes o seu objetivo inicial — para ajudar a pagar pelos reparos. E, quando um nacionalista branco abriu fogo em uma mesquita em Quebec em janeiro de 2017, matando

QUANDO A DOUTRINA DO CHOQUE DÁ ERRADO | 215

seis pessoas e ferindo dezenove, a resposta na província e em todo o Canadá foi poderosa, incluindo dezenas de homenagens e vigílias, muitas das quais do lado de fora de mesquitas — de Vancouver a Toronto e Iqaluit.

Pequenos atos também podem reforçar nossa humanidade comum em uma atmosfera de medo e divisão. Os apoiadores de Trump lançaram uma cruel campanha *on-line* para difamar Linda Sarsour, uma americana de origem palestina que foi uma das organizadoras da Marcha das Mulheres em Washington, como antissemita e uma apoiadora não declarada do terrorismo. Essas acusações falsas foram precisamente o tipo de ataque que arruinou vidas e carreiras depois do 11 de Setembro. Porém, dessa vez, não funcionou: uma contracampanha, #IStandWithLinda, teve início quase instantaneamente e foi tão ruidosa e tão grande que praticamente pôs fim à difamação. E, quando agentes da imigração prenderam o jovem Daniel Ramirez Medina, de 24 anos — que tinha deixado o México a fim de ir para os Estados Unidos com os pais quando ainda era uma criança —, manifestantes deram início a uma bem-sucedida campanha para que ele fosse libertado, tirando-o de um centro de detenção em Washington depois de mais de seis semanas preso.

Em uma escala maior, centenas de cidades e condados (além de escolas, *campi* universitários, igrejas e restaurantes) se declararam "refúgios" para imigrantes que o governo Trump ia tentar deportar. O movimento de refúgio (que começou muito antes da eleição de 2016) é inspirado na crença de que, ao se unirem, as comunidades podem tentar impedir deportações de acontecerem sob sua vigilância. No entanto, como muitos apontaram, isso muitas vezes não impede que a polícia e os agentes de fronteira conduzam operações e destruam famílias. É por isso que a União Americana pelas Liberdades Civis, que arrecadou quase oitenta milhões de dólares por meio de doações *on-line* nos primeiros três meses depois do dia da eleição, tem coordenado uma campanha para pressionar os governos municipais e estaduais a adotarem um conjunto de nove políticas básicas com o objetivo de proteger imigrantes dos planos políticos de Trump. Em um mês, mais de mil comunidades já tinham começado a pressionar seus agentes da lei locais para que assumissem esse compromisso. (Houve críticas, é preciso ressaltar, ao fato de essas demandas não irem longe o bastante.)

Também houve muitas ações destinadas a destacar a interdependência existente entre cidadãos e imigrantes que a crescente xenofobia procura negar. Em fevereiro de 2017, trabalhadores de diversos setores e cidades participaram de um Dia Sem Imigrantes, ressaltando o quanto a economia americana depende das pessoas que Trump está tentando deportar. Como um dos organizadores dos eventos do dia disse a um repórter: "Queremos ter certeza de que as pessoas compreendem que essa cidade pararia de funcionar se não estivéssemos lá para construir, cozinhar e limpar." (Depois que doze funcionários de um restaurante em Oklahoma foram demitidos por participar da manifestação, pelo menos dois restaurantes próximos imediatamente se ofereceram para contratá-los.)

A vingança da realidade

Outra marca da era Trump é a guerra contra os fatos: não apenas a imprensa foi caracterizada como inimiga do povo, mas informações científicas desapareceram de sites do governo e houve uma proibição *de facto* de se falar sobre mudanças climáticas por meio dos canais de comunicação oficiais do governo. Em resposta, diversas iniciativas criativas surgiram para defender a realidade objetiva. Dias depois da posse, a conta do Badlands National Park no Twitter foi a primeira a burlar a repressão do governo em relação à ciência, divulgando fatos sobre a acidificação dos oceanos e os níveis de dióxido de carbono na atmosfera. As postagens foram retiradas do ar logo depois de serem divulgadas, mas não antes de darem início a uma onda de contas rebeldes no Twitter.

Com pesquisas científicas fundamentais desaparecendo misteriosamente dos sites do governo, tem havido um esforço coordenado internacional para salvá-las desse buraco negro da memória. Pouco depois da vitória de Trump, a Internet Archive, uma biblioteca digital sem fins lucrativos com

QUANDO A DOUTRINA DO CHOQUE DÁ ERRADO | 217

sede em São Francisco que nas duas últimas décadas se dedicou a preservar conteúdo da rede para o público (e já tem centenas de bilhões de páginas da web arquivadas), anunciou planos de encontrar um servidor de backup no Canadá para armazenar dados dos Estados Unidos. Nos dias que antecederam a posse de Trump, eventos de "resgate de dados" foram realizados em diversas cidades, durante os quais pesquisadores e voluntários preocupados se reuniram para fazer *backup* de conjuntos de dados da Agência de Proteção Ambiental e de outros websites do governo. E em fevereiro de 2017, um "hackathon" na Universidade da Califórnia em Berkeley reuniu duzentos defensores de dados para ajudar a salvar o conhecimento produzido por instituições públicas como o Departamento de Energia e os programas de ciência da Terra da NASA.

Cientistas muitas vezes ficam cautelosos em relação a se engajarem em ativismos políticos, uma vez que a defesa do mesmo tema que você está pesquisando pode ser considerada evidência de parcialidade. É uma precaução compreensível, mas diante dos ataques abertos do governo Trump à realidade científica e tentativas flagrantes de supressão das pesquisas inconvenientes, muitos cientistas concluíram que tinham que assumir uma posição. Jane Goodall, a famosa primatologista, descreveu os ataques à ciência como "um soar de trombetas" para a comunidade científica.

Foi por isso que, no Dia da Terra em 2017, dezenas de milhares de cientistas participaram da Marcha pela Ciência em Washington, enquanto cerca de quarenta mil se juntaram a marchas pela ciência em Chicago e em Los Angeles — e essas foram apenas as maiores de mais de seiscentas marchas realizadas por todo o país e em 68 outros países. "Se não podemos discutir os fatos abertamente," um biólogo de Stanford disse ao *Guardian*, "como a democracia, que se baseia em discussões públicas e na confiança em nossas verdades societais, vai sobreviver? Então vamos marchar." (Palavras de ordem que se repetiram: "O que nós queremos? Pesquisas baseadas em evidências. Quando queremos? Depois da revisão dos pares.") Apenas uma semana depois, centenas de milhares de nós foram para as ruas no calor escaldante de Washington (mais uma vez, com centenas de marchas satélites

218 | COMO AS COISAS PODEM MELHORAR

em outros lugares), unidos sob a bandeira de "clima, empregos e justiça". Dessa vez a demanda não era apenas que a ciência fosse respeitada, mas que ela formasse a base de uma transformação econômica e social arrojada e urgente.

O que se destacou nessa primeira onda de resistência foi como as barreiras que definiam quem era e quem não era um "ativista" ou um "organizador" estavam sendo completamente derrubadas. Pessoas que nunca organizaram nada político antes estão organizando eventos de massa. Muitos estão descobrindo que, qualquer que seja seu campo de atuação ou sua especialidade, quer sejam advogados, quer sejam funcionários de restaurantes, têm habilidades cruciais para compartilhar nessa rede emergente de resistência. E onde quer que vivam ou trabalhem, seja em um laboratório, em uma bodega, em um escritório de advocacia ou em casa, eles têm o poder de se organizarem uns com os outros e de sabotar um sistema perigoso.

Ao mesmo tempo, muitos de nós estão se dando conta de que, se quisermos estar à altura da urgência e da magnitude deste momento, precisamos de habilidades e conhecimentos que atualmente nos faltam — sobre história, sobre como mudar o sistema político e até sobre como mudar a nós mesmos. Então, além das campanhas e das manifestações de grande visibilidade, também é preciso haver uma onda de educação popular. Para muitos, o primeiro passo é reaprender como a democracia funciona. Quando alunos da graduação em Harvard anunciaram a criação de uma "Escola de Resistência" *on-line* e presencial, cujo objetivo era dar a organizadores inexperientes "as ferramentas das quais precisamos para resistir nas esferas federal, estadual e local", mais de cinquenta mil pessoas — oriundas de todos os cinquenta estados — se inscreveram.

Nos dias que se seguiram à eleição de Trump, um grupo de ex-membros da equipe democrata no Congresso elaborou um Google Document de 24 páginas, destilando lições que aprenderam depois de assistir ao Tea Party desafiar os planos políticos de Obama distrito por distrito. Eles o chamaram de Guia Indivisível. Nos primeiros cem dias da administração

QUANDO A DOUTRINA DO CHOQUE DÁ ERRADO | 219

Trump, mais de sete mil capítulos "Indivisíveis" foram formados — a maioria consistindo não de ativistas calejados, mas de professores primários e aposentados, furiosos com o fato de seus representantes eleitos estarem ajudando a pôr em prática o programa político de Trump. Mais do que um simples manual de instruções sobre a democracia de baixo para cima, o Guia Indivisível e o ativismo que floresceu a partir dele ofereceram, como um dos recrutas da Virgínia e organizador de primeira viagem disse: "Não apenas uma comunidade política, mas uma comunidade que se importa com você, na qual o que nos une é um senso compartilhado de responsabilidade cívica em relação a esse sistema que está saindo dos trilhos."

Há também um crescente desejo entre as pessoas brancas de fazer mais para combater o preconceito racial em nós mesmos, em nossas comunidades e em nossas famílias. Grupos como o Showing Up for Racial Justice viram o interesse em seus treinamentos e workshops disparar. A Associação Árabe-Americana de Nova York e outros grupos estão realizando treinamentos confiáveis sobre como intervir com eficiência em crimes de ódio e assédio racista.

Enquanto isso, conforme o governo preparava o terreno para cortar os fundos destinados a abrigos para mulheres, planejamento familiar e programas de combate à violência contra a mulher, iniciativas populares de arrecadação de fundos decolaram em resposta. O Planned Parenthood registrou impressionantes 260 mil doadores no mês após a eleição, com quase um quarto das contribuições sendo feitas em nome de Mike Pence (durante a campanha para a eleição, o vice-presidente disse que queria que a decisão histórica da Suprema Corte a favor do aborto no caso *Roe v. Wade* fosse para "as cinzas da história").

Todos esses atos de solidariedade e demonstrações de unidade refletem o fato de que, depois de décadas de política "em silos", mais e mais pessoas compreendem que só conseguiremos derrotar o trumpismo se cooperarmos uns com os outros — nenhum movimento pode vencer sozinho. A estratégia vai ser ficarmos juntos e apoiarmos uns aos outros como nunca antes. É por isso que mais de cinquenta grupos progressistas, oriundos de uma variedade

220 | COMO AS COISAS PODEM MELHORAR

vertiginosa de lutas, receberam o início das audiências para escolher os membros do gabinete de Trump com uma declaração de "Resistência Unida", prometendo publicamente "tomar providências para apoiar uns aos outros, ser responsáveis uns pelos outros e agir juntos em solidariedade, seja nas ruas, seja nos corredores do poder, seja em nossas comunidades, todos os dias. Quando vierem atrás de um, virão atrás de todos nós."

Tampouco podemos nos dar ao luxo de restringir nosso objetivo a apenas uma esfera. Como disse Angela Davis, ao concluir um discurso motivador na Marcha das Mulheres em Washington: "Os próximos 1.459 dias de governo Trump serão 1.459 dias de resistência: resistência em campo, resistência nas salas de aula, resistência no trabalho, resistência por meio de nossa arte e de nossa música. Isso é apenas o começo e, nas palavras da inimitável Ella Baker, 'nós que acreditamos na liberdade não podemos descansar até que ela chegue'."

A recusa a se deixar intimidar por Trump vai além das fronteiras dos Estados Unidos, envolvendo toda a América do Norte. Quando a proibição de entrada de muçulmanos foi anunciada, milhares de canadenses, liderados por muçulmanos e grupos de defesa dos direitos dos imigrantes, imediatamente entraram em ação, exigindo que o Canadá oferecesse um refúgio seguro aos imigrantes e refugiados que estavam sendo impedidos de entrar nos Estados Unidos. Há também um florescente movimento de apoio para receber um número cada vez maior de imigrantes fugindo dos Estados Unidos e atravessando a fronteira com o Canadá a pé, mesmo em temperaturas abaixo de zero (com histórias aterrorizantes de dedos das mãos e dos pés perdidos por causa do congelamento).

A lei canadense de refugiados atualmente considera os Estados Unidos um país "seguro" e, portanto, não um local legítimo do qual as pessoas possam fugir em busca de asilo no Canadá. Porém, muitos agora estão pressionando o governo canadense — por meio de petições e manifestações — para mudar essas regras. Como uma carta de um grupo de professores de direito apontou, as ações de Trump "refletem o preconceito, a xenofobia

QUANDO A DOUTRINA DO CHOQUE DÁ ERRADO | 221

e a incitação do medo nativista que o regime de refugiados internacionais foi projetado para combater".

No México, enquanto isso, dezenas de milhares de pessoas em mais de uma dezena de cidades protestaram contra as políticas imigratórias de Trump, assim como contra suas difamações étnicas antimexicanas. Fora da América do Norte, a pressão também está aumentando. No Reino Unido, quase dois milhões de pessoas assinaram uma petição oficial para impedir que Trump fizesse uma visita de Estado à Inglaterra (Trump, supostamente, está exigindo um passeio na carruagem real dourada). Há também um crescente movimento internacional exigindo que os governos imponham sanções comerciais aos Estados Unidos por violarem o compromisso de redução de emissão de gases firmados sob o acordo do clima de Paris. E o movimento para bloquear a marca Trump está crescendo, incluindo uma convocação global para boicotar empresas que aluguem espaços nos vários edifícios de Trump, assim como campanhas para pressionar empreendedores imobiliários a tirar o nome Trump da paisagem das cidades.

... e ao redor do mundo

Quase todo país tem seu próprio movimento nacionalista ou neofascista branco para combater, e há muitos sinais de que a resistência está crescendo. Em resposta ao movimento anti-imigrantes na Europa, grandes manifestações foram realizadas em cidades por todo o continente — de Berlim a Helsinki — para insistir que os imigrantes são bem-vindos. Em Barcelona, mais de cem mil pessoas ouviram o apelo de seu novo prefeito (um ex-ativista pelo direito à moradia) e marcharam pelas ruas sob a bandeira "*volem acollir*" (nós os acolhemos).

Muitas organizações populares surgiram para prestar ajuda imediata onde os governos fracassaram. Quando um grande número de imigrantes começou a chegar à Grécia em 2015, eles encontraram um povo que tinha "enfrentado cinco anos de tratamento de choque de austeridade, que tinha visto

222 | COMO AS COISAS PODEM MELHORAR

sua vida se degradar e seus direitos sociais, políticos e trabalhistas desaparecerem", escreveu o sociólogo Theodoros Karyotis. Ainda assim, em vez de protegerem ciosamente o pouco que ainda lhes restava, moradores locais receberam os imigrantes com uma "efusão de solidariedade". Milhares de gregos abriram suas casas para refugiados, milhões de refeições caseiras foram entregues em campos de refugiados, assistência médica gratuita foi fornecida em clínicas administradas pela comunidade, e um galpão de uma fábrica administrada pelos operários foi aberto para receber doações de itens como roupas e comidas de bebê.

Na Alemanha, conforme foram surgindo propostas de que os imigrantes fossem alojados em condições duvidosas que incluíam ginásios de escolas, prédios de escritórios desocupados, galpões vazios, barracas do exército e até mesmo um antigo campo de trabalhos forçados nazista, as pessoas organizaram um "Airbnb para refugiados", conectando famílias de imigrantes que precisavam de um lugar seguro para ficar com quartos vazios em casas locais. Esse esforço já se espalhou para outros treze países. Em meu país há um incrível movimento de ajuda aos refugiados que já permitiu que milhares de canadenses patrocinassem famílias sírias, assumindo responsabilidade financeira e interpessoal pelas necessidades dos recém-chegados durante um ano enquanto eles se ajustavam a uma nova língua, uma nova cultura e um novo clima. O *The New York Times* o descreveu como "o programa de realojamento mais pessoal do mundo".

E o mais encorajador é que, apesar de as primeiras suposições serem de que a ascensão de Trump daria início a uma onda de vitórias eleitorais da extrema-direita, em alguns países ela parece estar tendo o efeito oposto. Ao observar o cruel governo de Trump em ação, alguns eleitorados estão decidindo conter essa maré. Antes da eleição na Holanda, em março de 2017, muitos previram uma vitória de Geert Wilders e seu partido profundamente anti-islâmico e xenófobo, o Partido Liberdade. Em vez disso, o apoio a Wilders subitamente ruiu e o partido no governo garantiu a maioria dos assentos. No entanto, o maior vencedor na eleição foi o partido Esquerda Verde, que aumentou sua participação de quatro para quatorze assentos. O líder do partido, Jesse Klaver, é descendente de marroquinos e indonésios

QUANDO A DOUTRINA DO CHOQUE DÁ ERRADO | 223

e fez campanha com uma contundente mensagem antirracista. No dia da eleição, Klaver deu conselhos a outros políticos da Europa que estavam enfrentando o ressurgimento do populismo de direita e do racismo: "Não tentem enganar a população. Defendam seus princípios. Sejam diretos. Sejam pró-refugiados. Sejam pró-europeus (...) Vocês podem deter o populismo."

É um conselho a que muitos prestaram atenção na França alguns meses mais tarde, embora no fim das contas não o suficiente. Diante da ameaça de uma vitória da candidata da extrema-direita Marine Le Pen, muitos retiraram seu apoio a candidatos centristas, temendo uma repetição de Clinton *versus* Trump, e apoiaram, em vez disso, o candidato populista de esquerda, Jean-Luc Mélenchon. Ele tinha feito campanha com uma agenda antilivre comércio, a favor da paz e da redistribuição radical de renda e começou a atrair multidões de até setenta mil pessoas para seus comícios, mais do que qualquer outro candidato. Contra todas as expectativas, Mélenchon — que inicialmente tinha o apoio de apenas nove por cento dos eleitores — conseguiu obter 19,6 por cento dos votos no primeiro turno, ficando a apenas dois pontos percentuais de chegar à disputa final. Na votação final, Emmanuel Macron, um ex-banqueiro neoliberal, venceu Marine Le Pen, embora seu partido extremista ainda assim tenha recebido um número recorde de votos. E cerca de um terço dos eleitores aptos a votar escolheu expressar seu descontentamento tanto com Le Pen quanto com Macron se abstendo de ir às urnas ou anulando o voto. Na Espanha, enquanto isso, candidatos com raízes profundas nos movimentos sociais venceram as disputas municipais em Barcelona e Madri, e começaram a introduzir políticas concretas para acolher refugiados, combater a falta de moradia e a poluição ao mesmo tempo.

A solidariedade vai ser capaz de sobreviver a um grande choque?

Essas reações representam uma grande melhoria em relação à política bem-sucedida até demais de dividir e conquistar que se instalou depois do 11 de Setembro. Até o momento, as táticas de choque de Trump não

224 | COMO AS COISAS PODEM MELHORAR

estão deixando a oposição desorientada. Em vez disso, estão acordando as pessoas nos Estados Unidos e ao redor do mundo. Mas é claro que as novas alianças nos Estados Unidos ainda não tiveram que enfrentar uma grande crise de segurança ou um estado de emergência. O verdadeiro teste vai ser se a bravura e a solidariedade vistas até o momento vão se manter quando as pessoas estiverem ouvindo que estão em perigo iminente e que o grupo ao qual estão expressando solidariedade pode estar abrigando o indivíduo que detonou uma bomba na semana passada.

Ainda assim, há razões para acreditar que muitas das relações que estão sendo construídas nestes primeiros dias serão fortes o suficiente para enfrentar o medo que inevitavelmente se instaura durante um estado de emergência. Se Trump tentar usar uma crise para impor medidas draconianas, essa resistência emergente estar em posição de se erguer e atuar como uma barreira humana para dizer: "Não, não desta vez."

CAPÍTULO ONZE

QUANDO NÃO BASTOU DIZER NÃO

Eis o problema. Simplesmente dizer não às táticas de choque muitas vezes não é o suficiente para contê-las, pelo menos não por conta própria. Foi uma lição que aprendi no ano depois que *A doutrina do choque* foi publicado, quando Wall Street enfrentou sua pior crise desde a Grande Depressão de 1929.

Vimos como a crise financeira de 2008 — um caso claro de ganância descontrolada no setor financeiro — foi explorada em todo o mundo, particularmente no sul da Europa, para obter concessões punitivas, no estilo da doutrina do choque, de pessoas comuns. Os europeus resistiram a essas táticas cínicas com inacreditável coragem e tenacidade (muito além de qualquer coisa que se tenha visto até agora nos Estados Unidos sob o comando de Trump). Eles ocuparam praças e *plazas*, onde permaneceram por meses. Fizeram greves gerais que fecharam cidades inteiras e, em alguns casos, até mesmo votaram para expulsar os cretinos. Fora da Europa, na Tunísia, foi um súbito aumento no preço dos alimentos que se tornou o catalisador para a onda de revoltas que vieram a ser chamadas de Primavera Árabe.

Um dos slogans das ruas nesse período, que se originou na Itália antes de se espalhar para a Grécia e a Espanha, foi: "Nós não vamos pagar pela sua crise!" Milhões de pessoas sabiam que era isso que estava sendo exigido delas. Estavam ficando com as contas dos banqueiros, forçadas a pagar por seus

226 | COMO AS COISAS PODEM MELHORAR

pecados com um custo de vida mais alto e salários mais baixos. E disseram não. Bem alto, de maneira inconfundível e em números impressionantes.

Mas na vasta maioria dos casos não foi o suficiente — as punições econômicas continuaram a ser aplicadas. Por vezes, uma medida de austeridade particularmente egrégia podia ser combatida com sucesso por meio de protestos nas ruas. Estudantes de Quebec lutaram contra o aumento do custo dos cursos universitários em 2012, da mesma maneira que os estudantes chilenos lutaram por uma reforma de seu sistema educacional arruinado em 2011. Porém, a agenda de austeridade continuou.

Mais importante, essa onda de protestos e ocupações não produziu uma mudança fundamental no modelo econômico, uma mudança que pudesse nos desviar do caminho que leva a um mundo de Zonas Verdes e Zonas Vermelhas. Quando os fracassos de nosso atual modelo se revelaram de uma maneira mais espetacular do que em qualquer momento desde a Grande Depressão, não aproveitamos coletivamente esse momento para assumir o leme da história e mudar de rumo.

A responsabilidade por isso é coletiva. Nenhuma pessoa ou partido político pode ser culpado pelos caminhos não tomados, mas os fracassos na esteira do colapso financeiro de 2008 foram mais flagrantes nos Estados Unidos, por causa do incrível número de fatores que pareceram se alinhar a favor de uma mudança transformadora em vez de incremental. E é por isso que é importante revisitar aquele momento de crise com alguma profundidade, não para encontrar culpados, mas para compreender como perdemos uma abertura política tão rara — de forma a não repetir esses erros quando o próximo choque econômico nos atingir.

Vamos levar nossa mente de volta para o início de 2009. Barack Obama estava adentrando a Casa Branca como o primeiro presidente afro-americano, uma censura decisiva aos oito anos de Bush. Ele tinha conquistado com facilidade o voto popular e durante os dois anos seguintes seus colegas democratas iam controlar o Congresso.

Obama também tinha uma clara incumbência democrática de fazer mais do que apenas remendar a economia destroçada. Nos três meses finais antes de ele assumir o cargo, o país tinha perdido quase dois milhões de postos de trabalho e as perspectivas para 2009 eram sombrias. A ideia de enfrentar Wall Street era incrivelmente popular (ainda é) porque as grandes instituições financeiras que tinham levado a economia global a pique eram a razão para tantas pessoas terem perdido suas casas e seus empregos e terem visto as economias de uma vida inteira se evaporarem. Os bancos não tinham defensores — seus executivos estavam praticamente na clandestinidade. Durante a campanha, Obama tinha falado de maneira enérgica sobre como ia reconstruir a economia favorecendo o "trabalho duro e o sacrifício de indivíduos da Main Street"[10] ao mesmo tempo que enfrentaria "a ganância e a irresponsabilidade de Wall Street".

O novo governo também tinha a missão de combater a crise climática. Depois de oito anos de negação e obstrucionismo sob o governo de George W. Bush, Obama tinha prometido taxar o carbono e criar cinco milhões de empregos verdes ao fazer grandes investimentos, incluindo energia renovável e carros híbridos. Quando venceu as primárias do Partido Democrata, Obama disse para a multidão entusiasmada que aquele seria lembrado como o momento em que a elevação do nível dos oceanos começaria a diminuir e "o planeta começaria a se curar". Sim, ele era fraco nos pormenores, mas aquela não era uma eleição qualquer, e não há dúvida de que a missão democrática de ousadia estava presente.

Quando os bancos ficaram de joelhos

Ao se olhar para trás, é realmente impressionante quanto poder econômico Obama e os democratas tiveram naquela curta janela de tempo antes de perderem o Congresso. Primeiro, tiveram liberdade para elaborar um programa

---

10. "Main Street" representa os interesses das pessoas comuns e dos proprietários de pequenos negócios em contraste com "Wall Street", que simboliza os interesses das grandes corporações americanas. (*N. da T.*)

228 | COMO AS COISAS PODEM MELHORAR

de estímulo para reconstruir a Main Street — e fazê-lo tão grande quanto necessário. Depois de décadas de cortes incansáveis nos gastos sociais, havia de repente um consenso generalizado sobre a necessidade de que o governo federal tirasse a economia da recessão. O plano de estímulo acabou sendo de oitocentos bilhões de dólares, uma quantia impressionante, embora, na época, tenha sido amplamente criticada por ser pequena demais.

Essa não era a única ferramenta que Obama tinha para cumprir suas promessas de reconstruir a Main Street. Os bancos estavam de joelhos, recebendo trilhões de dólares de dinheiro público em resgates diretos e garantias de empréstimos, e havia debates muito vívidos e acalorados acontecendo, nos Estados Unidos e em todo o mundo, sobre o que os governos deveriam exigir em troca de salvar os bancos das consequências de sua própria ganância. Deveriam limitar os salários dos executivos? Restaurar a Glass-Steagall, a lei da época da Depressão que separava bancos comerciais de bancos de investimento? Deveriam colocar os diretores-executivos responsáveis pela crise global na cadeia? Os bancos deveriam ser permanentemente nacionalizados e administrados como trustes públicos? Algumas dessas coisas podem soar radicais hoje, mas é importante lembrar que esses eram debates que ocorriam de fato em 2009, mesmo em publicações sóbrias como o *Financial Times*. E havia discussões similares sobre o destino das grandes montadoras, que também estavam apelando para Washington em busca de resgates. Duas das Três Grandes — a General Motors e a Chrysler — tiveram que declarar falência naquele mesmo ano e foram colocadas sob o controle do governo.

Então, vamos ampliar o foco e imaginar como poderia ter sido...

Obama tinha a missão eleitoral de promover uma verdadeira mudança, tinha um cheque praticamente em branco para elaborar um pacote de estímulos e tinha a oportunidade de impor mudanças extremamente necessárias em dois setores debilitados da economia dos Estados Unidos: os bancos e as montadoras de automóveis.

Imagine se os democratas tivessem usado a vantagem que tiveram em 2009 e 2010 para fazer exigências sérias de reestruturações significativas aos bancos e às gigantes montadoras em troca de continuarem a ser resgatados.

Imagine se Obama, que tinha sido eleito com a promessa de reconstruir a Main Street, resolver a mudança climática e estabilizar a economia, tivesse tratado os setores bancário e automotivo como componentes de um objetivo unificado de ressuscitar a economia ao mesmo tempo em que lutava contra a desigualdade e as mudanças climáticas.

Para ser concreta, e se as montadoras tivessem sido incumbidas de se reestruturarem de forma a produzir os veículos de um futuro com baixas emissões de carbono — carros elétricos, ônibus elétricos e veículos leves sobre trilhos? Em meio à crise financeira, dois milhões de empregos na indústria tinham sido perdidos e centenas de fábricas tinham fechado as portas. E se, em vez de deixar que isso acontecesse, essas fábricas tivessem sido reformadas e ganhado novas máquinas? Uma transformação industrial semelhante aconteceu durante a Segunda Guerra Mundial, quando fábricas americanas foram convocadas para que se juntassem ao esforço de guerra.

Teria custado caro, é verdade, mas os bancos poderiam ter sido obrigados a empregar uma quantia saudável do dinheiro usado para resgatá-los a fim de fornecer os empréstimos necessários para essa transformação industrial (o que aconteceu na realidade foi que eles simplesmente acumularam o dinheiro). E o dinheiro do incentivo poderia ter sido empregado para ajudar os trabalhadores a conseguir o treinamento do qual precisavam para participar ativamente dessa transição, construindo a infraestrutura pública — malha viária e redes de energia — dessa mesma economia verde. O orçamento de Obama para a infraestrutura de fato incluía um apoio importante à energia e aos projetos verdes, mas a infraestrutura limpa do futuro, incluindo transporte público e veículos leves sobre trilhos, foi traída em favor da infraestrutura suja do passado, como as autoestradas. E as oportunidades apresentadas pelo resgate dos bancos e das montadoras foram quase completamente desperdiçadas. Mesmo depois de todos os seus fracassos, a atitude em Washington ainda era: os bancos sabem o que estão fazendo, bem como as montadoras, e nossa função é apenas reerguer essas indústrias o mais rápido possível de forma que possam voltar a uma versão ligeiramente modificada dos negócios como sempre foram.

A revolução do mercado de trabalho que não aconteceu

O caminho não tomado importa porque, neste exato momento, um dos maiores obstáculos a uma ação séria contra as mudanças climáticas é o posicionamento bem-sucedido das empresas produtoras de combustíveis fósseis como as únicas capazes de criar postos de trabalho bem remunerado e de continuar a funcionar. Obama e os democratas poderiam ter acabado com essa prerrogativa de uma vez por todas.

Outros países, no mesmo período, de fato fizeram isso. Durante a última década, o governo alemão vem tratando a economia verde como o principal caminho para ressuscitar seu setor industrial. Nesse processo, foram criados quatrocentos mil empregos, e agora trinta por cento da energia do país vêm de fontes renováveis. E a Alemanha tem de longe a economia mais forte da Europa. A transição energética por lá ainda está incompleta — a Alemanha permanece excessivamente dependente do carvão — e seu governo impôs uma austeridade impiedosa a outros países ao mesmo tempo em que escolheu seguir outro caminho. Entretanto, se os Estados Unidos tivessem seguido o exemplo interno da Alemanha, já teriam avançado tanto no caminho para uma economia com base em fontes renováveis que seria impossível para Trump voltar atrás — não importa o número de decretos que ele assinasse. E quem sabe? Os novos postos de trabalho na indústria e uma melhor infraestrutura poderiam muito bem ter impedido de todo a sua vitória.

É verdade que toda essa mudança e reestruturação teriam demandado um foco e uma determinação incomuns. Se Obama tivesse adotado uma abordagem transformadora em relação aos bancos e às montadoras falidos e ao inconsequente setor energético quando assumiu a presidência, as reações teriam sido ferozes e difíceis de aguentar. Ele teria sido chamado de comunista, o Hugo Chávez dos Estados Unidos. Por outro lado, sua missão de promover uma ampla mudança, junto com as demonstrações efusivas de boa vontade com as quais sua eleição foi recebida, foi acompanhada de poderes econômicos tão raros que poderiam muito bem ter dado origem a uma nova era de justiça econômica e estabilidade climática.

O fato de os americanos terem deixado esse momento passar não é um fracasso que possa ser atribuído apenas aos democratas. Durante os primeiros anos de Obama na presidência, a maioria das organizações progressistas — aliviadas por finalmente terem se livrado de Bush e lisonjeadas por serem ouvidas pelo partido da situação pela primeira vez em uma década — confundiu acesso com poder. O resultado foi que o tipo de pressão de fora que equilibrou grandes vitórias políticas no passado esteve largamente ausente durante o primeiro mandato de Obama. Apesar de algumas tentativas corajosas, não houve uma coalizão progressista unida pressionando Obama a fazer mais de seu momento único na história, pressionando-o para fazer grandes mudanças no que dizia respeito a empregos, justiça racial, ar limpo, água limpa e serviços melhores. Isso foi um erro. Como o grande (e saudoso) historiador Howard Zinn escreveu certa vez: "A questão realmente crítica não é quem está ocupando a Casa Branca, mas quem está ocupando as ruas, os cafés, os corredores do governo, as fábricas. Quem está protestando, quem está ocupando escritórios e fazendo manifestações. São essas coisas que determinam o que acontece."

A questão é que, no fim das contas, em 2009, como teóricos e organizadores, nós não estávamos prontos — muitos de nós estavam esperando que a mudança viesse de cima. E quando a maioria de nós se deu conta de como essa mudança era inadequada, a janela tinha se fechado e o Tea Party já estava em ascensão.

Lembrando de quando demos o salto

Antes de a política da doutrina do choque se tornar a norma na década de 1980, crises que obviamente nasceram da ganância financeira e da prevaricação das empresas com frequência desencadearam respostas muito diferentes. Na verdade, elas provocaram algumas das vitórias progressistas mais importantes da história moderna.

232 | COMO AS COISAS PODEM MELHORAR

Nos Estados Unidos, depois da carnificina da Guerra Civil e da abolição da escravidão, os negros e seus aliados radicais pressionaram por justiça econômica e mais direitos sociais. Tiveram grandes vitórias, incluindo a educação pública gratuita para todas as crianças — embora fosse levar mais um século para que as escolas deixassem de ser segregadas.

O terrível incêndio de 1911 na Triangle Shirtwaist Company, em Nova York, que causou a morte de 146 jovens trabalhadores imigrantes que produziam roupas, mobilizou centenas de milhares de trabalhadores na militância, levando por fim a uma revisão das leis trabalhistas estaduais, limitação das horas extras, novas regras para o trabalho infantil e avanços nas normas de segurança da saúde e contra incêndios.

O mais importante: foi apenas graças à reação coletiva vinda de baixo depois da Grande Crise de 1929 que o New Deal se tornou possível. A onda de greves de meados da década de 1930 — a rebelião dos caminhoneiros e a greve geral de Minneapolis, a paralisação dos estivadores por 83 dias na costa oeste e as greves nas montadoras de Flint — estabeleceu o poder dos sindicatos industriais e forçou os proprietários a compartilhar uma parte muito maior de seu lucro com seus funcionários. Nesse mesmo período, como resposta ao sofrimento provocado pela Grande Depressão, movimentos de massa exigiram programas sociais abrangentes, como a Seguridade Social e o seguro desemprego (programas dos quais a maioria dos afro-americanos e muitas trabalhadoras foram notavelmente excluídas.) No mesmo período, novas regras rigorosas regulamentando o setor financeiro foram introduzidas a um custo real para o lucro sem limites. Por todo o mundo industrializado, a pressão dos movimentos sociais criou as condições para programas como o New Deal, que compreendia ambiciosos investimentos em infraestrutura pública — serviços públicos, sistemas de transporte, habitação e mais — em uma escala comparável ao que a crise climática demanda hoje. (Da mesma maneira que a destruição da Segunda Guerra Mundial forneceu um catalisador similar.)

Em 1969, um derramamento de óleo em Santa Barbara que cobriu as belas praias da Califórnia funcionou como uma espécie de Grande Colapso para o ambiente, um choque ao qual milhões responderam demandando mudanças fundamentais. Muitas das leis mais rigorosas da América do Norte no sentido de preservar o ar, a água e as espécies ameaçadas de extinção podem ter suas raízes traçadas até a revolta popular que explodiu em resposta a esse desastre.

Em todos esses casos, uma crise dolorosa serviu como um sinal de alerta, abrindo caminho para importantes leis que criaram uma sociedade mais justa e mais segura, em grande parte graças ao trabalho duro de organizadores que tinham preparado o terreno durante anos antes que os choques acontecessem. Essas reformas estavam longe de ser perfeitas, e não foram transformações em larga escala. No entanto, foram diretamente responsáveis por garantir grande parte da rede de segurança social moderna, assim como as estruturas regulatórias que protegem tantos trabalhadores e a saúde pública. Além disso, obtê-las não demandou artimanhas autoritárias. Eram medidas tão populares entre os eleitores que não precisaram ser impostas ocultas sob a crise, mas foram exigidas alto e bom som por importantes movimentos sociais — um aprofundamento da democracia, não sua subversão.

Então por que essas crises produziram mudanças tão visionárias, enquanto as mais recentes — o Katrina, a ruína das hipotecas de alto risco, o desastre com a Deepwater Horizon — deixaram tão poucas políticas públicas progressistas para trás?

Quando a utopia dá uma ajuda

Eis uma teoria: a interação entre sonhos ambiciosos e vitórias reais sempre esteve no cerne de momentos de profunda transformação. Os avanços obtidos por trabalhadores e suas famílias depois da Guerra Civil e durante a Grande Depressão, assim como os avanços para os direitos civis e para o ambiente na década de 1960 e início da década de 1970, não foram apenas respostas às crises. Foram respostas a crises *que aconteceram em tempos em*

234 | COMO AS COISAS PODEM MELHORAR

que as pessoas ousavam sonhar grande, em voz alta, em público — explosões de imaginação utópica.

Os grevistas da Era de Ouro no fim do século XIX, revoltados com as enormes fortunas que estavam sendo amealhadas à custa dos trabalhadores explorados, se inspiraram na Comuna de Paris, quando os trabalhadores parisienses assumiram o governo de sua cidade por meses. Eles sonhavam com um "Estado cooperativo", um mundo no qual o trabalho seria apenas um dos elementos de uma vida balanceada, com tempo bastante para o lazer, a família e a arte. Ficções utópicas socialistas, incluindo *Looking Backward,* de Edward Bellamy, chegaram ao topo das listas de mais vendidos (em acentuado contraste com o que acontece hoje, quando a ficção distópica clássica — *1984,* de George Orwell, *O conto da aia,* de Margaret Atwood, e *Não vai acontecer aqui,* de Sinclair Lewis — reapareceu nas listas de livros mais vendidos desde a posse de Trump). Organizadores da classe trabalhadora durante a Grande Depressão conheciam não apenas Marx, mas também W.E.B. Du Bois, cuja visão era de um movimento da classe trabalhadora diverso, capaz de unir os oprimidos para transformar um sistema econômico injusto. Como o historiador Robin D.G. Kelley escreveu, o fim de século XIX foi um período de fomento dos "movimentos radicais, populistas e democráticos birraciais liderados por negros".

O mesmo vale para as vitórias árduas da era dos direitos civis. Foi o sonho transcendente do movimento — quer fosse articulado na oratória de Martin Luther King Jr., quer fosse na visão do Comitê Coordenador Estudantil Não Violento — que criou espaço para e inspirou a organização de base que, por sua vez, levou a vitórias tangíveis. Um fervor utópico similar no fim dos anos 1960 e início da década de 1970 — emergido da rebelião da contracultura, quando jovens começaram a questionar praticamente tudo — abriu caminho para avanços nas lutas feminista, de lésbicas e gays e ambiental.

O New Deal, é sempre importante lembrar, foi adotado pelo presidente Roosevelt em um período de tanta militância progressista e de esquerda que seus programas — radicais para os padrões de hoje — na época pareciam ser a única maneira de prevenir uma revolução em larga escala. E essa não era uma ameaça vã. Quando Upton Sinclair, o incendiário autor de *The Jungle*, concorreu a governador da Califórnia em 1934, aconteceu algo parecido com a campanha de Bernie Sanders nos dias de hoje. Sinclair era defensor de uma versão mais esquerdista do New Deal, argumentando que a chave para acabar com a pobreza era o financiamento estatal completo das cooperativas de trabalhadores. Ele recebeu quase novecentos mil votos, mas não conseguiu se eleger governador. (Se você não aprendeu isso na aula de história, talvez não seja coincidência. Na célebre observação do romancista checo Milan Kundera, "a luta do homem contra o poder é a luta da memória contra o esquecimento".)

Presos na Matrix

Quando aconteceu o fiasco financeiro de 2008, essa imaginação utópica já tinha em grande parte se atrofiado. Um grande número de pessoas sabia que a resposta apropriada para a crise era a indignação moral, que dar aos bancos trilhões, recusando-se a processar os responsáveis, e pedir aos pobres e idosos que pagassem os custos mais altos foi uma obscenidade.

Ainda assim, gerações que tinham crescido sob o neoliberalismo se esforçaram para enxergar algo, qualquer coisa, diferente do que sempre conheceram. Isso também pode ter alguma coisa a ver com o poder da memória. Quando os trabalhadores se insurgiram contra as depravações da era industrial, muitos tinham memórias vívidas de um tipo diferente de economia. Outros estavam lutando ativamente para proteger um modo de vida existente, fosse a fazenda familiar que estava sendo perdida para credores predatórios, fossem os pequenos negócios artesanais que estavam sendo arruinados pelo capitalismo industrial. Como conheciam algo diferente, eles eram capazes de imaginar um futuro radicalmente melhor e de lutar por ele. Até mesmo aqueles que nunca conheceram nada além da escravidão e do *apartheid* têm sido infinitamente criativos em encontrar maneiras — muitas vezes por meio de expressões artísticas clandestinas — de alimentar

236 | COMO AS COISAS PODEM MELHORAR

e manter vivo o sonho de liberdade, autogoverno e democracia. Como o romancista Junot Díaz, vencedor do Prêmio Pulitzer, observou logo após a eleição de 2016, prevendo os tempos difíceis adiante:

> Aqueles de nós cujos ancestrais foram possuídos e criados como animais conhecem esse futuro muito bem, porque ele é, em parte, o nosso passado. E nós sabemos que ao lutar, mesmo contra todas as probabilidades, nós que não tínhamos nada, nem mesmo nossos nomes verdadeiros, transformamos o universo. Nossos ancestrais fizeram isso com muito pouco, e nós que temos mais precisamos fazer o mesmo.

É essa capacidade imaginativa, a habilidade de vislumbrar um mundo radicalmente diferente do presente, que está em larga medida faltando desde que o grito de *Não* começou a ecoar ao redor do mundo em 2008. No Ocidente, há pouca memória popular de qualquer outro tipo de sistema econômico. Há culturas e comunidades específicas — mais notavelmente comunidades indígenas — que mantiveram vivas, de maneira zelosa, memórias e modelos de outras formas de viver, não baseadas na propriedade da terra ou em uma obtenção infindável de lucro. Porém, a maioria de nós que estamos fora dessas tradições se vê completamente dentro da matriz do capitalismo. Então, apesar de podermos exigir pequenas melhorias em nossas atuais condições, imaginar algo completamente diferente é claramente mais difícil.

O que explica em parte por que os movimentos que de fato emergiram — do "movimento das praças" europeu ao Occupy Wall Street e até mesmo à revolução do Egito — tinham muita clareza em relação ao seu "não": não à ganância dos banqueiros, não à austeridade e, no Egito, não à ditadura. Mas o que muitas vezes faltava era uma visão clara e cativante do mundo além desse não.

E, nessa ausência, os choques continuaram vindo.

Com a misoginia e a supremacia branca desencadeadas, com o mundo à beira do colapso ecológico, com os últimos vestígios da esfera pública destinados a serem devorados pelo capital, está claro que precisamos fazer mais do que apenas traçar um limite e dizer "basta". Sim, precisamos fazer isso *e* precisamos traçar um caminho crível e inspirador para um futuro diferente. E esse futuro não pode simplesmente ser onde estávamos antes de Trump aparecer (também conhecido como o mundo que nos deu Trump). Tem que ser um lugar no qual nunca estivemos antes.

Imaginar esse lugar requer que retomemos a tradição utópica que impulsionou tantos movimentos sociais transcendentes no passado. Significa ter coragem de sonhar com um mundo diferente, um mundo que, mesmo que exista apenas em nossa mente, possa nos dar alento enquanto nos engajamos em batalhas que podemos vencer. Porque, como Oscar Wilde escreveu em 1891, "um mapa do mundo que não inclua a Utopia não é digno de ser consultado, pois deixa de fora o único país no qual a humanidade está sempre desembarcando. E, quando a humanidade lá desembarca, olha em volta e, vendo um país melhor, iça as velas".

Parte dessa viagem não é apenas falar e escrever sobre o futuro que queremos, mas construí-lo enquanto caminhamos.

É um princípio que eu vi em ação (e em preces e canções) em Standing Rock.

CAPÍTULO DOZE

LIÇÕES DE STANDING ROCK
OUSAR SONHAR

Menos de um mês depois que Trump foi eleito, eu fui a Standing Rock, na Dakota do Norte. A previsão do tempo anunciava uma nevasca épica, que já estava começando a cair quando chegamos, as montanhas baixas e o céu carregado de um branco monocromático.

Dias antes, o governador tinha anunciado planos de esvaziar os acampamentos dos milhares de "protetores da água" que tinham se reunido nos arredores da reserva dos índios sioux em Standing Rock para tentar impedir a construção do oleoduto Dakota Access. A empresa estava determinada a construir o oleoduto sob o lago Oahe, a única fonte de água potável dos sioux de Standing Rock, assim como sob outro trecho do rio Missouri, que fornece água potável para 17 milhões de pessoas. Se houvesse um rompimento no oleoduto, os líderes tribais argumentavam, seu povo não teria uma fonte de água segura, e seus locais sagrados seriam profanados. O slogan do movimento na língua lakota, ouvido ao redor do mundo, era *Mni Wiconi* — Água é Vida.

Após meses de confrontos com seguranças privados e uma polícia altamente militarizada, parecia que o governador agora achava, com Trump a caminho da Casa Branca, que o caminho estava livre para massacrar o movimento por meio da força. Os golpes vinham sendo desferidos havia meses — cerca de

240 | COMO AS COISAS PODEM MELHORAR

750 pessoas tinham sido presas quando os acampamentos finalmente foram esvaziados — e, quando eu cheguei, Standing Rock já tinha se tornado o local da mais violenta repressão estatal na história recente dos Estados Unidos. Com a emissão da ordem de despejo, muitos estavam chamando o dia 5 de dezembro de 2016 de "batalha final" dos sioux de Standing Rock, e eu, assim como muitos outros, tinha viajado para lá a fim de resistir ao lado deles.

Em um desdobramento surpreendente, um comboio de mais de dois mil veteranos militares também foi para Standing Rock para lutar ao lado dos sioux, preparados para enfrentar seus colegas uniformizados, caso fosse necessário. Os veteranos diziam que tinham jurado "proteger e servir" a Constituição. E depois de ver uma filmagem de pacíficos índios protetores das águas sendo brutalmente atacados por cães de segurança, atingidos por jatos de canhões de água a temperaturas abaixo de zero e por balas de borracha, spray de pimenta e projéteis não letais, aqueles veteranos tinham decidido que o dever de proteger agora requeria que eles enfrentassem o governo que um dia os enviara para a guerra.

Quando eu cheguei, a rede de acampamentos tinha aumentado para cerca de dez mil pessoas, vivendo em centenas e centenas de barracas, tendas e cabanas. Dezenas de crianças desciam de trenó por uma colina coberta de neve. O acampamento principal era uma colmeia de atividade tranquila e ininterrupta. Cozinheiros voluntários serviam comida para milhares de pessoas, caminhões chegando com ingredientes frescos o dia todo. Jovens produtores midiáticos, músicos de fama internacional e atores de Hollywood enviavam mensagens contínuas sobre os últimos desdobramentos, expondo seus milhões de seguidores ao drama do confronto. Seminários sobre descolonização e não violência aconteciam nas tendas maiores e em um domo geodésico. Um grupo de percussionistas estava reunido em torno do fogo sagrado, cuidando das chamas para que elas nunca se apagassem.

Mais adiante na estrada, os veteranos recém-chegados estavam armando acampamento a uma velocidade impressionante, empregando habilidades adquiridas nos campos de batalha do Afeganistão, do Iraque e, para alguns, do Vietnã. Eu me dei conta de que a última vez que tinha passado tanto tempo com militares americanos tinha sido em Bagdá, para onde jovens homens e mulheres usando aqueles mesmos uniformes tinham sido enviados a fim de ocupar um país que por coincidência também possuía uma das maiores reservas de petróleo bruto do mundo. Depois de todas as vezes que soldados americanos foram convocados para proteger fortunas em petróleo e gás e para travar guerras contra povos nativos em casa ou no exterior, era incrivelmente comovente ver aqueles soldados aparecerem, voluntariamente e desarmados, para se juntar a uma luta liderada por nativos cujo objetivo era impedir mais um projeto de combustíveis fósseis poluidor de águas e desestabilizador do clima.

Uma das primeiras conversas que tive em Standing Rock foi com a lendária anciã lakota LaDonna Brave Bull Allard, que de muitas maneiras tinha dado início a toda aquela resistência quando abriu o primeiro acampamento em suas terras, o Sacred Stone Camp. Isso foi em abril de 2016. Oito meses mais tarde, lá estava ela, os olhos ainda brilhando e não revelando nem um vestígio de cansaço apesar de supervisionar milhares de pessoas que tinham vindo do mundo todo para fazer parte daquele movimento histórico.

Ela me contou que o acampamento tinha se tornado um lar e uma comunidade para centenas e depois milhares de pessoas. Também tinha se tornado um hospital de campanha para aqueles que tinham se ferido durante os ataques da polícia e também para aqueles psiquicamente acuados pelo que a ascensão de Trump já estava desencadeando.

Aprender vivendo

Brave Bull Allard, que é a historiadora oficial da tribo sioux de Standing Rock, disse que, mais do que tudo, o acampamento tinha se transformado em uma escola: para jovens indígenas em busca de uma conexão mais profunda com sua própria cultura, de viver na terra e nas cerimônias, e também para não indígenas que tinham se dado conta de que o momento exigia habilidades e conhecimentos que a maioria de nós não possui.

242 | COMO AS COISAS PODEM MELHORAR

"Meus netos não conseguem acreditar em quão pouco algumas das pessoas brancas sabem", ela me disse, rindo, mas sem fazer julgamentos. "Eles vêm correndo: 'Vovó! Os brancos não sabem cortar lenha! Podemos ensinar a eles?' Eu digo: 'Sim, ensinem a eles.'" A própria Brave Bull Allard ensinou pacientemente a centenas de visitantes o que ela considerava noções básicas de sobrevivência: como usar sálvia como um desinfetante natural, como se manter aquecido e seco durante as ferozes tempestades da Dakota do Norte ("todo mundo precisa de pelo menos seis lonas", declarou ela, séria).

Ela me disse que acabou concluindo que, embora impedir a construção do oleoduto fosse crucial, havia algo mais importante acontecendo naquela convergência. Ela disse que os acampamentos agora eram lugares onde tanto indígenas quanto não indígenas estavam aprendendo a viver em relação e em comunidade com a terra. E, para ela, não eram apenas as habilidades mais difíceis que importavam. Aquele momento também era sobre expor os visitantes às tradições e cerimônias que tinham sido mantidas vivas apesar de centenas de anos de ataques genocidas aos nativos e à sua cultura. Essa, ela me contou, era a razão pela qual as tradições tinham sobrevivido ao massacre. "Nós sabíamos que esse dia ia chegar: a unificação de todas as tribos... Estamos aqui para proteger a terra e a água. É por isso que ainda estamos vivos. Para fazer exatamente o que estamos fazendo. Para ajudar a humanidade a responder sua questão mais urgente: como podemos viver novamente com a Terra em vez de contra ela?"

E esse aprendizado precisa acontecer logo, segundo ela — as perturbações climáticas já estão acontecendo. Se as pessoas não indígenas não começarem a aprender a cuidar dos sistemas que sustentam a vida na Terra, então estamos todos condenados. Com isso em mente, Brave Bull Allard via os acampamentos como apenas o começo. Depois que o oleoduto fosse derrotado, disse ela, os sioux de Standing Rock precisavam se transformar em um modelo de energia verde e vida sustentável.

Essa visão de um movimento não apenas resistindo, mas também modelando e ensinando o caminho a seguir, é compartilhado por muitas das principais figuras do movimento, incluindo o membro do conselho tribal dos sioux de Standing Rock, Cody Two Bears. Vestindo um moletom vermelho com a palavra *Guerreiro* estampada em letras pretas, ele falou sobre os primeiros dias da presença europeia naquelas terras, quando seus ancestrais ensinaram aos visitantes como sobreviver em um clima inóspito e desconhecido. "Nos ensinamos a eles como cultivar alimentos, se manter aquecidos, construir moradias." Porém, a apropriação nunca teve fim, da terra e dos povos indígenas. E, agora, Two Bears diz: "As coisas estão piorando. Então o primeiro povo a habitar estas terras tem que ensinar a este país como viver novamente. Vivendo de maneira ecológica, recorrendo a fontes renováveis e usando as bênçãos que o Criador nos deu: o sol e o vento. Vamos começar no país dos nativos. E vamos mostrar ao restante do país como viver."

A era dos protetores

Em Standing Rock, eu me vi refletindo muito sobre o que significa ser um protetor. Líderes do movimento tinham insistido desde o primeiro dia que não eram "manifestantes" querendo causar problemas, mas "protetores da água" determinados a impedir outro tipo bem diferente de problema. E além disso havia todos os veteranos vestindo camisetas nas quais estava escrito *Servir e Proteger*, decididos a fazer valer o significado daquele juramento colocando a si mesmos na linha de frente para proteger os direitos dos Primeiros Povos do continente. E pensei em meu próprio dever de ser uma protetora — do meu filho, de seus amigos e das crianças que ainda virão, diante do futuro conturbado que criamos para todos eles.

O papel do protetor, nas mãos erradas, pode ser letal. Em momentos de crise, homens fortes o assumem com facilidade demais, anunciando que estão prontos para proteger o rebanho de todo mal e pedindo apenas o poder absoluto e a obediência cega em troca. O espírito da proteção que tomou aquele acampamento, no entanto, não tinha nada em comum com essa figura patriarcal todo-poderosa. Ali estava uma proteção nascida de um conhecimento íntimo da fragilidade humana, e não era o tipo de proteção unilateral e passiva que pode dar muito errado. Aquela proteção era recíproca e esfumava todas as divisões: a água, a terra e o ar protegem e sustentam a todos nós — o mínimo que podemos fazer é protegê-los (ou seria proteger a nós mesmos?) quando eles (ou seríamos nós?) estão ameaçados. Quando as pessoas ali se preparavam para enfrentar tanques de guerra e a tropa de choque, entoando *Mni Wiconi*, elas estavam dando voz a esse princípio fundamental: proteger a água porque a água protege todos nós.

A mesma sensação de vulnerabilidade e reciprocidade guiava também a presença dos veteranos. No dia 5 de dezembro, o governo Obama anunciou que tinha negado a permissão para a construção do oleoduto sob as reservas de água da tribo. Naquela noite, uma "cerimônia de perdão" foi realizada na reserva. Durante horas, centenas de veteranos se enfileiraram para implorar o perdão dos anciãos pelos crimes cometidos contra os povos indígenas durante séculos pelas instituições militares que eles serviram.

Wesley Clark Jr., um dos principais organizadores da delegação dos veteranos que foi a Standing Rock, começou dizendo:

> Muitos de nós, eu em particular, são de unidades que os prejudicaram durante muitos anos. Nós viemos. Lutamos contra vocês. Tomamos suas terras. Assinamos tratados que depois descumprimos. Roubamos minérios de suas colinas sagradas. Esculpimos o rosto de nossos presidentes em sua montanha sagrada. E então roubamos ainda mais terras e pegamos seus filhos e em seguida tentamos... eliminar a língua que Deus deu a vocês, que o Criador deu a vocês. Nós não os respeitamos, poluímos sua terra e os prejudicamos de tantas formas, mas viemos até aqui para dizer que sentimos muito.

Um caminho através do ódio

Em meio às lágrimas e à fumaça de sálvia, sentimos o toque da história. E algo mais também: uma forma de lidar com o ódio e o pesar que ia além de dar vazão a esses sentimentos. Tão pouco tempo depois de uma eleição tão cruel e conflituosa, foi um tremendo alívio. Durante semanas, as telas que ocupam espaço demais em minha vida tinham sido tomadas por aquele ódio incansável e por debates raivosos circulares sobre quem, ou o quê, era a única e verdadeira causa do caos em que estamos agora. Trump venceu por causa do racismo nos Estados Unidos, fim da discussão, diziam alguns. Não, foi por causa do elitismo dos democratas corporativos; Bernie teria consertado tudo, esbravejavam outros. Não, ele venceu por causa do capitalismo, a questão mais importante de todas; o racismo e a supremacia branca são apenas um pormenor. Não, foi a política de identidade que nos destruiu, seus chorões e divisores. Não, foi a misoginia, seu bando de cretinos inflamados. Não, foi a indústria de combustíveis fósseis, determinada a sugar seus últimos lucros estratosféricos, não importa quanto desestabilizem o planeta. Muitos bons argumentos foram formulados, mas era incrível como o objetivo raramente era mudar mentes ou encontrar pontos em comum. O objetivo era vencer a discussão.

E então, em questão de minutos, todo aquele veneno se evaporou. Aquelas batalhas passaram subitamente a fazer tão pouco sentido quanto construir um oleoduto sob a fonte de água potável daquela comunidade — um oleoduto que originalmente deveria passar pela cidade de maioria branca de Bismarck, onde foi amplamente rejeitado devido a preocupações com relação à segurança. Nos acampamentos, cercada de pessoas que tinham lutado contra as indústrias mais poderosas do planeta, a ideia de que havia qualquer tipo de competição entre essas questões foi esquecida. Em Standing Rock, ficou simplesmente claro demais que tinha sido *tudo* junto, um único sistema. Era o capitalismo ecocida que estava determinado a fazer aquele oleoduto passar sob o rio Missouri, que se danassem a permissão e as mudanças climáticas. Era o mais puro racismo que tornava possível fazer em Standing Rock o que era considerado impossível em Bismarck e tratar os protetores da água como pragas que deveriam ser combatidas com canhões de água em um clima gélido. O capitalismo moderno, a supremacia branca e os combustíveis fósseis eram mechas de uma mesma trança, inseparáveis. E estavam todos entrelaçados ali, naquele trecho de terra congelada.

Como a grande escritora e ativista Anishinaabe Winona LaDuke escreveu a respeito do confronto: "Este é um momento de direitos corporativos extremos e racismo extremo sendo combatidos com coragem, preces e determinação." É uma batalha que não conhece fronteiras. Ao redor do mundo, as pessoas encarregadas do trabalho sagrado de proteger ecossistemas frágeis do massacre industrial estão travando guerras sujas. De acordo com um relatório da organização de defesa dos direitos humanos Global Witness, "mais de três pessoas foram mortas por semana em 2015 defendendo suas terras, florestas e rios contra indústrias destrutivas. (...) Cada vez mais as comunidades que decidem resistir estão se vendo na linha de tiro da segurança privada das empresas, das forças estatais e de um mercado crescente de assassinos profissionais". Cerca de quarenta por cento das vítimas, eles estimam, são indígenas.

Desde a eleição, eu ansiava por algum tipo de reunião de pensadores e organizadores progressistas — para traçar estratégias, unir e encontrar um caminho para atravessar os próximos quatro anos de torrentes diárias de Trump, o tipo de discussão que tinha sido tão abruptamente interrompida na Austrália no dia/noite da eleição. Eu imaginava isso acontecendo em uma universidade, em grandes salões. Não esperava encontrar esse espaço em Standing Rock, mas foi justamente lá que encontrei isso, na combinação de reação e contemplação dos acampamentos e no constante "aprender fazendo" modelado por Brave Bull Allard e tantos outros líderes lá.

Em Standing Rock, eles não conseguiram, no fim das contas, impedir a construção do oleoduto — pelo menos não ainda. Em uma traição flagrante do tratado e dos direitos sobre as terras, Trump reverteu imediatamente a decisão de Obama e permitiu que a companhia — acompanhada por hostes de polícia militarizada — construísse o oleoduto sob o lago Oahe sem o consentimento dos sioux de Standing Rock. Enquanto escrevo, petróleo está fluindo por baixo das reservas de água da comunidade, e o oleoduto pode arrebentar a qualquer momento. Essa violação está sendo contestada nos tribunais, e uma grande pressão está sendo feita sobre os bancos que financiaram o projeto. Cerca de 80 milhões de dólares (e a contagem continua) já foram retirados dos bancos que investiram no oleoduto.

Porém, o petróleo continua fluindo.

Nunca vou esquecer a experiência de estar no acampamento principal quando chegou a notícia, depois de meses de resistência, de que o governo Obama tinha finalmente negado a permissão para a construção do oleoduto. Eu estava de pé ao lado de Tokata Iron Eyes, uma menina de treze anos de Standing Rock extremamente realista, mas ao mesmo tempo brincalhona, que tinha ajudado a dar início ao movimento contra o oleoduto. Liguei a câmera do meu celular e perguntei a ela como se sentia em relação à notícia que tínhamos acabado de receber. "Como se eu tivesse meu futuro de volta", respondeu ela, e começou a chorar. Eu também.

Graças a Trump, Tokata mais uma vez perdeu essa sensação de segurança. No entanto, seu ato não pode e não apaga o profundo aprendizado que aconteceu durante todos aqueles meses na terra. A formação de uma forma de resistência que, com um braço, dizia *não* a uma ameaça iminente e, com o outro, trabalhou de maneira incansável para construir o *sim* que é o mundo que queremos e de que precisamos.

CAPÍTULO TREZE

A HORA DE DAR UM SALTO:
PORQUE PEQUENOS PASSOS NÃO SERÃO SUFICIENTES

"Não podemos continuar a pedir que nossos membros se sacrifiquem. Eles já estão perdendo demais. Precisam dos empregos no oleoduto... temos que oferecer algo a eles."

O homem que fez esse apelo era executivo de um grande sindicato com muitos membros no setor de petróleo e gás no Canadá.

Sentadas em um grande círculo, sessenta pessoas ouviam e se remexiam nas cadeiras. O que ele estava dizendo era inegável. Todo mundo tem direito a um trabalho decente. E os trabalhadores do setor energético estão sofrendo muito.

Mas as pessoas na sala também sabiam que defender mais um oleoduto não era questão de barganhar com ambientalistas; era uma tentativa malfadada de barganhar com a ciência e a química. É impossível continuar a construir novas infraestruturas para combustíveis fósseis e ter uma chance de manter as temperaturas próximas de níveis seguros.

Foi então que Arthur Manuel pediu a palavra. Intelectual indígena muito respeitado e ex-chefe da Nação Secwepemc em British Columbia, Manuel se inclinou para a frente, olhou nos olhos do líder sindical e falou em um tom pouco acima de um sussurro. "Vocês acham que foram os únicos que tiveram de se sacrificar? Sabem quanto dinheiro, quantos empregos meu

250 | COMO AS COISAS PODEM MELHORAR

povo recusou das empresas de petróleo e gás e das mineradoras? Dezenas de milhões de dólares. Fazemos isso porque há coisas que são mais importantes do que dinheiro."

Eu tinha a sensação de que todos na sala estavam prendendo a respiração. Era uma de várias trocas dolorosamente sinceras que aconteceram no curso de uma reunião de dois dias em Toronto, em maio de 2015. Na sala estavam líderes e organizadores que iam de Haida Gwaii, costa oeste, a Halifax na costa leste, representando movimentos de um enorme espectro de questões e identidades.

Tínhamos nos reunido para descobrir o que conecta as crises que estávamos enfrentando e tentar traçar uma visão holística do futuro que superasse muitos dos desafios sobrepostos ao mesmo tempo. Assim como em Standing Rock, cada vez mais pessoas estão começando a ver e falar sobre essas conexões — apontando, por exemplo, que os interesses econômicos que mais pressionam pela guerra, dentro do país e no exterior, são as mesmas forças em grande parte responsáveis pelo aquecimento do planeta. E que a precariedade econômica que o representante do sindicato mencionou e os ataques aos direitos dos povos nativos sobre a terra e à Terra em si mencionados por Arthur Manuel (que morreu subitamente no começo de 2017) também vêm do mesmo lugar: um sistema de valores corrosivo que coloca o lucro acima do bem-estar das pessoas e do planeta. O mesmo sistema permitiu que a busca por dinheiro corroesse de tal forma o processo político nos Estados Unidos que uma quadrilha de plutocratas assolados por escândalos assumiu o controle da Casa Branca.

As conexões entre as muitas emergências que competem por nosso tempo e nosso cuidado são claras. Gritantes, até. E, ainda assim, por muitas razões — pressão de financiadores, um desejo de campanhas "clicáveis", um medo de parecer radical demais e, portanto, condenados —, muitos de nós aprenderam a cortar essas conexões naturais e trabalhar em termos de "questões" compartimentalizadas ou silos. As pessoas que são contra a austeridade raramente falam sobre as mudanças climáticas. Pessoas que lutam contra as mudanças climáticas raramente falam sobre guerra e ocupações. Raras

A HORA DE DAR UM SALTO | 251

vezes dentro do movimento ambiental são feitas conexões entre as armas que tiram vidas de negros nas ruas de cidades como Ferguson e Ottawa e a elevação do nível dos mares e as secas devastadoras que estão destruindo o país natal das pessoas negras e pardas ao redor do mundo. Raramente se conectam os pontos entre os homens poderosos que acham que têm o direito de usar e abusar do corpo das mulheres e a noção amplamente difundida de que os humanos têm o direito de fazer o mesmo com o planeta.

Muitas das crises que estamos enfrentando são sintomas da mesma doença subjacente: uma lógica baseada na dominação que trata muitas pessoas e a própria Terra como descartáveis. Nós nos unimos em torno da crença de que a persistência dessas desconexões, desse pensamento compartimentalizado, é o motivo pelo qual os progressistas estão perdendo terreno em quase todas as frentes, a esquerda lutando por migalhas quando todos sabemos que nosso momento histórico exige mudanças transformadoras. Essas divisões e compartimentalizações — a hesitação em identificar os *sistemas* contra os quais estamos lutando — estão nos privando de nosso potencial completo e condicionaram muitas pessoas a acreditar que soluções duradouras estarão sempre fora do alcance.

Também nos unimos em torno da crença de que superar essas divisões — encontrar e fortalecer os fios que entrelaçam nossas várias questões e movimentos — é nossa tarefa mais urgente. De que dessas conexões iria emergir uma coalizão progressista maior e mais potente do que vimos em décadas, uma coalizão capaz de enfrentar não apenas os sintomas de um sistema falido, mas talvez até mesmo o sistema em si. Nosso objetivo, nada modesto, era tentar mapear não apenas o mundo que não queremos, mas aquele que queremos no lugar dele.

A diversidade na sala levou a diversas trocas duras, mas com histórias longas e dolorosas de colaborações fracassadas e confiança quebrada duro é o que acontece quando as pessoas finalmente decidem criar um espaço para sonharem juntas. Você pode achar que imaginar o mundo que queremos seria fácil e divertido. Na verdade, é o trabalho mais difícil de todos. Porém, também é nossa única esperança. Como vimos, Trump e seu bando estão determinados a fazer o mundo retroceder em todas as frentes ao mesmo tempo. Apenas uma visão competitiva que nos empurre para a frente em diversas frentes tem chance contra uma força como essa. Nossa experiência de mapear essas agendas interseccionais começou no Canadá, mas é parte de uma discussão internacional — nos Estados Unidos, no Reino Unido, na Austrália, por toda a Europa e além — na qual cada vez mais pessoas estão chegando à mesma conclusão: chegou a hora de nos unirmos em torno de uma agenda comum que possa lutar diretamente contra o veneno político que está se espalhando por nossos países. Não basta dizer não — está na hora de grandes e corajosos "sins" se unirem.

Hora de um choque popular

Desde a crise financeira de 2008 tenho pensado sobre o que seria necessário a fim de conseguir uma resposta popular realmente progressista para as crises que estamos enfrentando.

Tinha pensado, a certa altura, que as revelações factuais da ciência climática — se realmente as entendêssemos — pudessem ser um catalisador. Afinal, não poderia haver uma indicação mais clara de que nosso atual sistema está fracassando: se as coisas continuarem assim, extensões cada vez maiores do nosso planeta vão deixar de ser adequadas para a vida humana. E, como vimos, responder de maneira efetiva às mudanças climáticas requer que abandonemos todo o manual econômico pró-corporações, uma das principais razões por que tantos ideólogos de direita estão determinados a negar a realidade. Então me pareceu que, assim como depois da Grande Quebra da Bolsa e da Segunda Guerra Mundial, vieram períodos de grandes transformações sociais, a crise climática — uma ameaça existencial à humanidade — também podia se tornar uma oportunidade para uma mudança econômica e social que só acontece uma vez a cada século.

A urgência da crise climática também nos dá algo que pode ser muito útil para que consigamos realizar grandes feitos: um prazo firme e irrevogável baseado na ciência. Estamos, é bom repetir, ficando sem tempo. Estamos adiando isso há tantas décadas que não há mais como fugir. E isso significa que, se quisermos uma chance de evitar um aquecimento catastrófico, precisamos dar início a uma grande transição política e econômica *imediatamente.*

No entanto, como todos sabemos, as mudanças climáticas não acontecem como o colapso de um mercado ou uma guerra. À exceção das supertempestades, cada vez mais comuns, elas são lentas e opressivas, o que torna o aquecimento perigosamente fácil de empurrar para o nosso subconsciente, atrás de emergências cotidianas mais óbvias. Por isso, o que nos juntou naquela reunião na primavera de 2015 não foram apenas as mudanças climáticas, mas algo que estava tomando conta das manchetes de primeira página: o colapso dos preços do petróleo, que tem sido um problema tão grande para a ExxonMobil, Rex Tillerson e Vladimir Putin. Para nós, no Canadá — onde os governos apostaram tudo na dispendiosa extração de petróleo betuminoso em Alberta —, a súbita queda no preço estava se provando um golpe econômico devastador. Os investidores começaram a abandonar em debandada as areias betuminosas, dezenas de milhares de trabalhadores estavam perdendo seus empregos, e não havia Plano B — fosse para criar empregos, fosse para aumentar a receita do governo.

Durante anos, os canadenses ouviram que tinham que escolher entre um ambiente saudável e uma economia robusta — e agora parecia que não tínhamos nem uma coisa nem outra. Grandes áreas de Alberta tinham sido desmatadas e contaminadas para extrair aquele petróleo bruto, direitos sobre terras indígenas tinham sido largamente ignorados e a economia estava afundando da mesma forma. Na verdade, estava afundando precisamente porque tínhamos apostado tanto em uma *commodity* cujo preço estava em uma montanha-russa que ninguém parecia capaz de controlar.

E foi por isso que alguns de nós começaram a discutir a ideia de uma reunião nacional, perguntando-nos se talvez o colapso do preço do petróleo, combinado com a urgência da crise climática, poderia ser um catalisador para a profunda transformação da qual nossa sociedade e nossa economia

254 | COMO AS COISAS PODEM MELHORAR

precisam em tantas frentes. Começamos a imaginar que poderíamos aproveitar aquela conjuntura de crises sobrepostas para fazer avançar políticas que melhorassem vidas de forma dramática, acabassem com o abismo entre ricos e pobres, criassem grandes números de empregos com bons salários e baixas emissões de carbono e revigorasse a democracia de baixo para cima. Isso seria o inverso da doutrina do choque. Seria um Choque Popular, um golpe vindo de baixo.

Então enviamos uma carta, intitulada *Do choque dos preços às mudanças energéticas*, e convidamos líderes de todo o país para se reunirem em um círculo durante dois dias e sonharem alto. Vou compartilhar o que aconteceu em seguida na esperança de que a experiência possa ser útil em um tempo em que tantas pessoas estão buscando formas de superar divisões.

Uma plataforma sem partido

Em resposta ao nosso convite, eles apareceram. Líderes de federações trabalhistas e sindicatos, diretores de grandes grupos ecológicos, líderes feministas e indígenas icônicos, importantes organizadores e teóricos focados nos direitos dos imigrantes, na tecnologia aberta, na justiça alimentar, na questão habitacional, na fé e muito mais. O fato de conseguirmos reunir tantas pessoas em apenas algumas semanas refletia uma compreensão comum de que aquela era uma rara abertura política, não muito diferente da crise financeira de 2008. Só que, daquela vez, as pessoas estavam determinadas a não desperdiçar a oportunidade.

O outro fator que conferiu urgência a nossa reunião foi uma iminente campanha para as eleições federais. O Partido Conservador, liderado por Stephen Harper, defensor ferrenho do petróleo, estava no poder havia uma década, mas o clima nacional estava mudando e parecia provável que acontecesse o mesmo com o cenário político. Entretanto, naquele estágio da campanha, não havia um partido político que tivesse conseguido motivar os eleitores apresentando uma visão de futuro diferente para o país. Naquilo que dizia respeito ao clima, ambos os principais partidos de oposição — os centristas do Partido Liberal capitaneados por Justin Trudeau e o Novo Partido Democrático, de centro-esquerda — estavam fazendo campanhas convencionais que defendiam a construção de novos oleodutos nas areias betuminosas e ainda não abordavam de maneira honesta o colapso dos preços ou a crise climática.

Então, em nossa reunião, decidimos fazer algo que movimentos em nosso país não tentavam havia muitas décadas: intervir em uma eleição nacional escrevendo uma "plataforma popular" que tentasse refletir as necessidades não de um eleitorado em particular, mas de muitos ao mesmo tempo.

Víamos isso como uma chance de começar a recuperar não apenas nossa relação com o planeta, mas as feridas coloniais e raciais que datam da fundação do nosso país.

Tínhamos algo mais em mente também: o estilo de vida que está levando à desestabilização tanto climática quanto econômica também está provocando outras crises. Está gerando uma epidemia de ansiedade e desespero, expressada por tudo desde o aumento da dependência de medicamentos até as altas taxas de suicídio, da violência no trânsito ao vício em telas. Então nos propusemos a imaginar: o que seria preciso para construir comunidades mais felizes e mais saudáveis? E poderiam ser as mesmas coisas que tornariam o planeta mais saudável?

Em resumo, sonhávamos grande. Parecia, em um nível celular, a única coisa moralmente aceitável a fazer: para todos naquela sala, quer estivessem batalhando pelos imigrantes, pelos sem moradia, pelos direitos dos indígenas à terra ou pelo clima, raramente houvera tantas coisas em jogo.

O objetivo era elaborar uma visão tão concreta e inspiradora que os eleitores pudessem, falando em termos práticos, fazer duas coisas ao mesmo tempo. Eles poderiam ir às urnas para votar contra o que não queriam (o desastroso governo em exercício) e ao mesmo tempo ainda teriam espaço, mesmo que fora da política eleitoral, para dizer *sim* a uma visão que esperávamos que refletisse o que muitos querem de verdade, ao acrescentar seus nomes à nossa plataforma popular ou lhe expressar apoio público.

256 | COMO AS COISAS PODEM MELHORAR

Achávamos que, se conseguíssemos dar ímpeto suficiente à plataforma, ela conseguiria exercer alguma pressão sobre nossos representantes eleitos. Porém, antes que isso pudesse acontecer tínhamos que concordar sobre os principais pontos do documento — e isso não ia ser fácil.

Conexões, não competição

Havia algumas regras básicas naquela reunião inicial, algumas tácitas, outras não. A primeira era que ninguém podia fazer o jogo de "a minha crise é maior do que a sua", nem argumentar que, por causa da urgência e da abrangência da crise climática, ela deveria ter precedência sobre a luta contra a pobreza ou o racismo ou outras preocupações importantes. Em vez de listar as questões por ordem de prioridade, partimos da premissa de que vivemos em tempos de crises múltiplas e inter-relacionadas, e, como todas elas são urgentes, não podemos nos dar ao luxo de cuidar delas em sequência. Precisamos de soluções *integradas*, ideias concretas de como reduzir drasticamente as emissões, ao mesmo tempo que criamos um grande número de empregos sindicalizados e fazemos a devida justiça por aqueles que foram vítimas de abusos e foram excluídos na atual economia extrativista.

Outra regra fundamental era que o conflito respeitoso é saudável e uma parte necessária do caminho para se chegar a um novo território. Discussões significam que está funcionando!

Muitos dos grupos e pessoas na sala falaram sobre como, quando formaram coalizões antes, a maioria tinha sido coalizão de "não" — não a um péssimo acordo que beneficiava as corporações, não a uma agenda de austeridade punitiva, não a um político particularmente egrégio, não a oleodutos ou à extração de petróleo. No entanto, nos demos conta de que fazia muito tempo desde que o lado progressista do espectro político tinha se reunido para dizer sim, sem falar de dizer sim a uma visão radical para nossa próxima economia. Portanto, conflitos eram inevitáveis, especialmente considerando que, como todas as reuniões, a nossa era imperfeita, com a ausência de pessoas que deveriam estar lá.

A HORA DE DAR UM SALTO | 257

Houve momentos de descontração e alegria também, quando as ideias para uma "transição justa" fluíram com toda a força. Os quadros ficaram cheios de sugestões e questões:

- Creches gratuitas de qualidade.
- Dirigir menos.
- Menos trabalho, mais música, jardins e família.
- Trens super-rápidos. Estradas solares.

Também ouvimos desafios que sabíamos que não poderíamos resolver em dois dias, mas sobre os quais continuaríamos a discutir nos anos seguintes:

- Se não abordarmos a questão da propriedade, como poderemos avançar na direção de uma justiça igualitária?
- Como superar a ideia de que o que possuímos é o que nos protege? A segurança vem da comunidade, da solidariedade. A segurança se baseia em quão sólidos são meus laços, não em quanto eu possuo.
- Como construir o setor público de forma que nós, o *público*, nos sintamos parte dele? Todos deveríamos nos sentir donos das propriedades e dos recursos públicos.
- Como podemos garantir que o trabalho informal e não remunerado que envolve a prestação de cuidados, o trabalho doméstico e o cuidado com a terra seja reconhecido e valorizado em uma transição justa?
- Como deveria ser uma renda básica garantida?
- A justiça climática é indissociável da descolonização. Como imaginamos as reparações às pessoas mais impactadas pelas indústrias extrativistas e pelas mudanças climáticas?

E, em nossas mentes, enquanto tantos milhares de refugiados continuavam a deixar suas casas em busca de segurança:

- Os imigrantes não estão encarando a crise climática. Eles estão vivendo a crise climática.

Liderar com valores, não com políticas

Meu papel em tudo isso era ouvir atentamente durante os dois dias de conversas, identificar os temas comuns e fazer um primeiro esboço bruto que todos teriam a oportunidade de revisar. Foi a tarefa mais difícil da minha carreira de escritora (tenho dificuldade de escrever em conjunto com uma pessoa, imagine sessenta). No entanto, alguns temas comuns muito claros emergiram, o que tornou minha síntese possível.

Um desses temas foi que temos um sistema baseado na apropriação e extração ilimitadas, na exploração máxima. Nossa economia explora incessantemente os trabalhadores, demandando cada vez mais deles em prazos ainda mais apertados, ao mesmo tempo que os empregadores oferecem menos segurança e salários bem menores em troca. Muitas das nossas comunidades estão sendo levadas a um limite similar: escolas, parques, trânsito e outros serviços vêm perdendo recursos há muitas décadas, ao mesmo tempo que os residentes têm cada vez menos tempo de preencher as lacunas. E, é claro, somos todos parte de um sistema que explora incessantemente a generosidade natural do planeta, sem proteger os ciclos de regeneração, ao mesmo tempo que dá perigosamente pouca importância aonde estamos despejando poluição, sejam os sistemas hídricos que sustentam a vida, seja a atmosfera que mantém nosso sistema climático equilibrado.

Ao ouvir as histórias — empregados sendo demitidos depois de uma vida inteira de trabalho, imigrantes enfrentando detenção por tempo indeterminado em condições deploráveis, os conhecimentos e a cultura indígenas sendo ignorados e atacados — ficou claro para todos nós que isso é o que um sistema viciado em lucro e riqueza a curto prazo tem que fazer: tratar as pessoas e a terra como recursos a serem explorados até o limite ou como lixo a ser descartado bem longe das vistas, seja nas profundezas do oceano seja no fundo de uma cela de prisão.

Em acentuado contraste, quando as pessoas falavam sobre o mundo que queriam, as palavras *cuidado* e *zelo* surgiam repetidas vezes — cuidado com a terra, com os sistemas de vida do planeta e uns com os outros.

Enquanto falávamos, isso se tornou um enquadramento dentro do qual tudo parecia caber: a necessidade de mudarmos de um sistema com base na exploração incessante — da terra e uns dos outros — para uma cultura fundamentada no cuidado, no princípio de que, quando tomamos algo, também cuidamos desse algo e retribuímos. Um sistema no qual todos sejam valorizados e no qual não tratemos as pessoas e o mundo natural como se fossem descartáveis.

Agir com cuidado e consentimento, em vez de maneira exploratória e por meio da força, se tornou a ideia em torno da qual aquele rascunho se construiu, começando com o respeito pelo conhecimento e pelos direitos inerentes dos povos nativos, os cuidadores originais da terra, da água e do ar. Embora muitos de nós (inclusive eu) tivessem pensado originalmente que estávamos nos reunindo para fazer o rascunho de uma lista de objetivos políticos, demo-nos conta de que aquela mudança de valores, de princípios morais, estava no centro do que estávamos tentando mapear.

As especificidades políticas derivavam todas dessa mudança. Por exemplo, quando falamos sobre "trabalhos verdes", geralmente pensamos em um indivíduo de capacete instalando um sistema de energia solar. E esse é um dos tipos de trabalho verde, e um tipo importante, mas não é o único. Cuidar de pessoas idosas e doentes não consome muito carbono. Fazer arte não consome muito carbono. Ensinar é baixo em emissões de carbono. Trabalhar em uma creche também. Entretanto, esse tipo de trabalho, em grande parte realizado por mulheres, tende a ser subvalorizado e mal remunerado, e com frequência é o alvo dos cortes governamentais. Então decidimos ampliar deliberadamente a definição tradicional de trabalho verde para qualquer coisa útil e enriquecedora para as nossas comunidades que não queime muitos combustíveis fósseis. Como disse um dos participantes: "A enfermagem é energia renovável. A educação também." Foi uma tentativa, em resumo, de mostrar como substituir uma economia baseada na destruição por uma economia baseada no amor.

Limites

Tentamos englobar o maior número de questões possível que refletissem a mudança de valores que as pessoas estavam demandando (de acolher muito mais imigrantes a pôr fim aos acordos comerciais que nos forçavam a escolher entre "crescimento", de um lado, e proteger o meio ambiente e criar empregos, do outro). Mas também decidimos resistir à tentação de elaborar longas listas que cobrissem todas as demandas concebíveis. Em vez disso, enfatizamos a estrutura que mostrava como tantos dos nossos desafios — e soluções — estão interconectados, porque essa estrutura poderia depois ser expandida em qualquer lugar ou comunidade no qual aquela visão fosse aplicada.

Ao mesmo tempo, havia certas demandas, específicas de diferentes grupos na sala, que precisavam estar na plataforma. Para os participantes indígenas, era crucial demandar a ampla implementação da Declaração das Nações Unidas sobre os Direitos dos Povos Indígenas, que determina que nenhum empreendimento pode ser realizado nas terras dos povos indígenas sem o seu "consentimento livre, prévio e informado". Para os ativistas climáticos, precisava haver uma concordância de que nenhuma nova estrutura de exploração de combustíveis fósseis poderia ser construída. Para os participantes dos sindicatos, era crítico demandar que os trabalhadores fossem não apenas treinados novamente para ocupar novos postos de trabalho verdes, mas que eles participassem de maneira democrática desse treinamento.

Para muitas pessoas na sala, um claro limite do que era considerado aceitável foi a rejeição da nostalgia. A plataforma não podia se voltar para uma memória idealizada de um país que sempre se valeu do roubo de terras e da exclusão social e econômica sistemática de muitas comunidades de cor. A inspiração teria que vir da imagem de um futuro que pintaríamos juntos. Ellen Gabriel, uma das coautoras do rascunho e uma conhecida ativista pelos direitos dos povos nativos de Kanehsatà:ke, na província de Quebec, disse que o processo para ela representava "um renascimento da humanidade". Renascimento, não ressurreição.

Christina Sharpe, professora de Inglês da Tufts University, que escreveu um contundente livro intitulado *In the Wake*, sobre as reverberações atuais do tráfico de escravos, participou de uma discussão recente inspirada pela plataforma e fez um importante alerta sobre esse resultado: a tarefa, disse ela, era "conectar sem esvaziar". Isso significa que, embora possamos e devamos buscar por pontos de unidade e semelhança entre experiências e questões muito diferentes, não podemos misturar tudo em uma massa indecifrável de superficialidades de menor denominador comum. A integridade dos movimentos individuais e as especificidades das experiências de cada comunidade devem ser refletidas e protegidas ao mesmo tempo que nos unimos na tentativa de tecer uma visão unificada.

Juntos

De certa forma, nós nos perguntamos isto: quais são as qualidades que mais valorizamos nas pessoas? Elas incluíam: generosidade, hospitalidade, cordialidade e sabedoria. E então nos perguntamos: Com o que essas qualidades se parecem quando são expressadas em público como políticas? Descobrimos que uma das coisas que essas qualidades refletem é abertura, o que significa cultivar uma cultura que acolha aqueles que passam por dificuldades em vez de receber os estranhos com medo e suspeita; que valoriza os mais velhos e os conhecimentos que eles acumularam ao longo da vida, assim como as maneiras de saber que antecedem e muito essa invenção recente chamada Canadá.

Bianca Mugyenyi, que é uma das líderes da organização que surgiu a partir daquela reunião, resume esse princípio no que diz respeito à imigração e às mudanças climáticas:

> O fluxo de refugiados que estamos vendo agora é apenas um vislumbre do que está por vir. As mudanças climáticas e a migração estão intimamente relacionadas, e vamos ver grandes deslocamentos de pessoas causados pela elevação do nível dos mares e pelo clima extremo nas próximas décadas, em todo o mundo. Então estamos todos diante de uma mesma questão: Estamos

nisso juntos? Achamos que a maioria das pessoas, quando têm oportunidade, acreditam que estamos. Vemos isso repetidas vezes em tempos de crise, quando as pessoas ajudam umas às outras em suas comunidades, mas também ajudam completos estranhos. Mas precisamos que nossos sistemas de imigração, fronteiras e suporte social acompanhem essa ideia. O Leap é sobre se dirigir à melhor versão de nós mesmos.

Reparações energéticas

Hoje, a energia que a maioria de nós usa pertence a um minúsculo número de corporações que a fornecem para gerar lucro para seus acionistas. Seu principal objetivo, na verdade seu dever fiduciário, é maximizar o lucro — e é por isso que a maioria das empresas de energia tem encarado com tanta relutância a mudança para fontes renováveis. Mas e se, perguntamos, a energia que usamos fosse propriedade de cidadãos comuns, controlada de maneira democrática? E se mudássemos a natureza da energia *e* a estrutura de sua propriedade?

Então decidimos que não queríamos continuar a comprar energia renovável da ExxonMobil e da Shell, mesmo que essas empresas a oferecessem — queríamos que essa geração de energia fosse propriedade pública, das comunidades ou de cooperativas energéticas. Se os sistemas energéticos nos pertencerem democraticamente, então poderemos usar o lucro para construir as estruturas sociais necessárias nas áreas rurais, vilas e cidades — creches, assistência para idosos, centros comunitários e sistemas de trânsito (em vez de desperdiçá-lo com, digamos, pacotes de aposentadoria de 180 milhões de dólares para pessoas como Rex Tillerson). Na década de 1980, a Dinamarca foi pioneira na mudança para um sistema de energia controlado pelas comunidades, com políticas governamentais que encorajavam e subsidiavam parques eólicos pertencentes a cooperativas, e essa mesma mudança vem sendo implantada em larga escala na Alemanha. (Praticamente metade das instalações de energia renovável da Alemanha está nas mãos de agricultores, grupos de cidadãos e quase novecentas cooperativas energéticas; na Dinamarca, em 2000, cerca de 85 por cento das turbinas eólicas do país estavam nas mãos de pequenos proprietários, como agricultores e cooperativas.) Ambos os países demonstraram que esse modelo traz benefícios sociais imensos e é compatível com uma transição muito rápida. Há dias em que a Dinamarca gera muito mais energia por meio de seus parques eólicos do que é capaz de consumir — então exporta o excedente para a Alemanha e a Suécia.

Nós nos inspiramos nesses modelos — e nas centenas de milhares de empregos que eles criaram —, mas nos inspiramos igualmente em exemplos dos Estados Unidos, onde, por meio de redes como a Climate Justice Alliance, comunidades de pessoas de cor de baixa renda estão lutando para garantir que os locais que foram mais poluídos e negligenciados se beneficiem *primeiro* de uma transição em larga escala para energia verde. No Canadá, os mesmos padrões são claros: nossa dependência coletiva de energia suja nos últimos duzentos anos teve um impacto maior sobre as pessoas mais pobres e vulneráveis, a maioria delas nativos e imigrantes. Foram suas terras que foram roubadas e poluídas pela mineração. São eles que têm as refinarias e centrais energéticas mais poluentes em sua vizinhança. Então, além de demandar uma "democracia energética" baseada no modelo alemão, colocamos a justiça de reparação no centro da transição energética, exigindo que as comunidades indígenas e outras comunidades na linha de frente (como bairros de imigrantes nos quais as usinas de carvão poluíram o ar) sejam os primeiros a receber recursos públicos para ter e controlar seus próprios projetos de energia verde — com os empregos, lucros e habilidades permanecendo nessas comunidades.

Uma transição fundamentada na justiça também significa que os trabalhadores de setores que produzem grandes quantidades de carbono — muitos dos quais sacrificaram sua saúde em minas de carvão e refinarias de petróleo — devem ser participantes plenos e democráticos. O princípio que nos guiou foi: nenhum trabalhador fica para trás.

Em resumo, nosso plano defendia que no processo de mudar fundamentalmente nosso país para torná-lo mais limpo teríamos também a oportunidade

COMO AS COISAS PODEM MELHORAR

histórica de torná-lo muito mais justo. Conforme avançamos para nos livrar dos combustíveis fósseis, também podemos começar a reparar os terríveis males causados aos povos indígenas; reduzir radicalmente as desigualdades econômicas, raciais e de gênero; eliminar dualidades de critério flagrantes para trabalhadores imigrantes e criar uma grande quantidade de postos de trabalho estáveis e com bons salários em setores verdes, na recuperação da terra e da água e nas profissões que envolvem cuidados. As crianças teriam uma oportunidade de ser mais saudáveis porque não estariam respirando um ar tóxico; nossa sociedade cada vez mais envelhecida poderia ter uma vida em comunidade mais saudável; poderíamos passar menos tempo presos no trânsito, trabalhando longas jornadas, e poderíamos passar mais tempo com os amigos e a família. Uma sociedade mais feliz e mais equilibrada; em outras palavras, com a definição de felicidade livre do ciclo interminável de consumo cada vez maior que está na base da lógica do gerenciamento de marcas (e que possibilitou a ascensão de Donald Trump). Pareceu-nos bom e — de uma maneira nada canadense — ousamos até mesmo ter esperança de que o manifesto se tornasse um modelo para alianças de ampla base similares além das fronteiras de nosso país.

Sim, nós podemos nos salvar

Sabíamos que o maior obstáculo que nossa plataforma iria enfrentar era a força da lógica da austeridade — a mensagem que todos recebemos, ao longo de décadas, de que os governos estão perpetuamente falidos; então, por que se dar ao trabalho de sonhar com uma sociedade genuinamente igualitária? Com isso em mente, trabalhamos em conjunto com uma equipe de economistas para calcular como poderíamos aumentar a receita de forma a pagar pelo nosso plano.

As principais ferramentas incluíam: acabar com os subsídios para os combustíveis fósseis (que são de cerca de 775 bilhões de dólares em todo o mundo); obter uma parcela mais justa dos lucros exorbitantes do setor financeiro, estabelecendo um imposto sobre transações (o que poderia arrecadar 650 bilhões de dólares em todo o mundo, de acordo como o Parlamento Europeu); aumentar os royalties sobre a extração de combustíveis fósseis; aumentar o imposto sobre a renda das corporações e das pessoas mais ricas (aqui há uma boa margem de manobra: uma simples taxa de 1 por cento para os bilionários poderia arrecadar 45 bilhões de dólares em todo o mundo de acordo com as Nações Unidas); estabelecer uma taxa progressiva sobre as emissões de carbono (uma taxa de cinquenta dólares por tonelada de CO_2 emitido nos países desenvolvidos poderia arrecadar um valor estimado de 450 bilhões de dólares anuais) e fazer cortes nos gastos militares (se os orçamentos militares dos dez países que têm mais gastos militares no mundo sofressem um corte de 25 por cento, seriam liberados até 325 bilhões de dólares, de acordo com números informados pelo Stockholm International Peace Research Institute). Para nosso pesar, deixamos de incluir a reivindicação de pôr fim aos paraísos fiscais, talvez a fonte de renda de maior potencial de todas.

A matemática é clara: o dinheiro para essa grande transição existe — só precisamos de governos com coragem para irem atrás dele.

E, portanto, era, em resumo, nossa visão: investir nos setores que melhoram de forma tangível a qualidade de vida e criam sociedades mais humanitárias em vez de retalhá-los em nome dessa crise fabricada chamada "austeridade". E estávamos determinados a incluir a justiça em todos os aspectos da transição.

O oposto da *Arte da negociação*

Quando olho para trás, para o processo de elaboração do rascunho, fico impressionada vendo como ele está o mais distante possível da arte de "como posso prejudicar você" de Trump. Ninguém conseguiu tudo o que queria, nem tampouco tentou conseguir. Houve desentendimentos sérios, mas, para chegar ao documento final, todos fizeram concessões; ninguém

266 | COMO AS COISAS PODEM MELHORAR

foi esmagado. Essa troca refletiu os princípios e valores que emergiram das nossas discussões: se o objetivo é fazer a transição de uma sociedade com base na exploração e no esgotamento infindáveis para uma sociedade focada no cuidado e na renovação, então todas nossas relações têm que estar fundamentadas nesses mesmos princípios de reciprocidade e zelo, porque nossas relações uns com os outros são nosso recurso mais valioso. E isso é a antítese de intimidar uns aos outros até a submissão.

Sim ao "sim"

Depois de algumas semanas de trocas a respeito da redação, tínhamos uma versão final da plataforma, aceita por quase todos que estiveram presentes na reunião inicial. (O texto completo está no final do livro.) Também concordamos em relação a um nome: *The Leap Manifesto — A Call for a Canada Based on Caring for the Earth and One Another* [Manifesto do Salto — Por um Canadá baseado no cuidado com o planeta e com o outro]. Escolhemos a palavra *leap* (salto), porque ela levanta um dedo médio desafiador para o incrementalismo centrista — do tipo que se autodenomina "cauteloso", mas é na verdade requintadamente perigoso nesse estágio tardio da crise climática. O abismo entre o lugar onde estamos e o lugar para onde precisamos ir é tão grande e o tempo que nos resta é tão curto que pequenos passos não serão suficientes — precisamos saltar.

Meu parceiro, Avi Lewis, um dos coautores do documento, coloca as coisas da seguinte maneira:

> Com o Leap, a escala do plano é equivalente à escala da crise. E para muitos de nós, isso é um alívio cósmico — finalmente, um conjunto de exigências que reconhece quanto e quão rápido precisamos mudar. O Leap soa verdadeiro porque encara a crise climática não como um problema técnico a ser resolvido por engenheiros, mas como a crise de um sistema e de uma filosofia econômica. O Leap identifica a causa que está na raiz da crise climática — e é

a lógica econômica dominante do nosso tempo: extrativismo para alimentar um crescimento perpétuo com base em um consumo sempre crescente. (...) É um nível de mudança assustador, mas é verdadeiro. E as pessoas sabem que esse é o tipo de mudança de que precisamos.

Antes de divulgá-lo para o público, convidamos várias organizações e figuras públicas confiáveis para se tornarem os signatários iniciais. E ouvimos diversas vezes: "Sim. É isso que queremos ser. Vamos pressionar nossos políticos. Que se dane o centrismo cauteloso." Ícones nacionais ficaram ao nosso lado sem hesitar: Neil Young. Leonard Cohen (então ainda entre nós). O romancista Yann Martel escreveu de volta dizendo que o manifesto deveria ser "gritado em todas as praças por todos os arautos de todas as cidades deste país".

Era um documento raro que podia ser assinado por grandes organizações como o Greenpeace e a Oxfam, o Sindicato Canadense dos Funcionários Públicos (o maior do país), o líder do Congresso Trabalhista Canadense (o sindicato dos sindicatos), assim como grupos verdadeiramente populares como o Black Lives Matter–Toronto e o No One Is Illegal–Coast Salish Territories, além da maior organização de defesa baseada em adesões do país, o Council of Canadians. Os endossadores iniciais incluíam apoiadores de todos os partidos, e algumas pessoas que não apoiavam partido nenhum. Todos compartilhavam a crença de que, se os maiores partidos políticos não estavam oferecendo aos eleitores um plano adequado às múltiplas crises que estamos enfrentando, então ele teria de vir de fora da política eleitoral.

Dias depois do lançamento do Leap, milhares de pessoas tinham acrescentado seus nomes; logo, dezenas de milhares, além de bem mais de duzentas organizações apoiadoras. Ficamos perplexos. Estava claro que muitas pessoas, depois de décadas lutando contra o que não queriam — oleodutos nas areias betuminosas, dinheiro na política, acordos comerciais corporativos, contas de segurança draconianas —, estavam prontas para se unirem na luta pelo mundo que queriam. Essa efusão me lembrou de um slogan que ouvi pela primeira vez na Argentina durante uma ruidosa campanha eleitoral: "Nossos sonhos não cabem nas suas urnas." Era isso que as pessoas estavam dizendo ao assinar o Leap: Sim, vou às urnas nesse sistema eleitoral profundamente falho e restrito, mas não confundam esse voto com uma expressão do mundo que desejo. O Leap estava criando um espaço no qual registrar que a política eleitoral nesse ponto da história deixa com muita frequência de refletir tanto os sonhos quanto as necessidades urgentes de um grande número de pessoas. (O verdadeiro desafio, no Canadá, nos Estados Unidos e em todos os outros lugares, vai ser colocar esses sonhos *nas* urnas com uma estratégia vencedora o mais rápido possível...)

Explodindo a caixa

A reação da imprensa corporativa variou de confusão (Como pode haver uma plataforma sem um partido? Por que divulgá-la no meio de uma campanha eleitoral?) à revolta. Um dos jornais nacionais do Canadá declarou que a demanda do Leap por um país baseado no cuidado de uns com os outros e com o planeta era uma "loucura"; outro o classificou de "suicídio nacional".

Não ficamos surpresos. Sabíamos que o que propúnhamos não cabia dentro da caixa do considerado politicamente possível nas discussões políticas tradicionais. No entanto, o que estamos tentando fazer com o Leap — de maneira bastante explícita — é explodir a caixa. Porque, se na caixa não há espaço para a segurança e a possibilidade de sobrevivência da nossa espécie, então há algo muito, muito errado com essa caixa. Se o que é considerado politicamente possível hoje nos condena a um futuro de caos climático no dia depois de amanhã, então temos que mudar o que é politicamente possível.

E muitos claramente concordaram. Apesar de algumas reportagens perplexas da mídia tradicional, as pessoas continuaram assinando, continuaram pedindo cartazes do Leap, continuaram organizando por conta própria capítulos locais do Leap em suas cidades, vilas, escolas e sindicatos. E continuaram nos mandando fotos de seus seminários, protestos e comícios inspirados nele — até mesmo arquivos de áudio das canções que o movimento estava inspirando. Uma pesquisa nacional revelou que uma maioria clara de apoiadores de todos os três partidos de centro e centro-esquerda — o Partido Liberal, o Novo Partido Democrático e o Partido Verde — concordava com as principais demandas do Leap. Até mesmo vinte por cento dos conservadores disseram que as apoiavam.

No fim, os canadenses de fato tiraram Stephen Harper do governo. Mas o maior perdedor na eleição foi o Novo Partido Democrático, nosso partido de centro-esquerda. Ele tinha feito uma campanha extremamente cautelosa e fora derrotado na esquerda pelo Partido Liberal de Justin Trudeau (que compensou o que lhe faltava em especificidade com um plano de relações públicas estonteante). Na convenção do Novo Partido Democrático alguns meses mais tarde, jovens delegados lideraram uma revolta interna: convencidos de que o partido poderia ter vencido se tivesse sido mais ousado, eles convocaram os delegados a endossar oficialmente o espírito do Leap. A resolução passou — um raro exemplo de um grande partido político ao menos considerando uma plataforma oferecida por movimentos sociais de fora.

O Leap vivo

Nos meses desde seu lançamento, o Leap se tornou um projeto vivo e em evolução, com uma comunidade cada vez maior de apoiadores enriquecendo e revisando constantemente o trabalho. Nossa equipe também está trabalhando de perto com organizadores em todo o mundo que estão dando início a experimentos similares — do grupo australiano com o qual me reuni na véspera da vitória eleitoral de Trump, a uma coalizão de partidos verdes em toda a Europa, que escreveu seu próprio manifesto inspirado no Leap, e comunidades de Nunavut, no Ártico, até a Costa do Golfo dos Estados Unidos e o Bronx que estão explorando como adaptar o enquadramento do documento a suas necessidades locais e crises mais urgentes. Há até mesmo uma comunidade de "Leapers" na prisão: em um centro de detenção de

Connecticut para jovens julgados como adultos, um grupo de estudantes encarcerados tem explorado formas por meio das quais uma transição para abandonar o uso de combustíveis fósseis com base na justiça poderia ser parte de um processo que mantenha fora da prisão pessoas como eles.

Meu exemplo favorito do que nossa equipe agora chama "o Leap vivo" envolve o Sindicato Canadense dos Funcionários dos Correios. Como funcionários de correios em todo o mundo, esses trabalhadores têm lidado com uma pressão para fechar seus locais de trabalho, restringir a entrega de correspondências e talvez até mesmo vender o serviço postal para a FedEx. Em outras palavras, austeridade e privatização como de costume. Mas em vez de lutar pelo melhor acordo que puderem conseguir dentro dessa lógica falida, eles trabalharam com a equipe do Leap e um grupo chamado Amigos dos Serviços Públicos para elaborar um plano visionário para que cada agência postal do país se transforme em uma central local da transição verde. Combinada com a antiga demanda do sindicato de um banco postal, a proposta, chamada Entregando Poder Comunitário, reimagina o serviço postal como uma rede do século XXI na qual os residentes podem recarregar seus veículos elétricos; indivíduos e negócios podem evitar os grandes bancos e tomar um empréstimo para começar uma cooperativa energética; e trabalhadores postais fazem mais do que apenas entregar a correspondência: eles também entregam produtos produzidos localmente e verificam como estão as pessoas idosas. Em outras palavras, eles se tornam agentes de cuidado e agentes climáticos — e fazem tudo isso em veículos elétricos fabricados no Canadá.

De início houve uma grande pressão sobre a equipe do Leap para fundar nosso próprio partido ou concorrer com candidatos em partidos já existentes, usando o manifesto como plataforma. Nós resistimos a essas intimações, no intuito de proteger as raízes do movimento que deu origem ao Leap, e por não querermos pertencer a ninguém nem a nenhum partido. A vitalidade do Leap hoje, especialmente desde a eleição de Trump, está nas pessoas, dentro e fora do Canadá, que cada vez mais o estão usando como a base de suas próprias plataformas eleitorais e de trabalho. Por exemplo, em Thunder Bay, uma cidade ao norte do Canadá com uma longa dependência da exploração de madeira, um grupo local do Leap decidiu concorrer com uma lista de candidatos para o conselho municipal, escrevendo sua própria versão do manifesto e usando-a para mostrar como sua cidade poderia ser um centro de produção verde ao mesmo tempo que combatia a falta de moradia e defendia os direitos dos povos nativos sobre a terra. E em março de 2017, em uma dura campanha para representante estadual na Pensilvânia, Cheri Honkala, a lendária ativista contra a pobreza e por moradia concorreu com a promessa de criar "uma plataforma derivada do Leap", citando a necessidade de enfrentar as "crises da mudança climática, da desigualdade e do racismo juntas".

Utopia – de volta por demanda popular

O Leap é parte de uma mudança no *zeitgeist* político, à medida que muitos vão se dando conta de que o futuro depende da nossa capacidade de nos unir acima de divisões dolorosas e obter liderança daqueles que tradicionalmente têm sido mais excluídos. Chegamos ao limite da política de silos, na qual todos lutam em seu próprio canto sem mapear as conexões entre as nossas várias batalhas e sem uma ideia clara dos conceitos e valores que devem formar a base moral do futuro do qual precisamos.

Esse reconhecimento não significa que resistir aos ataques muito específicos — a famílias, ao corpo das pessoas, a comunidades, a direitos individuais — seja subitamente opcional. Não há opção a não ser resistir, assim como não há opção a não ser concorrer com candidatos progressistas insurgentes em cada nível do governo, do federal até os conselhos educacionais locais. Nos meses e anos por vir, as várias táticas de resistência descritas neste livro vão ser mais necessárias do que nunca: os protestos nas ruas, as greves, as contestações judiciais, os refúgios, a solidariedade acima das divisões de raça, gênero e identidade sexual — tudo isso vai ser essencial. E vamos ter que continuar pressionando as instituições a se desvincular de

272 | COMO AS COISAS PODEM MELHORAR

indústrias que lucram com variadas formas de expropriação, de combustíveis fósseis a prisões, guerras e ocupações. Ainda assim, mesmo que todas essas lutas de resistência sejam vitoriosas — e sabemos que isso não vai ser possível —, continuaremos no mesmo lugar onde estávamos antes da ascensão da extrema-direita, sem nenhuma chance de enfrentar as causas que estão na raiz das crises sistêmicas das quais Trump é apenas um dos virulentos sintomas.

Muitos dos atuais líderes de movimentos e principais organizadores também entendem bem isso e estão planejando e agindo de acordo. Alicia Garza, uma das fundadoras do Black Lives Matter, disse na véspera da posse de Trump que, depois de cinco anos de expansão dos movimentos sociais,

> fosse o Occupy Wall Street, o DREAMers ou o Black Lives Matter (...), tenho uma esperança particular de que todos esses movimentos vão se unir para se tornar a força poderosa que podemos ser, que vai governar de verdade este país. Então é nisso que estou concentrada, e espero que todos estejam pensando o mesmo.

Muitas pessoas estão, e, ao fazê-lo, estamos testemunhando um reavivamento do tipo de sonho utópico que fez uma falta enorme aos movimentos sociais nas décadas recentes. Com cada vez mais frequência, demandas imediatas e urgentes — um salário mínimo de 15 dólares a hora, o fim dos assassinatos cometidos por policiais e das deportações, um imposto sobre o carbono — estão se juntando a exigências por um futuro que seja não apenas melhor do que um presente violento e insustentável, mas que seja... maravilhoso.

Nos Estados Unidos, o exemplo mais ousado e inspirador desse novo utopianismo é a Vision for Black Lives, uma plataforma política radical publicada no verão de 2016 pelo Movement for Black Lives. Nascida de uma coalizão de mais de cinquenta organizações lideradas por negros, a plataforma declara: "Rejeitamos soluções falsas e acreditamos que podemos promover uma completa transformação dos atuais sistemas, que colocam o lucro acima das pessoas e impedem muitos de nós de respirar." Ela continua

A HORA DE DAR UM SALTO | 273

colocando a violência policial e o encarceramento em massa no contexto de um sistema econômico que travou uma guerra contra as comunidades negras e pardas, colocando-as em primeiro lugar na lista de empregos perdidos, serviços sociais cortados e poluição ambiental. O resultado foram grandes números de pessoas exiladas da economia formal, vítimas de uma polícia cada vez mais militarizada e encarceradas em prisões superlotadas. E a plataforma faz uma série de propostas concretas, incluindo cortar o financiamento de prisões, retirar os policiais das escolas e desmilitarizar a polícia. Também estabelece um programa de reparações pela escravidão e pela discriminação sistêmica, o que inclui educação superior gratuita e o perdão dos empréstimos estudantis. Há muito mais — quase quarenta demandas políticas no total, que vão desde mudanças no código tributário até o desmembramento dos bancos. A revista *The Atlantic* comentou que a plataforma — que caiu como uma bomba bem no meio da campanha presidencial americana — "rivaliza até mesmo com as plataformas políticas dos partidos em termos de minúcias".

Nos meses depois da posse de Trump, o Movement for Black Lives teve um papel central em aprofundar conexões com outros movimentos, reunindo dezenas de grupos sob a bandeira A Maioria. A nova formação teve início com uma série emocionante de ações que duraram um mês, entre 4 de abril (aniversário do assassinato do Dr. Martin Luther King) e o Dia do Trabalho. Protestos nacionais de "Combater o racismo, aumentar os salários" ligaram a justiça racial à campanha dos trabalhadores por um salário-mínimo de 15 dólares a hora e os crescentes ataques a imigrantes. "No contexto da presidência de Trump", a nova coalizão argumenta, "é imperativo que levemos adiante uma visão coletiva e verdadeira de justiça econômica e justiça trabalhista para todos".

Em junho de 2017, milhares de ativistas de diversos eleitorados foram a Chicago para o segundo People's Summit anual, organizado pela National Nurses United, a fim de continuar a discutir uma "agenda popular" de base ampla. Diversas convergências similares no âmbito dos estados também estão em andamento, no Michigan e também na Carolina do Norte, onde as Moral Mondays têm unido movimentos já por muitos anos. Como um de seus fundadores, o reverendo William Barber disse: "Você tem que construir um movimento, não um momento (...) eu acredito que todos esses movimentos — Moral Mondays, Fight for $15, Black Lives Matter — são sinais de esperança de que as pessoas vão conseguir se impor e não vão se deixar dominar."

Assim como aconteceu no Canadá, a crise climática está nos pressionando a estabelecer um prazo curto e inadiável para planos de transformação política. Uma coalizão ampla e poderosa chamada New York Renews está fazendo uma forte pressão para que o estado faça uma completa transição para energias renováveis até 2050. Se mais estados americanos adotarem esse tipo de objetivo ambicioso e outros países fizerem o mesmo (a Suécia, por exemplo, tem uma meta de neutralizar as emissões de carbono até 2045), então os esforços mais nefastos de Trump e Tillerson talvez sejam insuficientes para levar o planeta ao caos climático.

Está se tornando possível ver um caminho genuíno adiante — novas formações políticas que, desde a sua origem, vão unir a luta por justiça econômica a uma profunda análise de como o racismo e a misoginia são usados como ferramentas poderosas para impor um sistema que enriquece ainda mais os já obscenamente ricos à custa tanto de pessoas quanto do planeta. Formações que podem se tornar o lar de milhões de pessoas que estão se engajando no ativismo e na organização pela primeira vez, costurando uma coalizão multirracial e intergeracional unida por um projeto transformacional comum.

Os planos que estão tomando forma para derrotar o trumpismo onde quer que vivamos vão muito além de encontrar um salvador progressista para concorrer à presidência e em seguida dar a essa pessoa nosso apoio cego. Em vez disso, comunidades e movimentos estão se unindo para elaborar as políticas fundamentais que os políticos que querem seu apoio devem endossar.

As plataformas populares estão começando a liderar — e os políticos vão ter que segui-las.

CONCLUSÃO

A MAIORIA PREOCUPADA AO ALCANCE

*O momento pede otimismo; vamos deixar
o pessimismo para tempos melhores.*

— JEAN-CLAUDE SERVAIS

Abri este livro com a palavra *choque*, já que isso é o que muitas pessoas
dizem que sentiram no dia da eleição e depois. Porém, conforme fui refletindo sobre essa palavra nos últimos meses que passei escrevendo, comecei
a questionar sua precisão nesse contexto.

Um estado de choque é produzido quando uma história é interrompida,
quando não temos ideia do que está acontecendo. No entanto, de muitas
maneiras exploradas nestas páginas, Trump não é de maneira nenhuma uma
ruptura, mas sim a culminação — o fim lógico — de muitas histórias perigosas
que nossa cultura vem contando há muito tempo. Que a ganância é uma coisa
boa. Que o mercado comanda tudo. Que dinheiro é o que importa na vida.
Que os homens brancos são melhores do que o resto das pessoas. Que o mundo
natural existe para ser saqueado por nós. Que os vulneráveis merecem seu
destino e que o 1 por cento merece suas torres douradas. Que qualquer coisa
pública ou comunitária é sinistra e não merece ser protegida. Que estamos

276 | CONCLUSÃO

cercados de perigos e deveríamos cuidar apenas de nós mesmos. Que não há alternativa para nada disso.

Ao se considerar que essas histórias são, para muitos de nós, parte do ar que respiramos, Trump realmente não deveria ser encarado como um choque. Um presidente bilionário que se gaba de poder pegar mulheres por sua genitália ao mesmo tempo que chama os mexicanos de "estupradores" e zomba das pessoas com deficiência é a expressão lógica de uma cultura que garante níveis indecentes de impunidade aos ultrarricos, que é obcecada por competições no estilo "o vencedor fica com tudo" e que está fundamentada em uma lógica baseada na dominação em todos os níveis. Deveríamos estar esperando por ele. E de fato muitos daqueles que foram diretamente afetados pelo racismo ocidental e pela misoginia estavam esperando por ele havia um bom tempo.

Então talvez a emoção por trás do que alguns têm chamado de choque seja na verdade, mais precisamente, horror. Especificamente, o horror do reconhecimento que sentimos quando lemos ficções distópicas ou assistimos a bons filmes distópicos. Todas as histórias desse gênero pegam as atuais tendências e as seguem até sua conclusão óbvia — e em seguida usam essa conclusão para segurar um espelho e perguntar: estão gostando do que veem? Realmente querem continuar nesse caminho? Esses futuros saídos de um pesadelo são aterrorizantes precisamente porque *não* são chocantes, não são uma ruptura com nossas histórias subjacentes, mas sim sua realização. Passei a acreditar que deveríamos encarar o primeiro presidente americano saído de um *reality show* e no comando de armamentos nucleares de maneira similar, como uma ficção distópica real. Trump é um espelho, colocado não apenas diante dos Estados Unidos, mas de todo o mundo. Se não gostamos do que vemos — e muitos de nós claramente não gostam —, então está claro o que precisamos fazer.

Temos que questionar não apenas Trump, mas as histórias que inelutavel-mente o produziram. Não basta desafiá-lo superficialmente como indivíduo, por mais vil e assustadoramente ignorante que ele possa ser. Temos que confrontar as tendências profundamente enraizadas que o recompensaram e o exaltaram até ele se tornar a pessoa mais poderosa do mundo. Os valores que nos foram vendidos por meio de *reality shows*, livros sobre como enriquecer rápido, salvadores bilionários, filantrocapitalistas. Os mesmos valores que têm resultado em redes de segurança destruídas, explosão do número de pessoas presas, normalização da cultura do estupro, acordos comerciais que destroem a democracia, elevação do nível dos mares e resposta a desastres privada, e em um mundo de Zonas Verdes e Zonas Vermelhas.

Ao mesmo tempo, talvez seja aceitável — até mesmo saudável — que fiquemos apenas um pouco chocados com Trump. Eis o motivo: as histórias que o produziram sempre foram contestadas. Sempre houve outras histórias, histórias que insistiam que o dinheiro não é a única coisa que tem valor e que os destinos de todos nós estão interligados uns com os outros e com a saúde do restante do mundo natural. As forças que Trump representa sempre tiveram que suprimir essas outras histórias mais antigas e manifestamente verdadeiras, de forma que sua história pudesse prevalecer sobre tanta intuição e tantas provas.

A persistência dessas outras histórias deveria nos lembrar de que, uma vez que Trump é a culminação lógica do atual sistema neoliberal, o atual sistema neoliberal não é a única culminação lógica da história humana. E é por isso que parte do nosso trabalho agora — uma parte fundamental — é não apenas resistir. Não apenas dizer não. Temos que fazer tudo isso, é claro. Mas também precisamos proteger ferozmente um espaço para sonhar e fazer planos de um mundo melhor. Isso não é uma indulgência. É parte essencial de como vamos derrotar o trumpismo.

Matando o Trump dentro de nós

Para mim, e isso pode soar um pouco estranho, a ascensão de Trump também estimulou uma espécie mais íntima de desafio: ela me deixou determinada a matar o Trump dentro de mim. Já vimos que o novo regime em Washington levou muitas pessoas a tentar entender e superar seus próprios preconceitos e polarizações, aqueles que nos mantiveram divididos no passado. Esse trabalho interno é crucial conforme nos unimos para resistir e transformar.

278 | CONCLUSÃO

Há algumas outras formas, muitas vezes desprezadas, por meio das quais muitos de nós podem confrontar nosso Trump interno — algo, qualquer coisa que seja um pouco trumpista em nossos hábitos. (E para deixar claro: não estou dizendo que todas essas omissões nos tornam responsáveis pelo resultado das eleições de 2016 — não se trata de quem votou em quem e por quê.) Talvez seja a parte cuja atenção está sendo fragmentada em 140 caracteres e que costuma confundir "seguidores" com amigos. Talvez seja a parte que aprendeu a ver a nós mesmos como marcas no mercado em vez de pessoas em comunidades. Ou a parte que vê outras pessoas fazendo um trabalho similar não como aliados em potencial em uma luta que vai exigir todos os nossos talentos, mas como produtos rivais competindo por uma parcela escassa do mercado. (Considerando que o governo Trump é a culminação da lógica colonial insidiosa do gerenciamento de marcas corporativo, talvez já tenha passado da hora de deixar tudo isso para trás.) Ou talvez seja a parte que não consegue resistir a se juntar a uma multidão para constranger e atacar pessoas com as quais não concordamos — por vezes usando ofensas pessoais cruéis e com uma intensidade nuclear. Com o risco muito real de atrair os tipos de ataque que estou descrevendo, é possível que esse hábito também esteja desconfortavelmente próximo do Tuiteiro-Chefe?

Ou talvez seja a parte que está esperando que um bilionário venha nos resgatar, exceto pelo fato de que esse vai ser bom e generoso e preocupado com a mudança climática e o empoderamento de meninas. O salvador bilionário liberal pode parecer muito distante de Trump, mas a fantasia ainda iguala uma grande riqueza a poderes sobre-humanos, o que, mais uma vez, está um pouco perto demais do Ministério de Mar-a-Lago.

Se alguns desses impulsos e histórias parecem programados dentro de nós, não é porque somos pessoas terríveis. É porque muitos de nós vivem em sistemas que estão constantemente nos dizendo que não há recursos suficientes para que todos prosperem. Então é melhor nos esforçarmos para chegar no topo, custe o que custar. Querendo ou não, qualquer um que consuma e produza mídia nada nas águas culturais dos *reality shows*, da marca pessoal e das constantes mensagens que fragmentam a atenção — as mesmas águas que produziram Donald Trump. Há partes diferentes nessa piscina fétida, com certeza, e algumas pessoas estão em zonas sem salva--vidas e com muito mais doenças transmissíveis pela água do que outras, mas ainda assim é difícil sair de fato da água. Reconhecer isso pode ajudar a deixar mais clara nossa tarefa: para termos esperança de mudar o mundo, temos que estar dispostos a mudar a nós mesmos.

A boa notícia é que quando nos "destrumpizamos" — talvez decidindo passar algumas horas a mais por semana em relações cara a cara, abrir mão do ego para o bem maior de um projeto ou reconhecer o valor de tantas coisas na vida que não podem ser compradas nem vendidas — podemos ser mais felizes. E isso é que vai nos manter em uma luta que não tem linha de chegada à vista e que na verdade vai exigir de nós vidas inteiras de engajamento.

A escolha

Porque podemos tentar lutar contra a ascensão global de demagogias de direita de duas maneiras possíveis. Há a opção do *establishment* abraçada por partidos centristas em todo o mundo. Ela promete um pouco mais de creches, melhor representação para as mulheres e pessoas de cor em cargos mais altos e talvez alguns painéis solares a mais. Mas essa opção também vem com a mesma velha lógica da austeridade, a mesma fé cega nos mercados, a mesma associação de consumo infindável com felicidade, os mesmos band--aids para tapar grandes feridas.

Há muitas razões para essa visão limitada estar fracassando em impedir a ascensão da extrema-direita ao redor do mundo, mas a principal delas é: ela não chega nem perto de oferecer o suficiente. Não faz nada para lidar com os sofrimentos reais e legítimos que fomentam a busca por bodes expiatórios, nem dá às pessoas mais ameaçadas pela ascensão da direita esperança de um futuro melhor. Uma sociedade com desigualdades extremas, tendências neofascistas não disfarçadas e um clima fora de controle está doente, e o

280 | CONCLUSÃO

neoliberalismo, como um dos principais impulsionadores dessas crises, é um remédio absolutamente inadequado. Ele oferece apenas um fraco "não" às forças responsáveis e não tem um "sim" pelo qual valha a pena lutar.

Muitos de nós estão claramente prontos para outra abordagem: um "sim" cativante que estabeleça um plano de melhorias tangíveis na vida diária, sem medo de palavras poderosas, como *redistribuição* e *reparação*, e determinando a desafiar a equação da cultura ocidental de uma "vida boa" com confortos cada vez maiores dentro de casulos ainda mais isolados de consumo, não importa quanto o planeta possa suportar ou o que leva de fato a nossa mais profunda realização.

E talvez devamos agradecer a Trump por essa nova ambição, pelo menos em parte. A falta de constrangimento de seu golpe corporativo contribuiu enormemente para fazer com que uma mudança sistêmica pareça mais necessária. Se os titãs da indústria americana podem se enfileirar avidamente atrás desse homem — com todos os seus terríveis ódios, sua venalidade e seu vazio —, se Wall Street pode se regozijar com as notícias de seus planos de deixar que o planeta queime e que os mais velhos morram de fome, e se uma parte tão grande da mídia é capaz de elogiar seus mísseis, ordenados em meio a fatias de bolo de chocolate, como "presidenciais", bem, então muitas pessoas estão chegando à conclusão de que não querem fazer parte de um sistema como esse. Com essa elevação da figura mais baixa de todas à posição mais elevada, a cultura de extração máxima, da apropriação e do descarte infindáveis chegou a uma espécie de nível crítico. Claramente, é essa cultura em si que deve ser confrontada agora, e não política por política, mas em sua raiz.

O que vimos com candidaturas e partidos insurgentes de esquerda nos Estados Unidos, na França e em outros lugares não foram candidatos perfeitos nem plataformas perfeitas que tinham solução para tudo. Algumas figuras que lideraram essas trajetórias soam mais como o passado do que como o futuro, e as campanhas que fizeram com frequência não refletem os países diversos que procuram governar ou pelo menos não o suficiente. No entanto, o simples fato de esses candidatos improváveis e muitas vezes

A MAIORIA PREOCUPADA AO ALCANCE | 281

formações políticas completamente novas terem chegado tão perto de assumir o poder — deixando os pesquisadores de opinião e os analistas do *establishment* perplexos repetidas vezes — é prova de um fato muito importante, um fato que foi negado e suprimido durante muitas décadas de estrangulamento neoliberal do discurso público: as mudanças transformadoras progressistas são *populares* — mais do que muitos de nós ousavam imaginar um ou dois anos atrás.

Eis o que precisamos compreender profundamente: o feitiço do neoliberalismo foi quebrado, massacrado sob o peso da experiência vivida e de uma montanha de provas. O que durante décadas foi indizível está agora sendo dito alto e bom som por candidatos que angariam milhões de votos: *universidade gratuita, dobrar o salário-mínimo, cem por cento de energia renovável tão rápido quanto a tecnologia permitir, desmilitarizar a polícia, prisões não são lugares para jovens, os refugiados são bem-vindos, a guerra nos deixa menos seguros.* E as multidões estão berrando em concordância. Com tanto encorajamento, quem sabe o que virá em seguida? Reparações pela escravidão e pelo colonialismo? Um Plano Marshall para combater a violência contra as mulheres? Abolição das prisões? Cooperativas de trabalho democráticas como a peça central de um programa de empregos verdes? Abandono do "crescimento" como medida de progresso? Por que não? O entrincheiramento intelectual que restringiu a imaginação progressista durante tanto tempo está agonizando.

As quase-vitórias da esquerda nos últimos dois anos não foram derrotas. Foram os primeiros tremores de um profundo realinhamento ideológico do qual uma maioria progressista pode muito bem emergir, algo tão geopoliticamente importante quanto a ascensão do autoritarismo e do neofascismo no lado direito do espectro político. Na verdade, a fraqueza e os erros dos candidatos de esquerda deveriam ser motivo não de desespero, mas de uma genuína esperança. Eles significam que uma tenda política muito maior é possível — é apenas uma questão de fincar cuidadosa e coletivamente os suportes certos desde o primeiro dia. Como muitos líderes de movimentos estão argumentando agora, um começo muito bom seria aceitar a premissa

282 | CONCLUSÃO

de que o aumento da desigualdade econômica e dos desastres climáticos é indissociável de sistemas que sempre classificaram a vida humana com base na raça e no gênero, enquanto a capacidade de colocar as populações umas contra as outras com base na cor da pele, na fé religiosa e na sexualidade tem sido a ferramenta mais potente para proteger e sustentar essa ordem letal. E se a formação política que tem coragem de dizer tudo isso também tiver um plano arrojado para humanizar e democratizar as novas tecnologias e o comércio global, então ela vai reconquistar rapidamente o terreno populista tomado pela direita ao mesmo tempo que se parecerá menos com um retorno ao passado e mais como um caminho para um futuro excitante e nunca antes tentado. Uma campanha profundamente diversa e insistentemente progressista como essa poderia muito bem se provar imbatível.

Se isso soa otimista demais, lembre-se: nos Estados Unidos, o número de pessoas que se juntam a movimentos políticos está aumentando em níveis muito além do que qualquer organizador diz já ter visto. Marchas pelos direitos das mulheres, contra as deportações e em defesa da vida dos negros estão registrando números recordes. Reuniões políticas progressistas, palestras, assembleias municipais e associações estão vivenciando uma participação além de sua capacidade. Há algo poderoso em ação, e qualquer um que afirme saber quão longe isso pode ir é tão digno da nossa confiança quanto as pesquisas que nos disseram que Trump nunca ia vencer e que o Brexit certamente ia fracassar. Construir essa ampla tenda em um tempo de política em silos é um trabalho duro que requer que estejamos dispostos a confrontar diretamente histórias dolorosas antes que o progresso seja possível. No entanto, nesse momento que combina riscos tão terríveis com um potencial tão fértil, que opção temos a não ser tentar? Saltar a cada oportunidade que surgir?

Por exemplo, depois que a primeira tentativa dos republicanos de desmontar o programa de assistência médica de Obama fracassou, o movimento que demanda um sistema de saúde pública universal aumentou em todo o país, com a ideia de um Medicare para todos fazendo mais sentido para mais pessoas do que jamais fez em décadas. Já há pressão para que o modelo seja adotado em grandes estados como a Califórnia, não importa o que aconteça em Washington.

Conforme os planos de Trump atingirem níveis surreais de inaptidão em executá-los, mais oportunidades como essa vão surgir. Podemos esperar uma movimentação similar de placas tectônicas se o Tratado de Livre Comércio da América do Norte for aberto para renegociação. As ações de Trump serão uma amarga decepção para seus apoiadores da classe trabalhadora, mas o próprio fato de reabrir um acordo que todos fomos informados de que estava selado indefinidamente também vai ser a chance para que sindicatos e ambientalistas apresentem um plano de comércio genuinamente justo e consigam apoio para ele. Cada uma dessas aberturas — e haverá muitas — é uma oportunidade de pensarmos de maneira concreta em como uma alternativa real ao populismo de direita pode e deve ser. Um ponto importante em uma plataforma verdadeiramente popular.

Apenas um último lembrete: os capitalistas do desastre de Trump controlam uma parte muito poderosa do governo americano — mas não controlam tudo. Eles não controlam o que as cidades e os estados fazem. Não controlam nem mesmo o que o Congresso faz em grande parte do tempo. Certamente não controlam o que as universidades, as instituições religiosas e os sindicatos fazem. Eles não controlam o que os tribunais fazem (ainda). Eles não controlam o que outras nações soberanas fazem. E não controlam o que fazemos como indivíduos e em grupos ao redor do mundo.

Precisamente porque o que está acontecendo em Washington é tão admiravelmente perigoso, que o que todos nós fazemos com nosso poder coletivo nesses espaços não controlados pelo trumpismo tem mais importância do que nunca. Na Convenção Nacional do Partido Democrata de 2016, Michelle Obama disse de maneira memorável para a multidão reunida: "Quando eles se rebaixam, nós nos elevamos." Ela estava falando menos sobre atos do que sobre tom e sobre a recusa de sua família de se juntar a Trump e sua quadrilha na sarjeta. Está na hora de transferirmos esse espírito do tom para os atos: quando eles se rebaixarem, *todos* precisamos mirar mais alto. Nos muitos domínios que Trump não controla, precisamos mirar mais alto em nossas ambições e realizar mais com as nossas ações. Precisamos fazer mais para evitar uma mudança climática catastrófica. Precisamos fazer mais a fim de criar cidades abertas a imigrantes e refugiados. Precisamos fazer mais para impedir a escalada militar e precisamos fazer mais para proteger os direitos das mulheres e dos membros das comunidades LGBTQ. Conforme eles descerem cada vez mais baixo, precisamos mirar cada vez mais alto.

Choque reverso

Durante décadas, as elites usaram o poder do choque para impor pesadelos. Donald Trump acha que será capaz de fazer isso de novo e de novo — que amanhã teremos esquecido o que ele disse ontem (e que ele vai afirmar que nunca disse); que vamos ficar sobrecarregados pelos acontecimentos e acabaremos nos dispersando e nos rendendo, deixando que ele se aproprie do que quiser.

No entanto, as crises, como vimos, nem sempre fazem com que as sociedades regridam e desistam. Também há uma segunda opção — que, diante de uma grave ameaça comum, nós escolhamos nos unir e dar um salto evolucionário. Podemos escolher, como disse o reverendo William Barber, "ser os desfibriladores morais do nosso tempo e dar um choque no coração deste país construindo um movimento de resistência, esperança, justiça e amor". Podemos, em outras palavras, surpreender a nós mesmos: permanecendo unidos, focados e determinados; nos recusando a nos deixar abater por aquelas velhas e gastas táticas de choque; nos recusando a ter medo, não importa o quanto sejamos testados.

O golpe corporativo descrito nestas páginas, em todas as suas dimensões, é uma crise com reverberações mundiais que podem ecoar pelo tempo geológico.

Cabe a nós decidir como vamos responder a essa crise.

Então vamos escolher a segunda opção.

Vamos dar o salto.

POSFÁCIO

The Leap Manifesto

Por um Canadá baseado nos cuidados com o planeta e com o outro

Partimos da premissa de que o Canadá está enfrentando sua mais profunda crise na memória recente.

A Comissão da Verdade e da Reconciliação reconheceu detalhes chocantes sobre a violência no passado recente do Canadá. O aumento da pobreza e das desigualdades é uma cicatriz no presente do país. E o histórico do Canadá no que diz respeito às mudanças climáticas é um crime contra o futuro da humanidade.

Esses fatos são ainda mais chocantes porque divergem dramaticamente dos valores canadenses: o respeito pelos direitos dos povos indígenas, pelo internacionalismo, pelos direitos humanos, pela diversidade e pelo patrimônio ambiental.

O Canadá não é esse lugar hoje — mas poderia ser.

Poderíamos viver em um país movido inteiramente a energia renovável e conectado por um sistema de transporte público acessível, no qual os postos de trabalho e as oportunidades gerados por essa transição sejam destinados a eliminar de maneira sistemática as desigualdades raciais e de gênero. Os cuidados com o planeta e com o outro podem ser os setores de crescimento mais rápido da economia. Muito mais pessoas poderiam ter empregos mais bem remunerados e com jornadas menores, deixando-nos tempo suficiente para estar com as pessoas que amamos e para prosperar em nossa comunidade.

Sabemos que o tempo para essa grande transição é curto. Os climatologistas têm nos alertado que esta é a década para tomarmos ações decisivas a fim de prevenir um catastrófico aquecimento global, o que significa que pequenos passos não vão mais nos levar aonde precisamos ir.

Então precisamos saltar.

Esse salto precisa **começar com o respeito aos direitos inerentes e aos títulos dos cuidadores originais de nossas terras. As comunidades indígenas** têm estado à frente da proteção dos rios, costas, florestas e terras contra o avanço da atividade industrial descontrolada. Podemos reforçar esse papel e restabelecer a nossa relação por meio da **implementação integral da Declaração das Nações Unidas sobre os Direitos dos Povos Indígenas.**

Movidos pelos tratados que formam a base legal deste país e nos obrigam a compartilhar a terra "enquanto o sol brilhar, a grama crescer e os rios fluírem", queremos fontes energéticas duradouras que jamais se esgotem ou contaminem a terra. Avanços tecnológicas deixaram esse sonho ao nosso alcance. As últimas pesquisas mostram que, em duas décadas, é viável para o Canadá ter cem por cento de sua eletricidade gerada a partir de fontes renováveis; em 2050, poderíamos ter uma economia cem por cento limpa.

Exigimos que essa transição comece agora.

Não há mais justificativa para construir novos projetos de infraestrutura que nos condenem a um extrativismo cada vez maior nas futuras décadas. A regra de ouro do desenvolvimento energético deve ser: **se você não gostaria de que algo fosse feito no seu quintal, então essa mesma coisa não deve ser feita no quintal de ninguém.** Isso se aplica tanto a oleodutos quanto a gasodutos; à extração de petróleo em New Brunswick, Quebec e British Columbia; ao aumento do tráfego de petroleiros em nossas costas e a todos os projetos de mineração canadenses ao redor do mundo.

A hora da democracia energética chegou: acreditamos não apenas que deva haver mudanças em nossas fontes de energia, mas também que, em todos os lugares onde isso for possível, as comunidades devem controlar coletivamente esses novos sistemas energéticos.

Como alternativa para a sede de lucro das empresas privadas e a burocracia de algumas empresas estatais, podemos criar estruturas de propriedade inovadoras: gestão democrática, pagamento de salários dignos e manutenção de uma receita muito necessária nas comunidades. E os povos indígenas devem ser os primeiros a receber apoio público para seus próprios projetos de energia limpa, assim como as comunidades que atualmente enfrentam os graves impactos à saúde causados pela poluição industrial.

A energia gerada dessa forma não vai apenas iluminar nossas casas, mas redistribuir a riqueza, aprofundar nossa democracia, fortalecer nossa economia e começar a curar as feridas que remontam à fundação deste país.

Um salto para uma economia não poluente cria incontáveis oportunidades para múltiplas "vitórias" similares. Queremos um programa universal para construir casas energeticamente eficientes e reformar as casas existentes, garantindo que as comunidades e os bairros de mais baixa renda se beneficiem primeiro e recebam treinamento e oportunidades de trabalho que reduzam a pobreza em longo prazo. Queremos treinamento e outros recursos para trabalhadores em empregos de altas emissões de carbono, assegurando que eles sejam perfeitamente capazes de tomar parte na economia de energia limpa. Essa transição deve envolver a participação democrática dos próprios trabalhadores. Veículos rápidos sobre trilhos movidos a energias renováveis e um sistema de transporte público acessível podem unir todas as comunidades do país em vez de mais carros, oleodutos e trens superlotados que nos colocam em risco e nos dividem.

E como sabemos que esse salto está começando tarde, precisamos investir em nossa decadente infraestrutura pública de forma que ela consiga suportar eventos meteorológicos cada vez mais extremos e frequentes.

A mudança para um sistema de agricultura mais local e ecológico reduziria a dependência de combustíveis fósseis, capturaria o carbono no solo e absorveria súbitos choques à oferta global, assim como produziria alimentos mais saudáveis e mais acessíveis para todos.

Exigimos o fim de todos os acordos comerciais que interferem em nossas tentativas de reconstruir economias locais, regular as corporações e impedir projetos extrativistas danosos. Reequilibrando a balança da justiça, deveríamos garantir condição de imigrante e ampla proteção a todos os trabalhadores. Ao reconhecermos as contribuições do Canadá para os conflitos militares e as mudanças climáticas — impulsionadores primários da crise de refugiados global — devemos acolher os refugiados e imigrantes em busca de segurança e de uma vida melhor.

Mudar para uma economia em equilíbrio com os limites planetários também significa expandir os setores da nossa economia que já são de baixa emissão de carbono: cuidado de pessoas, docência, serviço social, artes e mídias de interesse público. Seguindo o exemplo de Quebec, um programa nacional de creches já deveria ter sido implantado há tempos. Todo esse trabalho, muitas vezes executado por mulheres, é o cimento para construir comunidades humanas e resilientes — e vamos precisar das nossas comunidades mais fortes do que nunca para enfrentarmos o futuro turbulento ao qual já estamos condenados.

Uma vez que uma grande parte desse trabalho de cuidado — seja com as pessoas, seja com o planeta — atualmente não é remunerada, exigimos um debate vigoroso sobre a **introdução de uma renda básica anual e universal.** Implantada de forma pioneira em Manitoba na década de 1970, essa sólida rede poderia assegurar que ninguém seja forçado a aceitar trabalhos que ameacem o amanhã de seus filhos apenas para alimentá-los hoje.

Declaramos que a "austeridade"— que tem atacado sistematicamente os setores de baixas emissões de carbono, como a educação e a saúde, ao mesmo tempo que deixa à mingua os sistemas de transporte público e impõe privatizações imprudentes na área energética — é uma forma de pensar fossilizada que tem sido uma ameaça à vida na Terra.

O dinheiro necessário para pagar por essa grande transformação está disponível — precisamos apenas das políticas certas para liberá-lo. Como, por exemplo, **o fim do subsídio para combustíveis fósseis, impostos sobre transações financeiras, aumento dos royalties sobre recursos, imposto de renda maior para corporações e pessoas ricas, taxação progressiva sobre as emissões de carbono e cortes nos gastos militares. Todas essas medidas estão fundamentadas em um princípio de "poluidor- -pagador" e têm um enorme potencial.**

Uma coisa está clara: a escassez pública em temos de riqueza privada sem precedentes é uma crise fabricada, destinada a extinguir os sonhos antes que eles tenham a chance de nascer.

Esses sonhos vão muito além deste documento. Convocamos todos aqueles que almejam um cargo político a aproveitar esta oportunidade e abraçar a necessidade urgente de transformação. Convocamos **assembleias municipais em todo o país** nas quais os residentes possam se reunir para definir democraticamente o que um salto genuíno para a próxima economia significa em sua comunidade.

Inevitavelmente, esse renascimento de baixo para cima vai levar a uma renovação da democracia em todos os níveis do governo, trabalhando rápido na direção de **um sistema no qual cada voto conta e no qual o dinheiro corporativo seja removido das campanhas políticas.**

É muita coisa para ser feita ao mesmo tempo, mas esses são os tempos em que vivemos.

A queda no preço do petróleo aliviou temporariamente a pressão para explorar combustíveis fósseis tão rápido quanto as tecnologias de alto risco permitam. Essa pausa na expansão frenética não deve ser encarada como uma crise, mas como uma dádiva.

Ela nos deu um raro momento para encararmos o que nos tornamos e para decidirmos mudar.

Então convocamos todos aqueles que desejam ocupar um cargo político a aproveitar essa oportunidade e responder à necessidade urgente de transformação. Esse é o nosso dever sagrado para aqueles que este país prejudicou no passado, para aqueles que sofrem sem necessidade no presente e para aqueles que têm o direito a um futuro feliz e seguro.

Agora é a hora de sermos ousados.

Agora é a hora de saltar.

AGRADECIMENTOS

Pessoas incríveis me ajudaram a publicar este livro em um prazo absurdamente curto. Louise Dennys, editora-executiva da Penguin Random House do Canadá, dedicou sua mente brilhante e sua vida a este projeto, melhorando o texto de incontáveis maneiras. Johann Hari insistiu que eu o escrevesse antes mesmo de eu estar convencida, gravando longas conversas para me mostrar que o material estava lá e melhorando diversos rascunhos. Derrick O'Keefe virou sua vida de cabeça para baixo para editar, pesquisar e nos conduzir durante o processo. Sharon Riley fez um excelente trabalho de pesquisa e uma cuidadosa checagem de fatos, com a ajuda indispensável de Christine Shearer, Allie Tempus, Kate Aronoff e Rajiv Sicora. Jackie Joiner, como sempre, atuou como uma maestrina como só ela é capaz.

Louise e eu temos o prazer de trabalhar com dois excelentes editores: Helen Conford, da Penguin Random House do Reino Unido, e Anthony Arnove, da Haymarket Books, nos Estados Unidos; ele também agencia o livro internacionalmente. O cronograma impossível exigiu milagres de cada um deles e de todas as equipes editoriais, especialmente Rick Meier e Deirdre Molina, e a infatigável equipe de produção da Knopf Canadá, Brittany Larkin e Terra Page, John Sweet e o diretor criativo Scott Richardson. Sou grata a *The Intercept*, *The Nation* e *The Guardian*, onde partes destes textos foram publicadas pela primeira vez. Michelle Alexander, Keeanga-Yamahtta Taylor e Eve Ensler leram as primeiras versões, dando um feedback inestimável.

292 | AGRADECIMENTOS

Meu marido, Avi Lewis, me ajudou a refletir sobre muitos aspectos desta argumentação e me deu a dádiva do tempo e do espaço para mergulhar completamente neste projeto. Agradeço também a Michael, Bonnie e Seth Klein; Michele Landsberg e Stephen Lewis; Sol Guy, Seth MacFarlane, Kyo Maclear, Brit Marling, Katie McKenna, Bianca Mugyenyi, Betsy Reed, Anthony Rogers-Wright, Juliana Saehrig, Katharine Viner e Ofelia Whitely. Sou sustentada, apoiada e inspirada pela incrível equipe do Leap e pelas sessenta pessoas que redigiram o documento original. Ainda estamos nos recuperando da perda de Arthur Manuel, nosso grande colaborador. Meu agradecimento mais profundo é ao pequeno e paciente Toma, que sentiu falta da mãe nesses últimos meses, mas acredita com convicção que "Donald Trump é mal-educado demais para ser presidente".

Impresso no Brasil pelo
Sistema Cameron da Divisão Gráfica da
DISTRIBUIDORA RECORD DE SERVIÇOS DE IMPRENSA S.A.
Rua Argentina, 171 – Rio de Janeiro, RJ – 20921-380 – Tel.: (21)2585-2000